权威・前沿・原创

皮书系列为
"十二五""十三五""十四五"时期国家重点出版物出版专项规划项目

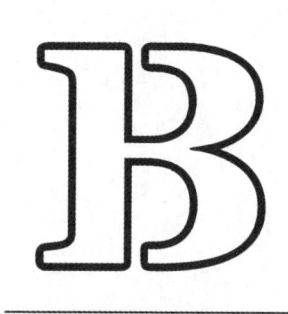

智库成果出版与传播平台

创意城市蓝皮书
BLUE BOOK OF CREATIVE CITIES

·中国创意产业研究中心·

总　编／张京成

北京文化创意产业发展报告（2022）

BEIJING REPORT ON CULTURAL AND CREATIVE INDUSTRIES (2022)

主　编／张京成
副主编／曾凡颖　周学政

社会科学文献出版社
SOCIAL SCIENCES ACADEMIC PRESS (CHINA)

图书在版编目(CIP)数据

北京文化创意产业发展报告.2022 / 张京成主编；曾凡颖，周学政副主编.--北京：社会科学文献出版社，2022.11
（创意城市蓝皮书）
ISBN 978-7-5228-0942-7

Ⅰ.①北… Ⅱ.①张… ②曾… ③周… Ⅲ.①文化产业-产业发展-研究报告-北京-2022 Ⅳ.①G127.1

中国版本图书馆 CIP 数据核字(2022)第 198514 号

创意城市蓝皮书
北京文化创意产业发展报告（2022）

主　　编 / 张京成
副 主 编 / 曾凡颖　周学政

出 版 人 / 王利民
组稿编辑 / 恽　薇
责任编辑 / 冯咏梅
责任印制 / 王京美

出　　版 / 社会科学文献出版社·经济与管理分社（010）59367226
　　　　　 地址：北京市北三环中路甲 29 号院华龙大厦　邮编：100029
　　　　　 网址：www.ssap.com.cn

发　　行 / 社会科学文献出版社（010）59367028
印　　装 / 天津千鹤文化传播有限公司

规　　格 / 开　本：787mm×1092mm　1/16
　　　　　 印　张：21　字　数：313 千字
版　　次 / 2022 年 11 月第 1 版　2022 年 11 月第 1 次印刷
书　　号 / ISBN 978-7-5228-0942-7
定　　价 / 168.00 元

读者服务电话：4008918866

▲ 版权所有　翻印必究

"创意城市蓝皮书"总序

张京成

城市是生产力发展到一定阶段的产物,并随着生产力的发展而不断升级。时至今日,伴随着工业文明的推进和文化的提升,以及服务业的大力发展,经济增长方式的转变和产业结构的调整正在推动一部分城市向着一个前所未有的高度迈进,这就是创意城市。

创意城市已经为众多有识之士所关注、所认同、所思考。在全球性竞争日趋激烈、资源环境束缚日渐紧迫的形势下,城市对可持续发展的追求,必然要大力发展附加值高、环境友好、成效显著的创意经济。创意经济的发展实质上就是要大力发展创意产业,而城市是创意产业发展的根据地和目的地,创意产业也正是从城市发端、在城市中集聚发展的。创意产业的发展又激发了城市活力,集聚了创意人才,提升了城市的文化品位和整体形象。

综观伦敦、纽约、东京、巴黎、米兰等众所周知的创意城市,其共同特征大都离不开创意经济。首先,这些城市都在历史上积累了一定的经济、文化和科技基础,足以支持创意经济的兴起和长久发展;其次,这些城市都已形成了发达的创意产业,而且能以创意产业支持和推进更为广泛的经济领域创新;最后,这些城市都具备了和谐包容的创意生态,既能涵养相当数量和水平的创意产业消费者,又能集聚和培养众多不同背景和个性的创意产业生产者,使创意经济行为得以顺利开展。

对照上述特征不难发现,我国的一些城市已经或者正在迈向创意城市,从北京、上海等一线城市,到青岛、西安等二线城市,再到义乌、丽江等中小城市,我们自2006年起每年编撰的《中国创意产业发展报告》一直忠实记录着它们的创意轨迹。今天,随着创意产业的蔚然成风,其中的部分城市已经积累了相当丰富的实践经验以及大量可供分析的数据与文字资料,对其进行专门研究的时机已经成熟。

因此,我们决定在《中国创意产业发展报告》的基础上,逐步对中国各主要创意城市的发展状况展开更加深化、细化和个性化的研究与发布,由此即产生了"创意城市蓝皮书",这也是中国创意产业研究中心"创意书系"的重要组成部分。希望这部蓝皮书能够成为中国每一座创意城市的忠实记录者、宣传推介者和研究探索者。

是为序。

Preface to the
Blue Book of Creative Cities

Zhang Jingcheng

City came into being while social productivity has developed into a certain stage and upgrades with the progress of the productivity. Along with the marching of industrial civilization, cultural development, the growth of the service industry, the transformation of economic growth and the adjustment of industrial structure, cities worldwide have by now entered an unprecedented stage as of the era of creative cities.

Creative cities have caught the attention from various fields these years. While the global competition for limited resources gets heated, sustainable development has become the only solution for cities, which brings creative economy of high added value and high efficiency into this historic stage. Creative industries is the parallel phrase to creative economy, which regards cities as the bases and the core of the development, and cities is also the place where creative industries started and clustered. On the other hand, creative industries helped to keep the city vigorous, attract more talents and strengthen the public image of the city.

From the experiences of world cities such as London, New York, Tokyo, Paris, and Milan, creative economy has been their common characteristic. First, histories of these cities have provided them with certain amount of economic, cultural and technological resources, which is the engine to start and maintain creative economy; second, all these cities have had sound creative industries which can function as a driving force for the innovation and economic growth of the city; finally, these cities have fostered harmonious and tolerant creative ecology through time, which conserves consumers of creative industries, while attracting more creative industries practitioners.

It can be seen that some Chinese cities have been showing their tendency on the way to become creative cities, such as large cities of Beijing and Shanghai, medium-size cities of Qingdao, Xi'an and even small cities of Yiwu and Lijiang, whose development paths have been closely followed up in our *Chinese Creative Industries Report* started in 2006. By now, some cities have had rich experiences, comprehensive data and materials worthy to be studied, thus the time to carry out a special research has arrived.

Therefore, based on *Chinese Creative Industries Report*, we decided to conduct a deeper, more detailed and more characteristic research on some active creative cities of China, leading to the birth of *Blue Book of Creative Cities*, which is also an important part of *Creative Series* published by China Creative Industries Research Center. We hope this blue book can function as a faithful recorder, promoter and explorer for every creative city of China.

《北京文化创意产业发展报告（2022）》编委会

顾　问　方　力　伍建民

主　任　卫万顺　梅　松

委　员　（按姓氏笔画排序）
　　　　于　隽　丰春秋　王　建　王冠宇　王艳华
　　　　王唯任　王　蔚　王　震　史　嘉　刘德良
　　　　池建宇　许玥姮　许　晴　孙　华　李汝琦
　　　　李　浛　李道今　李　嘉　李睿玲　李　臻
　　　　杨　悦　杨越明　吴晨生　陆小成　陈　端
　　　　赵艳霞　郭尚珍　郭　嘉　黄　琳　崔海霞
　　　　康方萌　蒋金洁　廖　旻　颜　煌　戴有山
　　　　戴俊骋　魏　然

主　编　张京成

副主编　曾凡颖　周学政

主编简介

张京成 北京市科学技术研究院研究员,文化创意产业标准化研究北京市重点实验室主任,北京市文化创意产业顾问团专家,北京大学中国城市管理研究中心特约研究员,北京工业大学经济与管理学院兼职教授,澳大利亚昆士兰科技大学创意产业学院高级访问学者。主要研究领域为文化创意产业与科技政策,是国内最早研究创意产业的学者之一。2005年7月组建中国创意产业研究中心,出版了我国第一部创意产业蓝皮书,现已连续17年主持编写品牌出版物《中国创意产业发展报告》(中国经济出版社,2006~2022年)。先后主持完成国家软科学研究计划、北京市社科基金项目、北京市自然科学基金项目、北京市科技计划等国家级和省部级科研任务,以及科技部、中国科协、北京市科委、北京市文资办、北京市新闻出版广电局等部门委托课题近百项,其中3项获得北京市科技进步奖,1项获得北京市哲学社会科学优秀成果奖二等奖。在国内外重要学术期刊上发表论文40余篇,自2011年起策划总编"创意城市蓝皮书"系列(社会科学文献出版社,2011~2022年,已出版8个城市的30本报告),主编中国创意产业研究中心"创意书系"(包括研究系列、案例系列、翻译系列),出版研究成果30余部,在《人民日报》《科技日报》《经济日报》《北京日报》《中国青年报》等报纸上多次发表学术观点,作为业界专家多次接受中央电视台、凤凰卫视、第一财经等媒体采访。

摘　要

《北京文化创意产业发展报告（2022）》重点研究数字经济在推动北京文化创意产业高质量发展中的作用和意义，分析文商旅产业融合发展的现状和趋势，以及新冠肺炎疫情防控常态化下北京文化创意产业区域发展的特点和前景，并对文化创意产业新业态、数字化应用场景、文化消费等热点问题进行了探讨。本报告分为总报告、专题篇、技术应用篇、案例篇、区域篇和附录共六个部分。

2021年，面对复杂严峻的国际形势和国内疫情散发等多重考验，北京市坚持稳中求进工作总基调，以首都发展为统领，统筹推进疫情防控和经济社会发展，主动服务和融入新发展格局，促进了经济持续稳定恢复，持续保障和改善了民生，首都高质量发展迈上新台阶。2021年，北京市规模以上文化产业实现营业收入17563.8亿元，同比增长17.5%，占全国的比重为14.75%；实现利润总额1429.4亿元，同比增长47.5%；吸纳从业人员64万人，同比增长4.8%。2021年北京文化产业整体呈现大步回升、发展向好的新态势。首先，《北京城市总体规划（2016年—2035年）》《北京市国民经济和社会发展第十四个五年规划和二〇三五年远景目标纲要》等规划的实施，进一步明确了北京城市战略定位的目标和路径，为文化创意产业发展描绘了蓝图。其次，相关政策的出台，催生了新产业、新业态、新模式，推动北京文化创意产业进入高质量发展时期。2021年，随着国内疫情防控形势向好，北京文化创意产业总体运行平稳，收入增速逐渐回升，产业实力显著增强，主要文化相关领域稳中有进，新兴消费热点不断涌现，"博物馆之

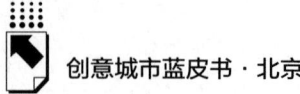

城"建设加快推进，助力全国文化中心建设取得成效。最后，进入2022年，北京文化创意产业呈现稳中求进的发展态势。在数字中国建设和文旅融合发展的大趋势下，数字及互联网文化的热度越来越高。通过文化与科技融合，科技创新赋予文化产业发展新动能，推进"数字文化中国"建设。数字技术的迭代使消费体验、消费形式以及产品和服务的获取方式都发生了颠覆性的改变，让人们从消费中获得越来越多的精神愉悦。

报告认为，"健全现代文化产业体系"已成为促进文化产业高质量发展、推动社会主义文化强国建设的重要内容。文化产业体系的"现代性"不仅体现为与时俱进的产业升级演化，而且体现为文化产业自身发展要素和结构布局的不断完善。构建高质量的现代文化产业体系是"十四五"及之后一个时期文化产业发展的重要内容，也是文化产业发展到高级阶段的目标。在政策红利、新冠肺炎疫情突发和"新基建"推动等因素的综合作用下，文化与科技正在走向深度融合，文化产业数字化是文化与科技深度融合的集中体现，文化产业数字化战略是疫情防控常态化下促进经济稳定发展的重要引擎。此外，报告还强调，在实施乡村振兴战略中要注重发挥文化的作用，用文化为乡村振兴筑基铺路。

关键词： 文化创意产业　数字经济　文化消费

Abstract

Beijing Report on Cultural and Creative Industries (2022) studies on the role and significance of digital economy, the current situation and trend of industrial integration development, characteristics and prospects of regional development of cultural industries under the normalization of epidemic prevention and control, and makes a prospect on the future development of cultural and creative industries in Beijing. This report includes 6 parts as: General Report, Thematic Reports, Technology Application Reports, Case Reports, Regional Reports and Appendix.

In 2021, in the face of the complex international situation and multiple tests such as the spread of domestic epidemics, Beijing adhere to the general tone of seeking progress while maintaining stability, take the development of the capital as the guide, comprehensively promote epidemic prevention and control and economic and social development, actively serve and integrate into the new development pattern, which has promoted the sustained and stable recovery of the economy, continuously guaranteed and improved the people's livelihood, and the high-quality development of the capital has reached a new level. From January to December of 2021, Beijing's cultural industries above designated size achieved an operating income of 1756.38 billion yuan, the year-on-year growth rate was 17.5%, accounting for 14.75% in China, and the total profit was 142.94 billion yuan and up 47.5% year on year, 640000 employees were recruited and up 4.8% year on year. In 2021, Beijing-s cultural industry showed a new trend of rapid recovery and development. Firstly, the issue of Beijing Urban Overall Planning and the Fourteenth Five-year Plan for Beijing's National Economic and Social Development and the Outline of the Long-term Goals for the Year 2035 furtherly clarified the objectives and paths of Beijing's urban strategic positioning, which provides a blueprint for the development of cultural and creative industries. Secondly, new policies promote Beijing's cultural and creative industries to develop new industries, new forms and new models. In 2021, the creative and cultural industries of Beijing have made steady progress in major related fields, there are emerged some consumption hotspots and the construction of "a city of museums" helped the construction of national cultural centers. Thirdly, Beijing's cultural industry makes steady progress in 2022. The integration of "technology + culture" provides new growth driver for cultural industries by promoting the construction of "Digital Cultural China".

This report suggests that improving the modern cultural industry system should be the important way to promote the development of cultural industry with high quality and the building a socialist cultural power. The modernity of cultural industries system means the process of industrial upgrading and evolution keeping pace with the times, and improvement of the development elements and structural layout of cultural industries. Improving the high-quality modern cultural industry system is an important part of developing cultural industries in the 14th Five-year Plan as well as at the subsequent period, and it is also the goal of pushing cultural industries to an advanced stage. Further more, influenced by policy dividends, the changing situation of the COVID-19 and the new infrastructure, with tight integration of culture and technology, the digitalization of cultural industry is an inevitable trend. The digitalization of cultural industry strategy is the most engine of driving economic developing stably in the post-pandemicera. Moreover, this report also emphasizes that in the implementation of the Rural Revitalization Strategy, we should pay attention to the role of culture in paving the way for Rural Revitalization.

Keywords: Cultural and Creative Industries; Digital Economy; Cultural Consumption

目 录

Ⅰ 总报告

B.1 北京文化创意产业迈入高质量发展时期 …………………………… 001
  一 加强和优化顶层设计，推动北京文化创意产业发展 ……… 002
  二 新业态、新模式释放新活力，成为拉动文化产业
    发展的核心力量 ………………………………………………… 007
  三 数字化赋能文化 IP，形成文化创意产业高质量发展新格局
    ………………………………………………………………………… 017

Ⅱ 专题篇

B.2 数字经济助力北京文旅产业高质量发展研究 ………………………… 026
B.3 加快文商旅三大产业融合发展，促进北京国际消费中心城市建设
  ………………………………………………………………………… 034
B.4 卢沟桥国家文化公园红色文旅数字化开发路径研究 ……………… 052
B.5 虚拟现实产业发展现状及对策研究
  ——以北京市石景山区为例 ………………………………………… 069

B.6 沉浸式演艺的数字化传播与市场消费研究 …………………… 082
B.7 文化创新视域下北京市典型文化项目实践研究 ……………… 092
B.8 疫情防控常态化下北京民宿经济发展探析 …………………… 107
B.9 北京市文化产业关联特征动态分析 …………………………… 124
B.10 2021年北京市文化产业投融资情况分析 …………………… 143

Ⅲ 技术应用篇

B.11 大数据在文博文创产品开发中的应用研究 ………………… 162
B.12 新技术在京杭大运河北京段的应用与展望 ………………… 177
B.13 从典型场景化应用透视虚拟数字人商业模式建构 ………… 192

Ⅳ 案例篇

B.14 北京旅游休闲街区研究
　　——以前门大街为例 ………………………………………… 207
B.15 "乡愁"在历史文化街区品牌塑造中的价值及策略研究
　　——以模式口大街为例 ……………………………………… 227
B.16 北京桥下空间创意设计改造路径研究
　　——基于日本经验的借鉴与启示 …………………………… 241

Ⅴ 区域篇

B.17 文创实验区：聚焦文化消费，凝聚新兴业态，
　　创新驱动引领全国文化产业发展 …………………………… 252
B.18 东城区：文化产业发展再上新台阶 ………………………… 262
B.19 丰台区：打造文化名片，强化精准服务，提升区域文化产业
　　发展水平 ……………………………………………………… 267

B.20 石景山区：实施引擎驱动工程，打造"后冬奥"
文化产业高地 …………………………………………… 276
B.21 海淀区：数字文化产业助力区域经济高质量发展 ………… 284
B.22 门头沟区：稳步推进文化产业高质量发展 ………………… 293
B.23 房山区：坚持创新引领，实施文旅融合，
推动文化产业高质量发展 ……………………………… 299

Ⅵ 附 录

B.24 中国创意产业研究中心"创意书系"出版书目 …………… 305

皮书数据库阅读**使用指南**

CONTENTS

I General Report

B.1 Beijing Cultural and Creative Industries Enter a Period of High-quality Development / 001
    1. Promoting the Development of Beijing's Cultural and Creative Industries by Strengthening and Optimizing the Top-level Design / 002
    2. New Business Forms and Models Release New Vitality and Become the Core Force to Drive the Development of the Cultural Industry / 007
    3. Digitization Enabling Cultural IP Which Should Form a New Pattern of High-quality Development of Cultural and Creative Industries / 017

II Thematic Reports

B.2 Digital Economy Helps the High-quality Development of Culture and Tourism in Beijing / 026

CONTENTS

B.3 Promoting the Construction of Beijing as an International Consumption Center City by Accelerate the Integrating Development of Culture, Commerce and Tourism / 034

B.4 The Digitalization Path of Red Cultural Tourism in Lugou Bridge National Cultural Park / 052

B.5 Research on the Development Status and Countermeasures of Virtual Reality Industry
—*Taking Shijingshan District of Beijing as an Example* / 069

B.6 Research on the Digital Dissemination and Market Consumption of Immersive Performing Arts / 082

B.7 Research on the Practice of Typical Cultural Projects in Beijing from the Perspective of Cultural Innovation / 092

B.8 Analysis on the Development of Beijing B & B Economy during the Period of Normalization of Epidemic Prevention and Control / 107

B.9 Dynamic Analysis on the Correlation Characteristics of Beijing's Cultural Industry / 124

B.10 Anlaysis on the Development of Investment and Financing of Beijing's Cultural Industry in 2021 / 143

Ⅲ Technology Application Reports

B.11 Research on the Application of Big Data in the Development of Culture, Museum and Creative Products / 162

B.12 Application and Prospects of New Technology in Beijing Section of the Beijing-Hangzhou Grand Canal / 177

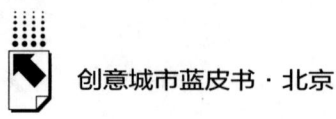

B.13 Research on the Construction of Virtual Digital Human Business Model from the Perspective of Typical Scenario Application / 192

Ⅳ Case Reports

B.14 Research on Tourism Leisure Street Blocks in Beijing
—*Taking Qianmen Street as an Example* / 207

B.15 Research on the Value and Strategies of "Nostalgia" in the Brand Building of Streets and Areas Featuring Ancient Culture
—*Taking Moshikou Cultural and Historical Block as an Example* / 227

B.16 Research on the Creative Design and Transformation Path of Space under Beijing Bridge
—*Reference and Enlightenment Based on Japanese Experiences* / 241

Ⅴ Regional Reports

B.17 National Cultural Industry Innovation Experimental Area: Focused on Cultural Consumption, Condensing Emerging Business Forms and Leadingthe Development of National Cultural Industry by Innovation Driving / 252

B.18 Dongcheng District: Cultural Industry Developed to a New Level / 262

B.19 Fengtai District: Improving the Development Level of Regional Cultural Industry by Creating a Cultural Business Card and Strengthening Accurate Service / 267

B.20 Shijingshan District: Implement the Engine Driven Project to Build a New Highland of Cultural Industry in "Post Winter Olympics" / 276

B.21 Haidian District: Digital Cultural Industry Helps the High-quality Development of Regional Economy / 284

B.22 Mentougou District: Pushing the Development of Cultural and Creative Industries Steadily / 293

B.23 Fangshan District: Promoting the High-quality Development of Cultural Industry by Innovation Leading and Integration of Culture and Tourism / 299

VI Appendix

B.24 Book-list of "Creativity Series" Published by China Creative Industries Research Center (CIRC) / 305

总报告
General Report

B.1
北京文化创意产业迈入高质量发展时期

张京成　许　晴　周学政＊

摘　要： "十四五"开局之年，北京文化创意产业加强顶层设计，强化政策引导和行业规划，新业态、新模式释放新活力，成为拉动产业发展的核心力量，北京文化创意产业迈入高质量发展时期。北京城市战略定位描绘了文化创意产业发展新的蓝图，新业态下产业实力显著回升，主要领域稳中有进，新兴文化消费不断涌现，"博物馆之城"建设持续推进。"文化IP+"助力延长文化产业链，区域文化产业带促进形成文化创意产业发展新格局。展望未来发展，需要进一步构建高质量现代文化创意产业体系，以数字化赋能产业高质量发展，以文化创意赋能乡村振兴战略，形成首都文化创意产业发展新局面。

＊ 张京成，北京市科学技术研究院研究员，主要研究方向为文化创意产业与科技政策；许晴，北京体育大学马克思主义学院博士研究生，主要研究方向为马克思主义体育理论、文化创意产业；周学政，北京体育大学教授、博士生导师，主要研究方向为文化创意产业、科学社会学、体育理论。

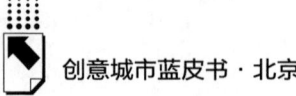

关键词： 文化创意产业　高质量发展　文化消费　数字技术

2021年是极其不平凡的一年，也是党和国家历史上具有里程碑意义的一年。在习近平新时代中国特色社会主义思想指导下，北京市文化创意产业聚焦全国文化中心建设和国际消费中心城市建设，坚持发展为了人民、发展依靠人民、发展成果由人民共享，不断满足人民群众多样化、品质化、个性化的文化需求。首都市民对美好生活的获得感、幸福感不断增强，北京市文化创意产业进入高质量发展时期。

面对复杂严峻的国际环境和国内疫情散发等多重考验，2021年全市规模以上文化产业实现营业收入17563.8亿元，实现利润总额1429.4亿元，吸纳从业人员64万人，同比分别增长17.5%、47.5%、4.8%。[①] 2021年北京文化产业整体呈现大步回升、发展向好的新态势。

一　加强和优化顶层设计，推动北京文化创意产业发展

2021年是"十四五"规划的开局之年，站在新百年新征程新起点上，以习近平同志为核心的党中央团结带领全党全国各族人民积极应对错综复杂的国内外形势以及全球性风险挑战，大力统筹推进疫情防控和经济社会发展，我国发展取得了新的重大成就，实现了"十四五"规划的良好开局。与此同时，我国不断推进文化产业和公共文化建设，加强完善文化政策体系，密集出台文化产业相关规划和政策，为行业整体发展提供了指引和方向。全国文化中心建设规划以及《北京市"十四五"时期智慧城市发展行动纲要》《北京市城市更新行动计划（2021—2025年）》《北京市"十四五"时期文化和旅游发展规划》《北京市"十四五"时期文物博物馆事业发

---

① 《规模以上文化产业情况》，北京市统计局、国家统计局北京调查总队网站，2022年2月7日，http：//tjj.beijing.gov.cn/tjsj_31435/yjdsj_31440/wh/2021/202202/t20220207_2605342.html。

展规划》等相关政策的出台，催生了新产业、新业态、新模式，北京文化创意产业迈入高质量发展时期。站在两个一百年历史交汇点，北京文化创意产业的发展迎来了新的机遇与挑战。

（一）文化政策体系的完善促进文化创意产业进入高质量发展时期

1.《"十四五"文化产业发展规划》为文化创意产业发展奠定了良好基础

高质量发展是"十四五"时期经济社会发展的主题，加快推进文化产业高质量发展，大力激发文化产业创造活力，有利于满足人民群众多样化、高品位的文化需求，增强人们的文化获得感、幸福感，进而加快推进社会主义文化强国建设。当今世界正经历百年未有之大变局，面对日益复杂的国际环境，我国发展不平衡不充分的问题仍然突出，给我国文化产业发展带来了风险和挑战。综合判断，"十四五"时期我国文化产业仍处于大有可为的重要战略机遇期。

《"十四五"文化产业发展规划》（以下简称《规划》）指出，为加快健全现代文化产业体系，推动文化产业高质量发展，建设社会主义现代化文化强国，应坚持以习近平新时代中国特色社会主义思想为指导，坚持正确导向、坚持以人民为中心、坚持创新驱动、坚持融合发展、坚持系统观念等基本原则，立足新发展阶段，贯彻新发展理念，服务新发展格局，明确"十四五"文化产业发展目标，从推进文化产业创新发展、促进供需两端结构优化升级、优化文化产业空间布局、推动文化产业融合发展、激发文化市场主体发展活力、培育文化产业国际合作竞争新优势、深化文化与金融合作七个方面，通过"八个专栏"列出44个重点举措、工程项目，确保各项任务措施落到实处，着力增强《规划》的可操作性。

站在新起点、面向新时代，围绕首都文化和旅游发展新使命，北京市文化和旅游局编制印发了《北京市"十四五"时期文化和旅游发展规划》，提出到2025年，北京将率先实现文化和旅游高质量发展，文化和旅游服务保障国家对外工作大局及重大国事活动的能力和水平显著提升，服务首都城市战略定位、助力全国文化中心建设的作用持续增强。到2035年，北京将初步建成世界文化名城和世界旅游目的地城市,首都文化软实力显著增强。文化事业更加繁荣,文化产业和旅游业整体实力和竞争力大幅提升,优秀文化产品和优质旅游产品充分满足人民群众美好生活需要,在人类文明交流互鉴中发挥更大作用,为建成文化强国贡献重要力量,为基本实现社会主义现代化做出积极贡献。

从文化创意产业的整体发展趋势分析,良好的社会环境和雄厚的产业积淀是产业发展必不可少的外部条件。文创产业兴起,是文化和经济高质量发展的必然。"十四五"时期,北京市不断优化产业发展外部环境,积极营造有利于文化创意产业发展的良好氛围。

2. 文化行业规划及文化产业政策的出台为文化创意产业发展指明了方向

面对当前我国文化产业自身发展的质量效益还不够高、创新创意能力和国际竞争力还不够强等问题,我国文化产业发展和公共文化建设不断推进,文化政策体系日益完善,文化行业规划及文化产业政策密集出台,为文化创意产业高质量发展指明了方向。

国家层面出台的《"十四五"文化和旅游发展规划》《"十四五"文化产业发展规划》《"十四五"文化和旅游科技创新规划》《"十四五"艺术创作规划》等有关文化产业、旅游业的政策文件,在完善文化政策体系的同时,也为文化创意产业发展提供了指引和方向。在市级层面,北京市顺应数字化趋势,出台了《北京市"十四五"时期智慧城市发展行动纲要》《北京市关于加快建设全球数字经济标杆城市的实施方案》《北京市"十四五"时期高精尖产业发展规划》《北京市"十四五"时期商业服务业发展规划》等政策文件,数字文化消费生态圈正在形成,推动北京数字文化消费蓬勃发展。在各区和各组团方面,大兴区紧抓"两区"建设机遇,加快推动数字技术与经济社会深度融合,大力发展数字产业化和产业数字化,全面推进大兴区数字经济创新发展和数字化治理能力提升,加速形成开放创新新格局,制定了《大兴区数字经济创新发展三年行动计划(2021—2023年)》,力求到2023年底,大兴区数字经济迈入快速扩展期,数字经济增加值超过500亿元,占全区GDP的比重达到50%左右,初步形成3~4

个产业集聚度高、特色鲜明的数字产业集聚区，建成全国数字贸易创新发展高地、全国数字医疗健康发展高地、全国数字文化融合发展高地、全国先进智造产业示范高地。《朝阳区"十四五"时期人才发展规划》提出，到2025年，努力把朝阳区打造成为国际一流人才集聚区、人才融合发展示范区、人才创新发展活力区、服务"两区"建设人才改革先行区，为推进国际一流的和谐宜居之都建设提供强有力的人才支撑和智力保障。东城区作为全国政治中心、文化中心和国际交往中心的核心承载区，是历史文化名城保护的重点地区，也是展示国家首都形象的重要窗口。"十四五"时期，东城区文化产业体系和市场体系更加健全，文化产业结构布局不断优化，新型文化业态更加丰富，数字化、网络化、智能化特征更加明显，产业链条和创新发展生态更加完善，文化产业与相关领域融合更加深入，文化产业整体实力和竞争力显著增强。《东城区"十四五"时期文化产业发展规划》提出，到2025年，东城区文化产业增加值力争实现350亿元，年均增速达到7%，占全区GDP的比重超过10%，文化产业地均增加值继续保持全市领先地位，主板上市文化企业超过10家，规模以上文化企业达到600家，形成一批知名度高、影响力大的著名文化产业品牌，培育一批引领带动作用强的龙头文化企业，推出一批适应人民群众文化消费需求的精品力作，培养一批文化产业领军人才，建设一批具有显著示范效应和带动作用的文化产业园区，高标准建设国家文化与金融合作示范区，发挥国家文化出口基地的集聚、引领和辐射作用，全区文化产业规模不断扩大，文化产业地均、人均产值以及文化消费规模显著增长，对国民经济增长的支撑和带动作用得到充分发挥。

（二）首都城市战略定位描绘了北京文化创意产业发展蓝图

建设一个什么样的首都？怎样建设首都？习近平总书记在视察北京工作时系统阐述并深刻回答了这一重大时代课题。站在新的历史起点上，要建设好伟大社会主义祖国的首都、迈向中华民族伟大复兴的大国首都、国际一流的和谐宜居之都。"十四五"时期是北京落实首都城市战略定位、建设国际一流和谐宜居之都的关键时期，也是北京文化和旅游高质量发展、高品质推进世界文化名城和世界旅游目的地城市建设的重要五年。《北京城市总体规划（2016年—2035年）》《北京市国民经济和社会发展第十四个五年规划和2035年远景目标纲要》等的出台，明确了首都城市战略定位的目标和路径，为文化创意产业发展描绘了蓝图。

1. 全国文化中心建设促进北京文化创意产业繁荣发展

2021年1月27日，北京市第十五届人民代表大会第四次会议批准了《北京市国民经济和社会发展第十四个五年规划和2035年远景目标纲要》，明确"十四五"时期是北京落实首都城市战略定位、建设国际一流和谐宜居之都的关键时期，扎实推进全国文化中心建设，是北京在社会主义文化强国建设中承担的重要使命和责任。2022年政府工作报告明确指出，要充分发挥首都文化优势，传承发展独具魅力的古都文化、红色文化、京味文化和创新文化，加强全国文化中心建设，促进首都文化繁荣发展，更好地满足人民群众的精神文化需求。《北京市国民经济和社会发展第十四个五年规划和2035年远景目标纲要》的出台以及2022年政府工作报告的发布，是未来一个时期北京文化创意产业发展的必要遵循和指引。

2. 国际消费中心城市建设助力北京文化创意产业高质量发展

2021年9月，《北京培育建设国际消费中心城市实施方案（2021—2025年）》正式印发，建设国际消费中心城市，是落实首都城市战略定位、推动高质量发展的必然要求，是实施扩大内需战略、融入新发展格局的重要抓手，也是顺应消费发展新趋势、满足人民美好生活需要的关键之举。2022年3月，《打造"双枢纽"国际消费桥头堡实施方案（2021—2025年）》正式发布，提出发挥首都国际机场、大兴国际机场"双枢纽"优势，集中力量建设国际消费功能区、打造国际消费桥头堡，对支撑国际消费中心城市建设、巩固首都以服务业为主导的产业结构优势、主动服务和融入新发展格局、打造国家发展新动力源具有重大意义。《北京培育建设国际消费中心城市实施方案（2021—2025年）》和《打造"双枢纽"国际消费桥头堡实施方案（2021—2025年）》明确了北京市建设国际消费中心城市的方向、任务、规划、路径，有利于推动北京文化创意产业高质量发展，对北京文化创意产业发展具有重要指导意义。

3. 国际科技创新中心建设推动文化与科技融合发展

2021年11月，中共北京市委、北京市人民政府印发了《北京市"十四五"时期国际科技创新中心建设规划》，指出北京作为首都，将胸怀两个大局，自觉站在"国之大者"高度，坚持首善标准，瞄准国际一流，加快打造世界主要科学中心和创新高地，率先建成国际科技创新中心，为实现高水平科技自立自强和建设科技强国提供战略支撑。突出强调要推动数字技术在文化领域创新应用与场景落地，打造文化科技创新生态，推进设计之都建设，提升公民科学素养，推动文化与科技融合发展。

二 新业态、新模式释放新活力，成为拉动文化产业发展的核心力量

（一）产业实力显著回升

2021年，随着国内疫情防控向好形势的进一步巩固，北京市文化产业运行总体平稳，文化产业收入增速向好。根据国家统计局发布的《中华人民共和国2021年国民经济和社会发展统计公报》，经初步核算，2021年我国GDP为1143670亿元，按不变价格计算，比上年增长8.1%（见图1），两年平均增长5.1%。其中，第一产业增加值为83086亿元，比上年增长7.1%；第二产业增加值为450904亿元，比上年增长8.2%；第三产业增加值为609680亿元，比上年增长8.2%。第一产业增加值占GDP的比重为7.3%，第二产业增加值占GDP的比重为39.4%，第三产业增加值占GDP的比重为53.3%。

疫情防控常态化背景下，文化旅游业发展受其影响仍较大。2021年全

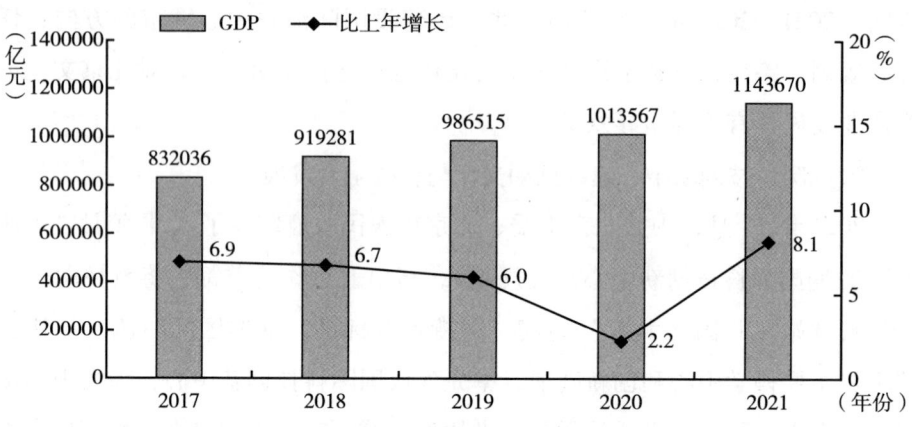

图1　2017~2021年我国GDP及其增长速度

资料来源：《中华人民共和国2021年国民经济和社会发展统计公报》，国家统计局网站，2022年2月28日，http：//www.stats.gov.cn/tjsj/zxfb/202202/t20220227_1827960.html。

国旅客运输总量为83.0亿人次，比上年下降14.1%；旅客运输周转量为19758.2亿人公里，比上年增长2.6%（见表1）。

表1　2021年全国各种运输方式完成旅客运输量及其增长速度

指标	单位	绝对数	比上年增长(%)
旅客运输总量		83.0	-14.1
铁路		26.1	18.5
公路	亿人次	50.9	-26.2
水路		1.6	9.0
民航		4.4	5.5
旅客运输周转量		19758.2	2.6
铁路		9567.8	15.7
公路	亿人公里	3627.5	-21.8
水路		33.1	0.4
民航		6529.7	3.5

资料来源：《中华人民共和国2021年国民经济和社会发展统计公报》，国家统计局网站，2022年2月28日，http：//www.stats.gov.cn/tjsj/zxfb/202202/t20220227_1827960.html。

2021年，国内游客共32.5亿人次①，比上年增长12.8%（见图2）。其中，城镇居民游客23.4亿人次，比上年增长13.4%；农村居民游客9.0亿人次，比上年增长11.1%。国内旅游收入合计29191亿元，比上年增长31.0%。其中，城镇居民游客花费23644亿元，比上年增长31.6%；农村居民游客花费5547亿元，比上年增长28.4%。

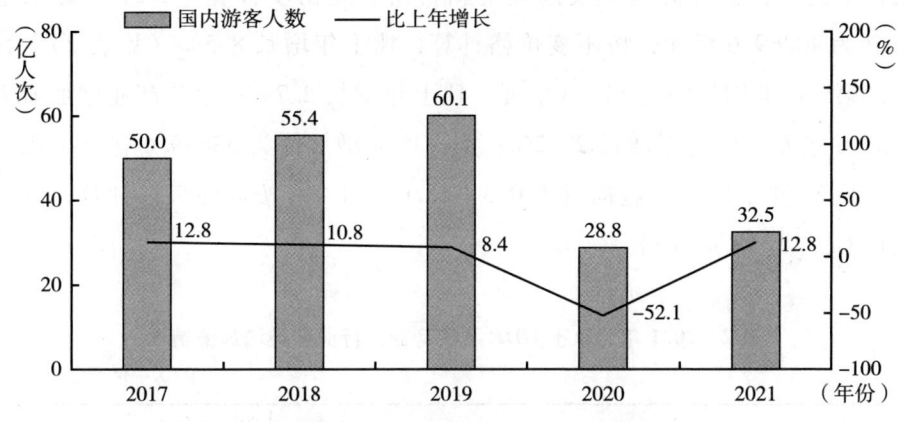

图2 2017~2021年国内游客人数及其增长速度

注：增长速度均按原始数据计算，与图中保留一位小数的数据计算结果略有偏差，下同。

资料来源：《中华人民共和国2021年国民经济和社会发展统计公报》，国家统计局网站，2022年2月28日，http://www.stats.gov.cn/tjsj/zxfb/202202/t20220227_1827960.html。

截至2021年底，全国文化和旅游系统共有艺术表演团体2044个、博物馆3671家。全国共有公共图书馆3217家，总流通72898万人次；文化馆3317家。有线电视实际用户2.01亿户，其中有线数字电视实际用户1.95亿户。广播节目综合人口覆盖率为99.5%，电视节目综合人口覆盖率为99.7%。2021年，全国共生产电视剧194部6736集，电视动画片78372分钟；生产故事影片565部，科教片、纪录片、动画片和特种影片175部；出版各类报纸276亿份，各类期刊20亿册，图书110亿册（张），人均图书拥有量为7.76册（张）。全国共有档案馆4233个，已开放各类档案18931万

---

① 由于数据四舍五入的原因，总计与分项合计略有偏差，下同。

卷（件）。2021年，全国规模以上文化及相关产业企业实现营业收入119064亿元，按可比口径计算，比上年增长16.0%。①

2021年，面对复杂严峻的国际形势和国内疫情散发等多重考验，北京市坚持稳中求进工作总基调，以首都发展为统领，统筹推进疫情防控和经济社会发展，主动服务和融入新发展格局，促进了经济持续稳定恢复，保障和改善了民生，首都高质量发展迈上新台阶。经初步核算，2021年北京市GDP为40269.6亿元，按不变价格计算，比上年增长8.5%（见表2）。其中，第一产业增加值为111.3亿元，比上年增长2.7%；第二产业增加值为7268.6亿元，比上年增长23.2%；第三产业增加值为32889.6亿元，比上年增长5.7%。三次产业构成为0.3∶18.0∶81.7。按常住人口计算，全市人均GDP为18.4万元。

表2 2021年北京市GDP及按产业、行业分类增加值情况

单位：亿元，%

指标	绝对数	比上年增长	比重
GDP	40269.6	8.5	100.0
按产业分			
第一产业	111.3	2.7	0.3
第二产业	7268.6	23.2	18.0
第三产业	32889.6	5.7	81.7
按行业分			
农、林、牧、渔业	113.4	2.3	0.3
工业	5692.5	31.0	14.1
建筑业	1619.7	0.8	4.0
批发和零售业	3150.6	8.4	7.8
交通运输、仓储和邮政业	942.5	5.9	2.3
住宿和餐饮业	421.7	13.7	1.0
信息传输、软件和信息技术服务业	6535.3	11.0	16.2

---

① 《中华人民共和国2021年国民经济和社会发展统计公报》，国家统计局网站，2022年2月28日，http：//www.stats.gov.cn/tjsj/zxfb/202202/t20220227_1827960.html。

续表

指标	绝对数	比上年增长	比重
金融业	7603.7	4.5	18.9
房地产业	2605.5	4.6	6.5
租赁和商务服务业	2435.3	3.4	6.0
科学研究和技术服务业	3198.2	2.3	7.9
水利、环境和公共设施管理业	307.0	-1.9	0.8
居民服务、修理和其他服务业	194.6	1.6	0.5
教育	1964.8	2.0	4.9
卫生和社会工作	1078.5	4.8	2.7
文化、体育和娱乐业	736.8	8.4	1.8
公共管理、社会保障和社会组织	1669.5	3.2	4.1

资料来源：《北京市 2021 年国民经济和社会发展统计公报》，北京市统计局、国家统计局北京调查总队网站，2022 年 3 月 1 日，http：//tjj.beijing.gov.cn/zxfbu/202202/t20220228_2618115.html。

截至 2021 年底，北京市共有 24 家公共图书馆，总藏量为 7308 万册；有 18 家档案馆，馆藏量为 1007.9 万卷（件）；有 204 家博物馆，其中 94 家免费对外开放；有 19 家群众艺术馆、文化馆。2021 年，北京市引进 7633 件出版物版权，登记 102.6 万件版权（著作权）；登记在册报刊共 3403 种，共有出版社 525 家、出版发行物发行单位 10393 家。有线电视实际用户共 612.5 万户，其中高清电视实际用户 373.5 万户，超高清（4K）电视实际用户 201.5 万户。全年共制作 41 部 1580 集电视剧、22 部 5184 分钟电视动画片、66 部网络剧、27 部网络动画片、158 部网络电影。全年生产 186 部电影，30 条院线 281 家影院共放映电影 335.4 万场，观众达 4224.4 万人次，实现票房收入 22.3 亿元。2021 年，北京市共接待游客 2.6 亿人次，比上年增长 38.8%；实现旅游总收入 4166.2 亿元，比上年增长 43.0%。其中，接待国内游客 2.5 亿人次，比上年增长 38.9%；实现旅游总收入 4138.5 亿元，比上年增长 43.7%。接待入境游客 24.5 万人次，比上年下降 28.2%；实现境外旅游收入 4.3 亿美元，比上年下降 10.4%。①

---

① 《北京市 2021 年国民经济和社会发展统计公报》，北京市统计局、国家统计局北京调查总队网站，2022 年 3 月 1 日，http：//tjj.beijing.gov.cn/zxfbu/202202/t20220228_2618115.html。

（二）主要领域稳中有进

从文化产业总体发展趋势来看，2021年1~12月，北京市规模以上文化产业收入合计17563.8亿元，同比增长17.5%，占全国的比重为14.75%；实现利润总额1429.4亿元，同比增长47.5%；从业人员平均人数为64.0万人，同比增长4.8%（见表3）。新冠肺炎疫情前的2019年，北京市规模以上文化产业收入合计12849.7亿元，与此相比，2021年增长了36.7%，产业整体呈现大步回升、发展向好的新态势。

表3 2021年1~12月北京市规模以上文化产业情况

领域	收入合计		利润总额		从业人员平均人数	
	金额（亿元）	同比增长（%）	金额（亿元）	同比增长（%）	数量（万人）	同比增长（%）
文化核心领域	15848.3	17.8	1343.3	48.2	54.8	6.5
新闻信息服务	5124.9	21.5	54.7	-79.6	14.8	4.6
内容创作生产	3912.8	30.8	1131.8	132.6	17.5	6.6
创意设计服务	3925.3	6.2	84.6	12.7	11.1	0.2
文化传播渠道	2727.4	12.5	97.1	51.4	8.0	11.7
文化投资运营	45.2	11.1	16.3	-36.2	0.3	-0.1
文化娱乐休闲服务	112.6	38.5	-41.2	—	3.2	31.5
文化相关领域	1715.6	14.4	86.2	37.7	9.2	-4.1
文化辅助生产和中介服务	761.7	11.4	38.9	49.1	7.6	-4.7
文化装备生产	120.3	8.3	3.7	24.9	0.7	-10.8
文化消费终端生产	833.6	18.4	43.6	30.0	0.9	7.1
合计	17563.8	17.5	1429.4	47.5	64.0	4.8

资料来源：《规模以上文化产业情况》，北京市统计局、国家统计局北京调查总队网站，2022年2月7日，http://tjj.beijing.gov.cn/tjsj_31433/yjdsj_31440/wh/2021/202202/t20220207_2605342.html。

由表3可知，文化核心领域收入合计15848.3亿元，同比增长17.8%。其中，文化娱乐休闲服务和内容创作生产发挥引领带动作用，同比分别增长38.5%和30.8%。在互联网、数字化的驱动下，新闻信息服务、文化传播渠道等呈现平稳增长态势，同比分别增长21.5%、12.5%，创意设计服务和文化投资运营同比分别增长6.2%和11.1%。

文化相关领域收入合计1715.6亿元，同比增长14.4%，回升趋势明显。其中，文化辅助生产和中介服务收入合计761.7亿元，同比增长11.4%；文化装备生产收入合计120.3亿元，同比增长8.3%；文化消费终端生产收入合计833.6亿元，同比增长18.4%。

（三）新兴文化消费大量涌现

在全球疫情蔓延的冲击下，随着我国文化产业"双循环"新发展格局的进一步完善，以及"十四五"相关产业规划的陆续出台，我国不断调整文化产业结构，持续释放人们的文化消费需求，进一步扩大文化产业规模。文化消费作为满足人们对美好生活向往的基本途径，是释放消费潜力的关键领域之一。近年来，新兴消费热点不断涌现，"潮牌"快速崛起是一个缩影。"国潮"的兴起，是文化和经济高质量发展的必然。当前，随着数字中国建设的深入推进，文化产业的数字化不断转型升级，文创产业进入高质量发展时期，"文创+"新业态已经形成，新兴文化消费不断涌现。越来越多的文创产品支持消费者自己设计，加强了文创衍生品设计者与顾客之间的交流沟通，尤其是虚拟文创产品，在满足客户个性化、多样化需求的同时，产品质量也有所提高，借助虚拟现实技术，文创衍生品增强了消费者与产品的"互动"体验感，极大地提高了消费者的参与度。特别是将消费、生产、创意融合的"动态文创"，给消费者带来了与"静态文创"不同的体验，满足了消费者个性化、互动化、定制化的多元需求。新文创时代，科技已经成为文化产业创新发展的重要驱动力，数字经济成为文化旅游转型升级的重要引擎，智联万物在为文旅融合提供丰富的基础设施的同时，也推动了传统文旅业态的数字化改造和转型升级。疫情防控常态化催生了"云展览""云旅游""云演艺"等新业态，加快了文化产业数字化的进程，激发了新体验、新消费，促进了数字化工具应用、内容形式等方面的创新；现代信息技术如大数据、区块链、知识图谱、人工智能、多媒体、GIS等的运用真正使文化遗产"活"起来，实现了文化资源保护及其传承利用；"泛娱乐""新文创""国潮"等的流行，也反映了新时代年轻人的文化自信和文化认同。

北京作为文旅产业最活跃的地区之一，是全国文化中心，也将成为国际消费中心城市。《北京市"十四五"时期文化和旅游发展规划》提出，北京进入"品质文旅消费时代"。2019~2021年，北京市持续关注文化体育消费、养老消费、互联网信息服务消费、夜间消费等领域，先后出台多项相关政策。北京市文化消费的基础性作用明显，消费政策的供给力度不断加大。北京市数字文化消费蓬勃发展，在线文化需求持续扩大，有力地推动了文化消费升级。通过对比北京市2019~2021年电影票房数据和旅游业相关数据可以发现，在疫情的影响下，线下文化消费的不确定性和脆弱性仍然存在。2021年，北京市经历的几场疫情考验也对线下文化消费产生了影响。可以看到，线下文化消费在持续恢复，但回暖速度较慢。以旅游业为例，旅游业拉动北京旅游市场回暖的主要力量是市民在京旅游的复苏。2021年第一至第三季度，市民在京旅游人数为9952万人次，同比增长76.6%，较2019年同期增长3%；外省来京游客为9875万人次，同比增长72.2%，恢复到2019年同期的68%。当前，线下文化消费活动呈现本地化特征，并随着文化产业数字化进程的加快呈现"线上+线下"融合的特征。通过对比北京市2019~2021年消费者信心指数可以发现，相较于2019年，2021年消费者信心指数整体呈现上升态势，但仍然要注意到2021年第一季度以来消费者信心指数的下降态势。其中，对就业预期的下降是消费者信心指数变动的主要原因。稳就业就是稳消费，未来就业问题是北京乃至全国要面临的一个重点问题。通过对比疫情前后北京市人均消费支出和文化娱乐支出相关数据可以发现，教育文化娱乐消费支出受影响最大。对比2019~2021年的数据可以发现，2021年人均消费支出基本回升至2019年同期水平，但教育文化娱乐消费支出尚未恢复，这意味着在文化消费中仍有潜力待挖掘。以2021年北京惠民文化消费季活动为例，消费季期间，共举办活动31298场，其中线上活动共计24219场，实现线上文化消费62.73亿元，占比为77.92%。在此次活动中，个人文化消费金额月均大于500元的消费者占比为38.8%，较

2020年上升6个百分点,消费者满意度较2020年提升了8.3个百分点。本次消费季消费者知晓度为67.7%,参与企业知晓度为73.2%。下一年,北京将继续加大夜间文旅、老年消费等方面活动的支持力度,同时将文化消费活动下沉到16个区,大力提升活动的知名度和影响力。

(四)"博物馆之城"建设继续推进

中国特色社会主义进入新时代,北京地区博物馆实现了跨越式发展。2020年,北京市提出了建设"博物馆之城"的战略规划。截至2020年底,北京市备案博物馆达197家,无论是从博物馆质量还是数量来看,北京均居全国城市之首。随着国家文物局与北京市人民政府共建北京博物馆之城战略合作协议的签订,北京博物馆事业进入了发展的快车道。截至2021年12月,北京市共有204家各类备案博物馆,其中94家免费对外开放,众多备案博物馆构成了一部立体化、多维度的博物馆"百科全书"。就博物馆地域分布而言,全市16个区均有博物馆分布,其中朝阳区和东城区博物馆数量都多达35家,成为全市拥有博物馆数量最多的两个区。尤其是东城区,人均博物馆拥有量居全市之首,每10万人博物馆拥有量为4.4家。目前,北京地区博物馆拥有藏品1625万件(套),其中可移动文物数量以及三级以上珍贵文物数量居全国首位,共有520个基本陈列持续开放,年平均举办展览600余次,开展活动上千次,接待观众超过5000万人次。

"博物馆的力量"是2022年"5·18国际博物馆日"的主题,中国博物馆"走出去"产生世界影响是展现中国文化自信的重要体现。北京地区的故宫博物院、中国国家博物馆和首都博物馆跻身"最受欧美受众关注博物馆"前10位,首都博物馆进入"区域综合博物馆海外综合影响力"前10位,清华大学艺术博物馆、中国科学技术馆、中国人民革命军事博物馆、中国农业博物馆、北京鲁迅博物馆5家博物馆进入"专题类博物馆海外综合影响力"前10位。①

---

① 《2021年度全国博物馆(展览)海外影响力评估报告》,凤凰网,2022年5月17日,https://finance.ifeng.com/c/8G66ZMbDzqu。

北京地区博物馆在全球影响力的扩大，充分体现了首都文化功能的发挥和文化中心建设取得的成就。

博物馆是公共文化服务体系建设的重要内容，是扩大中华文化国际影响力的重要阵地。为推进建设"博物馆之城"，助力全国文化中心建设，北京市编制印发了《北京博物馆之城建设发展规划》，加强对"博物馆之城"建设发展定位、体系布局、功能发挥、体制机制等方面的顶层设计；研究制定了《北京市鼓励社会力量兴办博物馆的若干意见》等配套文件和政策，出台了扶持社会力量兴办博物馆的资金管理办法，为北京地区博物馆事业营造了良好的发展环境。此外，北京市继续进一步优化博物馆布局，在立足北京城市总体规划空间布局特征的基础上，依托"两轴三带"建构"博物馆之城"轮廓肌理，依托京津冀协同发展、北京城市副中心建设等国家战略，结合长城、大运河国家文化公园等国家重大文化工程，围绕古都文化、红色文化、京味文化和创新文化，建设一批代表首都形象的现代化博物馆，如中国长城博物馆、大运河博物馆、北京自然博物馆、北京奥运博物馆等，推动形成北京市地标性大型博物馆群落。这些博物馆以精品展览活动营造海外传播势能，以丰富的、高质量的精神文化产品传播优秀传统文化，为广大人民群众提供丰厚的滋养。

（五）三个文化带建设促进区域文化产业大发展

党的十九届五中全会召开前夕，习近平总书记主持召开教育、文化、卫生、体育领域专家座谈会，在谈到文化产业发展时提出，要围绕国家重大区域发展战略，把握文化产业发展特点规律和资源要素条件，促进形成文化产业发展新格局。建设区域文化产业带是"十四五"时期文化产业发展的重点任务，在其建设过程中很重要的一点就是要善于将国际区域文化发展理念与中国文化实践相结合，做到点、线、面的结合，把文化线路、国家文化公园、文化场景等区域文化发展理念融入区域文化产业带建设中。

立足全国文化中心建设，北京以中轴线申遗推动文脉复兴，统筹推进长城文化带、大运河文化带和西山永定河文化带的保护传承利用，促进老城整体保护与城市可持续发展相衔接。2021年6月26日，北运河廊坊段与北京段同步实现旅游通航，将丰富京津冀段大运河文化带建设新理念，进一步推动京津冀协同发展。大运河文化带以北京城市副中心建设为契机，推动大运河遗产保护与利用，加强路县故城遗址保护，全面展示大运河的文化魅力。2020年11月，在"通武廊"（廊坊）文化和旅游产业发展大会上，京津冀三地共同签署了《"通武廊"运河文化保护传承利用交流合作机制》。该合作机制的签订将有助于培育"通武廊"运河文化旅游带，提升三地文化和旅游业发展水平，打造京津冀特色文化旅游名片，推动京津冀文化和旅游融合发展。2021年"通武廊"文化旅游交流季开幕式在北京市通州区张家湾设计小镇举办，京津冀通力合作，三地文化和旅游融合发展并取得了丰硕成果，该活动已成为京津冀协同发展的重要引擎和文化品牌。与此同时，以北运河为桥梁纽带，联合京津冀区域沿岸城市代表，成立了"京津冀运河文化旅游城市合作组织"，"运河文化与区域经济发展论坛"等一系列运河文旅交流活动的开展，在深挖大运河文旅资源、加大大运河保护力度的同时，加强大运河文化创造性转化、创新性发展，推进大运河文化"活"起来，进一步发挥"通武廊"文旅协同带动作用，持续推进京津冀协同发展、高质量发展。

三 数字化赋能文化IP，形成文化创意产业高质量发展新格局

（一）高质量现代文化产业体系更加完善

文化和旅游部发布的《"十四五"文化产业发展规划》指出，要加快健全现代文化产业体系，推动文化产业高质量发展。党的十九大以来，"健全现代文化产业体系"已成为促进文化产业高质量发展、推动社会主义文化强国建设的重要内容。

首先，文化产业体系的"现代性"体现在与时俱进的产业升级演化过

程中。现代化的产业发展要素和不断变化的经济社会环境，是影响现代文化产业体系升级演化的重要因素。以现代科技要素的创新应用为引领，构建与之相适应的、高效的生产创新组织体系，不断推动产业链和价值链的高端化，是现代文化产业体系构建的基础。其次，文化产业体系的"现代性"体现在文化产业自身发展要素和结构布局的完善。高效创新的人才、健全的投融资体系、开放完善的产业链条、统筹协调的区域城乡布局，以及完善的制度保障等，是现代文化产业体系构建的基本条件。总而言之，健全现代文化产业体系是"十四五"及之后一个时期文化产业发展的重要内容，也是文化产业发展到高级阶段的目标。

（二）2022年文化产业稳中求进

进入2022年，北京文化产业呈现稳中求进的发展态势。"2021中国省市文化产业发展指数"数据显示，北京的综合指数位居第一。2022年1~3月，北京市规模以上文化产业实现营业收入3882.3亿元，同比增长3.5%；实现利润总额269.9亿元，同比增长48.0%；从业人员平均人数为65.2万人，同比增长1.0%（见表4）。文化核心领域收入合计3653.9亿元，同比增长3.9%。其中，文化娱乐休闲服务和内容创作生产发挥引领带动作用，同比分别增长28.4%和22.7%。在互联网、数字化的驱动下，新闻信息服务、文化投资运营等呈现平稳增长态势，同比分别增长7.2%、11.3%。受疫情影响，尽管2022年1~3月北京市规模以上文化产业中创意设计服务、文化传播渠道、文化辅助生产和中介服务、文化装备生产、文化消费终端生产等尚处于负增长阶段，但在多重政策影响，以及社会各界的共同努力下，经济社会处于平稳发展状态，文化创意产业整体保持稳中求进的发展态势。

（三）"文化IP+"助力延长文化产业链

在数字中国建设和文旅融合发展的大趋势下，数字及互联网文化的热度越来越高，而传统文化、乡村文化、文旅赋能的发展都需要充分发挥数字及互联网文化的作用。"新文创"所代表的高质量发展，以创新驱动文化产业

表4 2022年1~3月北京市规模以上文化产业情况

领域	收入合计 金额（亿元）	收入合计 同比增长（%）	营业收入 金额（亿元）	营业收入 同比增长（%）	利润总额 金额（亿元）	利润总额 同比增长（%）	从业人员平均人数 数量（万人）	从业人员平均人数 同比增长（%）
文化核心领域	3653.9	3.9	3558.1	4.3	268.6	51.2	55.8	1.5
新闻信息服务	1170.0	7.2	1141.4	7.6	31.1	5.9	14.3	-2.2
内容创作生产	972.3	22.7	926.8	24.6	256.0	65.8	18.3	4.4
创意设计服务	833.0	-12.3	833.0	-12.3	-1.5	—	11.2	-1.7
文化传播渠道	635.5	-1.9	627.7	-2.0	2.2	562.3	8.5	2.2
文化投资运营	10.3	11.3	9.3	8.7	-4.0	—	0.3	-0.4
文化娱乐休闲服务	32.9	28.4	19.9	125.5	-15.1	—	3.3	13.5
文化相关领域	369.5	-3.8	324.2	-4.4	1.2	-72.9	9.4	-2.2
文化辅助生产和中介服务	173.8	-4.9	128.5	-6.7	-2.8	—	7.8	-2.0
文化装备生产	19.8	-13.0	19.8	-13.0	-0.5	—	0.6	-10.6
文化消费终端生产	175.9	-1.6	175.9	-1.6	4.5	-47.0	0.9	2.5
合计	4023.4	3.1	3882.3	3.5	269.9	48.0	65.2	1.0

资料来源：《规模以上文化产业情况》，北京市统计局、国家统计局北京调查总队网站，2022年5月5日，http://tjj.beijing.gov.cn/tjsj_31433/yjdsj_31440/wh/2022/202205/t20220505_2700492.html。

发展，促进文化产业"上云用数赋智"，推进线上线下融合发展，带动文化产业全面转型升级。为顺应数字产业化和产业数字化的发展趋势，北京市进一步提高数字技术供给能力，依托5G、大数据、云计算、人工智能、超高清、物联网、虚拟现实（VR）、增强现实（AR）等技术，推动数字文化产业高质量发展，培育壮大线上演播、数字创意、数字艺术、数字娱乐、沉浸式体验等新型文化业态，打造更多具有影响力的数字文化品牌，加速文化产业数字化进程，促进数字文化产业赋能实体经济，助力延长文化产业链。例如，2021年12月18日，故宫携手腾讯主办的"'纹'以载道——故宫腾讯沉浸式数字体验展"成为行业热点，数字文博服务实现了新跨越。借助VR、AR技术还原倦勤斋部分场景，借助腾讯沉浸式渲染、全景声等技术，让观众在沉浸式体验中领略古建和藏品中的纹样世界及其所蕴含的美与智慧。该展览设有7个展区、10个年度打卡点，观众可欣赏高达5.3米的裸眼3D"数字文物"以及22倍高清放大文物,感受超越实体文物展览的视觉效果,探寻隐藏的神秘立体空间"彩蛋",领略故宫四季美景,留下独家流光影像。自2020年7月"数字故宫"小程序上线运营以来,截至2021年12月底,有近500万名来自天南海北的观众触达故宫、了解故宫、走近故宫,总访问量已达到1.76亿人次,是线下故宫年接待量的10.3倍。故宫博物院持续深化数字化建设,2021年发布全景展览近十次,官网累计数量达70余次,将"全景故宫""V故宫""数字文物库""数字多宝阁"等多种数字体验方式相结合,创新打造线上线下全媒体传播。这一年,"数字故宫"新版本上线,为全球观众提供了更加立体的参观服务和智慧导览体验,观众可以轻松云游78处开放宫殿的全景和65873件文物的高清影像。

构建强有力的文化IP是实现文旅大国向文旅强国转变的必由之路,通过"科技+文化"融合创新,科技创新赋予文化产业发展新动能,使得文化产业朝着家庭化、数字化、智慧化的方向发展,打造中国特色文化IP,推进"数字文化中国"建设。以科技助力文化产业发展,打造北京文化IP。以北京环球影城为例,北京环球影城选取哈利·波特、侏罗纪公园、变形金刚、小黄人、功夫熊猫等IP,特别选取功夫熊猫主题,打造了全封闭的功夫熊猫盖世之地游艺馆,把中国风、本土化的特色做到了很高的程度,充分展示了这个国际品牌本地化营销的理念和风格。北京环球影城注重文化IP的实体化,比照电影全景再现的哈利·波特魔法小镇、霍格沃茨城堡,将虚拟的电影场景和人物形象在主题公园进行实体化展现,把观众变为游客,让影迷们在游览过程中身临其境,侏罗纪世界的努布拉岛则让新颖刺激的游艺项目与电影情节融为一体。特别是功夫熊猫的"炫转武侠",虽然就是传统的旋转木马项目,但由于有了电影元素的注入和包装,给影迷和游客带来了别具一格的新体验,让老项目焕发了新活力。北京环球影城通过合理的规划布局实现了吃、住、行、游、购、娱的全产业链赢利模式,公园每个主题的游艺路线都经过精心设计,在每个项目的出口处设有装饰精美的相关电影纪念品专卖店,让游客在体验电影场景的兴奋中增强了购买欲,实现了情境消费以及IP价值的最大化。

（四）数字化推动文化产业提质增效

2020年9月17日，习近平总书记在长沙马栏山视频文创产业园考察时指出，文化和科技融合，既催生了新的文化业态、延伸了文化产业链，又集聚了大量创新人才，是朝阳产业，大有前途。在政策红利、新冠肺炎疫情冲击和"新基建"推动等因素的作用下，文化和科技正在走向深度融合，文化产业数字化是文化和科技深度融合的集中体现。实施文化产业数字化战略，是党的十九届五中全会提出的具体要求，是"十四五"时期文化产业发展的一个重大任务。

1. 数字化催生文化新业态

新文创时代，数字化大大激发了文化创新创造的活力，催生了一系列新产品、新技术、新模式，不断扩大优质文化产品和文化体验供给。数字技术实现了文化创作、文化传播和接受方式的创新，"云看展""云演艺""云视听""云旅游"等新模式不断涌现，让精品内容真正实现多元化衍生，文化类直播等精彩纷呈。以国家大剧院为例，截至2021年12月15日，其在快手App上的直播和短视频播放总量超过9亿次，58场直播共吸引观众5.6亿人次。随着互联网视频流量红利见顶以及同质化娱乐内容所带来的受众审美疲劳，受众的兴趣点也发生了由"有趣"向"有用"的转变，在短视频平台学习知识成为新趋势。以快手App为代表，大型直播活动"快手新知播"推出后第一季度就为3000多位知识类创作者和60多家头部机构开播7万场知识直播，创造了超过33亿人次的总在线观看量。到第三季度，快手直播的日活跃用户渗透率已升至78%，各文化、文物单位展开了与新媒体平台、数字文化企业的合作互动，运用5G、VR、AR等技术开发馆藏资源，积极探索"互联网+展陈"新模式。例如，由故宫博物院和腾讯携手打造的"数字故宫"小程序升级到2.0版本，其发布的冬至问候广告借助微信向全网传播，该版本在遵循故宫"智慧开放"理念的基础上优化和添加了在线购票、预约观展、院内购物等众多实用功能，新增了开放区域线路导航，内置了7条有趣的定制游览路线，支持用户实时查看各主要开放区域的参观舒适程度。一些网络文学作品通过数字技术挖掘，实现了影视、动漫、出版、听书等多种业态的开发。可见，特殊时期的特殊探索，日渐催生文化创意产业新业态。线上线下共同发力，既对文化创意产业的延续发展十分必要，也能实现更大的社会效益。线上线下的"双轨"拓展，很可能成为未来文化创意产业发展的常态。

2. 数字化引领文化新消费

面向"十四五"，人们日益增长的美好生活需要开启了分众化时代。同时，针对不同年龄、性别、区域的群体性、圈层性消费要求，进一步培育个性化的文化消费新模式。文化消费新模式是在互联网的推动下，消费的不同要素与互联网深度融合的产物。数字内容成为文化消费的重要需求。网络文娱市场规模正在超越传统娱乐市场，成为文娱市场的主体。数字技术的快速发展为沉浸式业态的发展提供了技术支撑，随着全息投影技术、裸眼3D技术、互动体验技术、数字动画技术以及5G、AI、AR、VR、MR等高新技术的不断成熟和应用场景的日趋丰富，沉浸式展览、沉浸式演艺等沉浸式体验场景和体验项目存在的痛点和局限因技术的进步逐渐被破题，以沉浸式为代表的文化消费新场景将在"十四五"时期步入发展的快车道。数字化不断创造满足多样化、个性化需求的新场景，加速中华优秀传统文化创造性转化、创新性发展，实现让收藏在博物馆里的文物、陈列在广阔大地上的遗产、书写在古籍里的文字都活起来。受新冠肺炎疫情影响，"云博物馆""云旅游""云音乐会"等线上文化新消费持续快速增长，彰显出巨大韧性和发展潜力。近年来，演艺、展览、网络游戏等都在引入沉浸式艺术，目的就是为观众提供身临其境的体验，满足其文化需求。随着元宇宙等新产业形态的发展，文化元宇宙逐渐步入正轨。可以说，数字文化产业培养了新的消费习惯，满足了人民群众日益增长的美好生活需要。

3. 数字化推动文创产业高质量发展

新冠肺炎疫情在导致影视业、演艺业、展览业、旅游业等文创产业业务收入锐减的同时，也对文创产业发展起到了促进作用。例如，电影从院线发展到网络，电竞赛事从会场发展到云直播。随着疫情逐步得到控制，实体对数字文创产业的关注持续增强，文创企业纷纷拥抱数字文创产业，数字文创将迎来爆发期。北京作为全国文化中心，文化资源丰厚、文化要素集聚，互联网平台多、用户规模大，拥有发展文化新业态的显著优势。依托"新基建"，加快文化创意产业数字基础设施建设，探索5G、云计算、大数据等数字基础设施与文创产业的商业应用场景。未来，应抓住全球数字经济标杆城市建设契机，以数字技术全面赋能消费者、创意者、生产者以及社交行为和文化传播，增强首都文化资源衍生数字产品的能力，加强文化资源创造性转化、创新性发展，率先推动数字内容成为文化产业的主要支撑，推动数字传播成为文化传播的主要渠道。

（五）文化创意产业赋能乡村振兴战略

民族要复兴，乡村必振兴。文化振兴是乡村振兴的重要基石。在实施乡村振兴战略中，要注重发挥文化的作用，用文化为乡村振兴筑基铺路。文化和旅游部等六部门发布的《关于推动文化产业赋能乡村振兴的意见》中提出了文化产业赋能乡村振兴的总体要求和发展目标，指出了推动文化产业赋能乡村振兴工作必须坚持"四个基本原则"，明确了全面推进乡村振兴、加快农业农村现代化的必要举措，指明了文化产业赋能乡村振兴的具体路线图。文化产业因其具有融合性、创意性特征，加之其附加值高、吸纳就业广，其赋能乡村振兴有独特优势，挖掘乡村特色文化、成就特色产业，成为推动经济发展的重要抓手。与此同时，转化乡村潜在资源，使其成为市场所接受的文化产品，以文化产业带动乡村美学的普及和教育，推进优秀传统乡村文化更好地保护传承和创新发展。塑造乡村文明新风尚，丰富乡村精神文化生活，提高农民文化素养，进而让农民的物质生活和精神生活都丰富起来。

推动文化创意产业赋能乡村振兴，文化是根本、产业是载体、人才是关键。深刻理解乡村的文化血脉，遵循乡村发展的规律，紧紧围绕培育乡村文化的乡土乡亲，是推动文化创意产业赋能乡村振兴的重要举措。众所周知，传统优秀的乡村文化与农民的生产生活息息相关。为此，推动文化创意产业赋能乡村振兴，要充分调动农民的积极性、主动性和创造性。在我国，约有6万项国家级、省级、市级非物质文化遗产，它们大多分布在乡村地区，很多乡村手艺人也希望能够搭上乡村振兴、乡村旅游的快车，期望能把"指尖技艺"转化为"指尖经济"，但他们苦于不了解市场、不熟悉经营，很多生动的、丰富的、优秀的文化资源未能转化为文化产品进而形成文化产业，加之他们普遍缺少将其产业化发展的先进理念和实现路径，导致乡村文化的价值未得到充分挖掘。因此，推动文化创意产业赋能乡村振兴，首先要解决的是人才问题，建立科学有效的人才制度，充分调动企业、社会组织、高校、文化工作者等多方力量参与的积极性，从科技、信息、创意、金融、市场等环节解决乡村产业发展难题。与此同时，加大对乡村本土文化人才的培养力度，充分发挥市场机制作用，调动市场主体的积极性，以重点产业项目为载体，促进更多资源要素向乡村流动，形成农民主体、企业推动和人才会聚的合力，做强产业发展大文章。因此，文化创意赋能乡村振兴，一是培育乡土生活美学。乡土生活美学为激活乡村创意资本提供了源头活水，在这个过程中，要保护好乡土文化遗产，培育中国乡土文化，重视新乡贤文化，塑造基因库。二是培养乡创特派员、乡创营造师等专门人才。三是培育乡创社会组织。四是打造乡创地理标志，构建文创IP体系。

参考文献

《擘画文化和旅游发展新蓝图》，《北京日报》2021年10月29日，第008版。

范建华、秦会朵：《"十四五"我国文化产业高质量发展的战略定位与路径选择》，《云南师范大学学报》（哲学社会科学版）2021年第5期。

罗润东、谢香杰、杨鸣：《2021年中国经济学研究热点分析》，《经济学动态》2022年第2期。

《习近平：决胜全面建成小康社会 夺取新时代中国特色社会主义伟大胜利——在中国共产党第十九次全国代表大会上的报告》，人民网，2017年10月27日，http：//

politics. people. com. cn/n1/2017/1027/c1001-29613459. html.

杨月涵、吕银玲：《新消费崛起 北京经济"十四五"开门红》，《北京商报》2022年1月20日，第002版。

张雪：《推动文化产业赋能乡村振兴》，《经济日报》2022年4月19日，第002版。

周锦：《数字文化产业赋能乡村振兴战略的机理和路径》，《农村经济》2021年第11期。

专题篇

Thematic Reports

B.2 数字经济助力北京文旅产业高质量发展研究

戴有山*

摘 要： 2022年1月12日，国务院正式发布《"十四五"数字经济发展规划》，提出推动文旅融合等多领域、跨行业深度合作，明确了大力推动数字经济健康发展的五项重要内容。2025年，我国数字经济将迈向全面扩展期，数字化时代已经到来。在文化和旅游领域，国家公共文化云平台建设加快推进，公共文化数字化建设成效显著，广大人民群众能够快捷方便地享受优质的公共文化服务。北京市通过数字技术不断推动文化产业快速发展，数字技术、互联网技术在文旅领域加速融合，艺术品数字化、数字展览、数字文博、数字演艺等与文化和旅游活动息息相关的新业态不断涌现，数字技术与旅游业态的融合也逐步深入，并延伸发展为城市和乡村旅游消费的新空间。数字经济正推动北京文旅产业

---

* 戴有山，中央文化和旅游管理干部学院副研究员。

高质量发展,构建文旅产业融合发展新格局。

关键词: 数字经济 数字技术 高质量发展

新冠肺炎疫情防控常态化下,北京文旅产业加快推进数字经济发展步伐。2021年,北京举办文旅重点项目投融资推介会,45个项目总投资约为122亿元;旅游收入超过4190亿元,同比增长44%;旅游接待人数同比增长39%,宽口径统计为2.5亿人次。规模以上文化产业实现营业收入17563.8亿元,同比增长17.5%,占全国的比重为14.75%;实现利润总额1429.4亿元,同比增长47.5%;吸纳从业人员64万人,同比增长4.8%。这些数据背后是科技创新和变革,推动新业态与新模式蓬勃兴起。北京市现代文化产业体系逐渐健全,文化市场主体发展活力不断增强,文化消费市场整体趋向活跃,文化产品供给质量稳中有升,文化产业规模日益发展壮大,规模以上"文化+互联网"企业营业收入实现增长。

一 数字化时代北京文旅产业融合发展新格局正在形成

近年来,随着互联网信息技术的飞速发展,特别是信息化、智慧化、大数据、区块链等数字技术的快速发展,北京市不断推动文旅产业数字化发展,完善高质量服务供给和数字文旅产品创新,数字文化和旅游新业态、新模式呈现繁荣发展态势。继续加速推进"云旅游""云看展""云演艺""云视听""云直播"等业态的发展。以网络新视听、数字广告、数字出版、电竞游戏等为代表的数字文化产业蓬勃发展,涌现了包括蓝色光标、掌阅科技、汉王科技、掌趣科技等在内的一批数字文化上市企业、领军企业。截至2020年末,北京市共有上市数字文化企业47家,占全国上市数字文化企业总数的29.75%,遥遥领先其他省份;共有新三板挂牌数字文化企业100家,占全国新三板挂牌数字文化企业总数的33.22%,是居全国第二位的上海

（46家）的2倍多，这些企业成为文化产业发展的新引擎。

通过数字技术，北京让收藏在文博机构里的可移动文物和不可移动文物"活起来"。在手机端云游博物馆，通过数字电影了解戏剧，走进可沉浸体验、可传播分享的新型艺术展演……海量的历史典籍、美术作品、非物质文化遗产、图书、民俗民间传说等，通过数字化保护与利用，能够实现与任何人在任何时空中的有效连接。北京市已开放的收费型旅游等级景区全部实现门票网络预约，223家A级旅游景区、17家老年人文化旅游接待基地和91家红色旅游景区实现虚拟导游。"北京智慧旅游地图"等案例入选文化和旅游部首批发展智慧旅游提高适老化程度示范案例。北京搭建"一键游北京"平台，在收费型旅游等级景区以及国家级、省级旅游度假区范围内，进一步提升旅游数字化服务水平，全面落实所有在线旅游景区限流制度和门票网络预约，实现4星级以上知名国际品牌酒店5G网络覆盖，持续推进A级及以上景区以及国家级、省级旅游度假区5G网络覆盖。在A级及以上景区以及国家级、省级旅游度假区设置特殊人群服务窗口。不断提升游客使用数字人民币支付的便利性，持续完善多语种服务体系。积极探索推出跨区域、班线化旅游直通车和京津冀旅游专列。①

北京市进一步推动旅游装备制造业发展，在生产过程中不断提升数字化比重，旅游智能装备加快研发生产。不断优化服务和游客出行全过程数字技术体验，推动全北京所有文化和旅游场所、企业线上预订、AI导游、智能扫码入园、AR导航、语音交互等专属数字旅游产品相关服务的广泛应用。

在数字技术的推动下，北京市传统的饭店、旅行社、景区、商店等商业边界趋于消失，全新的标志性吸引物、个性化服务、旅游住宿、便捷交通等产业正在形成"主客共享"的美好旅行效果。数字技术潜移默化地改变着游客的旅行需求、体验和行为，从而大幅提升了文化和旅游的智能基础设施建设水平和公共服务效能。遍布城区和乡村的旅游景区实现了移动互联网接入与4G通信服务的全覆盖，北京本地居民与来访游客可以第一时间获得消

---

① 李泽伟、赵婷婷：《"十四五"北京将新建4个5A级景区》，《北京青年报》2022年2月10日。

费场景的综合服务信息，通过在线支付完成消费，并随时可以分享和点评。

北京市政府不断加大对城市旅游景区智慧化、乡村旅游信息化和公共文化数字化的投入，丰富夜间旅游和景区感知的数字化等关键共性技术，旅游场景中的"管家式"云服务技术等已经得到应用并与线下服务形成现代服务的"两翼"。文化与科技不断融合，数字技术与人们生产生活的联系越来越紧密，数字化时代下文旅融合发展新格局正在形成。

数字技术在北京市文化和旅游领域的发展及应用是全方位的，涉及公共文化、文化艺术、文物文博、非物质文化遗产、文化旅游等方面，在北京市形成了一个庞大的数字文旅生态系统，影响着人民实现对美好生活追求的各个方面。

2021年，按现价计算，北京市数字经济增加值达到16251.9亿元，比上年增长13.1%，占全市GDP的比重达到40.4%，比上年提高0.4个百分点。其中，数字经济核心产业增加值达到8918.1亿元，比上年增长16.4%，占全市GDP的比重达到22.1%，比上年提高0.8个百分点。①

新业态、新模式释放新活力，成为拉动文化产业发展的核心力量。在科技创新和变革的推动下，顺应多元化、个性化消费需求的新业态与新模式蓬勃兴起。同时，数字文化产业成为北京市新的经济增长点，成为北京市数字经济的重要组成部分和文化产业发展的重点领域。

二 数字化时代北京加快推动智慧旅游和乡村旅游数字化发展

旅游景区智慧化建设是北京智慧城市建设中的重要环节，是北京实现整体数字化转型和智能化发展的重要抓手。智慧旅游是一种新的旅游形态，将物联网、云计算、高性能信息处理、下一代通信网络、智能数据挖掘等技术应用于行政管理、旅游体验、产业发展等方面，使旅游的物理资源和信息资

---

① 《北京市2021年国民经济和社会发展统计公报》，北京市统计局、国家统计局北京调查总队网站，2022年3月1日，http://tjj.beijing.gov.cn/zxfbu/202202/t20220228_2618115.html。

源得到深度开发与高度系统化整合，并服务于政府、企业和消费者。智慧旅游以一体化的行业数字技术和信息管理为保障，实现了以游客互动体验为中心，以激励产业创新、促进产业结构升级为重点的数字技术在旅游领域的应用。

北京市全面推动旅游住宿品质不断提升，构建先"快进"再"慢游"的旅游交通网络体系，旅游配套基础设施得到系统补充。在全域范围内布局精品酒店，提升星级饭店的品质，增强城市副中心、主城区、经济开发区的商务和旅游接待功能，在京郊全力打造一批旅游目的地型高品质住宿酒店、中小型精品特色酒店和特色乡村集群民宿。规划服务京郊游的市郊铁路路线，建设旅游道路、旅游停车场、游客中心、旅游公共卫生间等基础设施，提供旅游公共服务。数字技术在文旅场景的应用成为推动乡村振兴的重要抓手，带动北京乡村产业全面发展。北京市文化和旅游领域的数字创新形成了"淘宝村""乡村网红打卡地""数字文旅扶贫""数字民宿""一机游"等一系列成果，为在乡村旅游中全面推行数字化积累了丰富的经验。以数字化手段整合北京乡村文旅资源，实现线上线下资源互补，不断提升服务品质，通过数字技术在文旅场景的应用，逐渐将"乡村网红打卡地"升级为"文旅繁荣发展之地"。

三 数字化时代北京坚持文化和旅游产品创新

以智能硬件、虚拟现实（VR）、5G、人工智能（AI）、沉浸式游乐园、智能酒店、VR乐园、沉浸式演艺、数字博物馆、线上全景游、神经界面、数字展馆、数字媒体、短视频等为代表的新一轮数字技术正驱动北京文旅产业向高质量发展。[1]数字技术在文旅场景中的应用能够深度挖掘分众市场的文旅需求，促使北京市数字文旅服务和产品不断拓展延伸并实现迭代升级。这不仅需要数字技术在空间维度上的抽象和聚集，而且需要数字技术在时间

---

[1] 戴有山：《数字经济推动文化和旅游高质量发展》，《中国文化报》2022年2月22日。

维度上的穿越和凝练；不仅需要创新型数字技术的产品供给，而且需要品质化的服务管理。

数字技术广泛影响着北京普通百姓的生活，在日常出游中，现金使用越来越少。交通导航、特色饮食、酒店食宿以及演出演艺等相关的手机App成为自由行的重要工具，数字技术推动文旅产品的创新发展已经具有相当的产业基础和社会共识。2021年，观众已经习惯于从线下转到线上欣赏"云演播"艺术作品、逛艺术"云展览"，体验"云旅游"的新乐趣，感受"云服务"的"心温度"，在"云课堂"进行沉浸式"云学习"，读网络小说、玩动漫游戏、听网络音乐、看网络视频，越来越多的数字文化、数字艺术、数字演艺走进百姓的日常生活，涌现了数字北京、数字故宫、数字演出等一批数字产品。《北京市2021年国民经济和社会发展统计公报》数据显示，截至2021年末，北京市共有公共图书馆24家，总藏量为7308万册；档案馆18家，馆藏量为1007.9万卷（件）；博物馆204家，其中94家免费对外开放；群众艺术馆、文化馆19家。北京地区登记在册的出版社共有525家，出版物发行单位有10393家，报刊总量为3403种；全年版权（著作权）登记102.6万件，其中引进出版物版权7633件。有线电视实际用户共612.5万户，其中高清电视实际用户373.5万户，超高清（4K）电视实际用户201.5万户。全年制作电视剧41部1580集，网络剧66部，电视动画片22部5184分钟，网络动画片27部，网络电影158部。全年生产电影186部，共有30条院线281家影院，共放映电影335.4万场，观众达4224.4万人次，实现票房收入22.3亿元。

四 数字化时代北京公共服务与行业监管更加高效

2020年4月，北京市推进全国文化中心建设领导小组出台《北京市推进全国文化中心建设中长期规划（2019年—2035年）》，提出到2035年，实现数字图书馆、数字文化馆、数字博物馆各区全覆盖，充分发挥数字文化服务在公共文化服务体系建设中的重要作用。2020年6月，北京市出台

《北京市加快新场景建设培育数字经济新生态行动方案》，指出要围绕内容创作、设计制作、展示传播、信息服务、消费体验等文化领域关键环节，推动人工智能、大数据、超高清视频、5G、VR等技术应用，促进传统文化产业数字化升级，培育新型文化业态和文化消费模式。未来，为顺应行业发展趋势，北京市数字文化产业发展的政策环境将持续优化，从宏观层面为数字文化产业营造良好的发展环境。

为了进一步适应数字化时代快速发展带来的变革，北京市全面推进繁荣首都文艺舞台，建设现代公共文化服务体系，打造文化遗产保护传承利用典范之城，优化高品质旅游供给结构，提升旅游产业现代化水平，构建文化和旅游现代化治理体系，推动文化和旅游区域合作，开创文化和旅游对外合作新格局。数字化推动北京市的文化事业、文化产业、旅游业加速迭代，在创新投入、标准研发和应用转化等行业治理与政策导向方面，北京市采取了行之有效的监管方式与激励机制。例如，对于数字文旅产业、要素、产品等，应科学利用区块链技术，强化源头管理，提高正版版权的使用率，探索数字版权的新型保护模式；对于行业发展而衍生的商业模式，特别是在知识产权方面出台了一系列制度和法规作为保障，维护公平竞争的市场秩序，防止陷入低价竞争和技术、产品同质化的恶性循环。

北京市数字产业蓬勃发展，在数字经济的推动下，数字生活服务供给范围不断扩大，人们的数字获得感进一步提升。① 北京市积极打造数字文化和旅游资源交流合作与交易平台，持续推动文化和旅游数字资源产业化发展，加快文化和旅游全要素资源数字化转型。不断推进优秀文化资源的数字化转化、存储和开发，海量数字文化资产正在形成。利用高科技手段，借鉴全球创意理念，以数字文化资产为依托，孵化出更多数字景区、数字文创产品、数字博物馆等新产品和新业态。构建数字文化和旅游交易体系，促进文化和旅游资产充分流通。鼓励数字文化和旅游资产评估企业健康有序发展，为数

---

① 戴有山：《构建新发展格局 筑牢世界旅游目的地城市建设基础》，《中国文化报》2022年4月27日。

字文化和旅游资产的交易与流通服务。"十四五"时期，北京市文化和旅游系统将着力加大数字产品供给以提升人民群众的生活幸福感和便利性。在数字技术升级过程中，基于应用技术的转化明显增多，成本可控、操作可行的数字技术产品成为主流。

以"强通用性、强交互性、高集智性和高增值性"为特征的数字化时代正在推动旅游业"吃、住、行、游、购、娱"各个要素的深刻变革，在管理、供给和需求等层面推动文旅产业发展，实现效率、动力、质量变革。在推动文化和旅游高质量发展中，市、区文旅行政部门以及各类相关企事业单位投入了大量的资金和人力，正在不断激活文化和旅游资源，为文旅产业发展注入新活力。数字技术形成的数据成为连接政府、企业、消费者等各方主体的有效工具和渠道，数字化时代文旅产业的现代化治理、行政监管和公共服务供给，需要构建更加完善的"市场—行政—司法"联合联动共享机制。应推动数字技术在文化和旅游全域范围内的应用，提升文旅产业在行业监管、人才培养、市场营销等方面的现代化治理能力。打造北京市全域范围内文化产业、文化事业、旅游业数字化监管平台，借助数字技术，准确掌握文化资源、旅游资源、公共资源分布情况以及企业发展动态、游客消费场景、游客消费习惯和消费行为、游客人流动向等，为文化和旅游行政管理部门制定产业政策、引导产业发展、优化基础设施和公共服务、开展有针对性的市场监管提供参考，从而提高公共服务水平和现代化治理效率。

B.3
加快文商旅三大产业融合发展，促进北京国际消费中心城市建设

李道今*

摘　要： 本报告是在北京培育建设国际消费中心城市背景下，从促进文商旅消费的视角所展开的促进北京文商旅产业融合发展的系统研究。本报告以理论的高度，深入分析了文商旅产业融合发展的五大机理，以翔实的数据和案例，全面梳理了北京文商旅融合发展的基础、现状与问题，在此基础上，从推动文商旅产业资源整合、强化文商旅产业业态嵌合、推进文商旅产业市场复合、促进文商旅产业要素聚合、实施文商旅产业政策统合五个方面，提出了促进北京文商旅产业融合发展的建议。

关键词： 文商旅产业　融合发展　国际消费中心城市

国际消费中心城市具有强大的消费引导和带动作用，是消费资源集聚地和消费市场制高点，在我国加快构建"以国内大循环为主体、国内国际双循环相互促进的新发展格局"时期，培育建设国际消费中心城市具有重要意义。按照商务部等部门发布的《关于培育建设国际消费中心城市的指导意见》（商运发〔2019〕309号）的任务要求，文商旅消费融合创新既是国际消费中心城市的重要表征，也是其培育建设的重要手段。

---

* 李道今，投资北京国际有限公司首席研究员、研究中心主任，投资北京研究院常务副院长，主要研究领域为文化创意与产业政策规划。

加快文商旅三大产业融合发展，促进北京国际消费中心城市建设

2021年7月，包括北京在内的5个城市被国务院批准列入首批国际消费中心城市培育建设名单；2021年8月，北京市发布《北京培育建设国际消费中心城市实施方案（2021—2025年）》，成为北京推进国际消费中心城市建设的具体路线图和行动纲领。在北京培育建设国际消费中心城市的进程中，推动文商旅产业深度融合发展既是关键路径也是重要抓手。

一 文商旅产业融合发展的一般机理

文商旅三大产业既具有经济功能又具有社会功能，在技术进步、业态迭代、需求增长等因素的驱动下，文商旅产业融合存在历史的必然性，三大产业通过资源、要素、业态、市场、政策的交叉、渗透和重组，产生"1+1+1>3"的叠加效应和放大效应，从而形成文商旅消费融合创新发展的新格局。从影响文商旅产业融合的内在因素和外在因素来看，三大产业的融合发展具有资源整合、业态嵌合、市场复合、要素聚合及政策统合五大作用机制。文商旅产业融合发展的一般机理见图1。

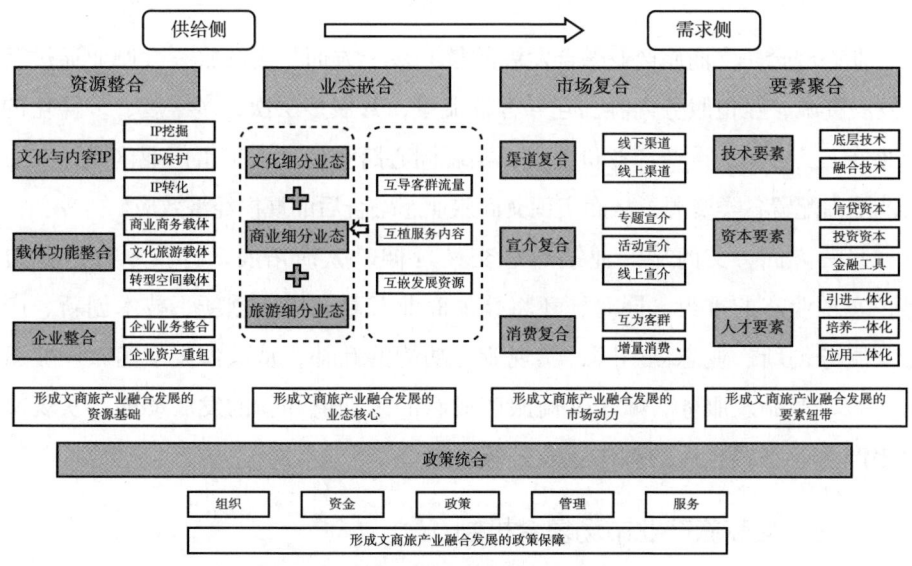

图1 文商旅产业融合发展的一般机理

（一）文商旅产业资源整合机制

资源整合是文商旅产业融合发展的基础。一方面，文商旅三大产业具有文化IP、知识产权、品牌影响等无形资源的依赖性，通过推动文商旅各类无形资源共生共用，尤其是IP叠加延伸，能够有效带动产品开发、服务供给和市场消费协同，有效提升文商旅资源的重新配置效率，实现无形资源在文商旅三大产业中的最大化转化利用。

另一方面，文商旅三大产业具有对文化场馆、文物遗产、商业设施、景区景点、公共平台等有形载体资源的依赖性，通过在一定经营空间内推进各类文商旅有形资源的共建共用，因地制宜地植入文商旅经营内容，能够实现文商旅产业各类有形载体利用效用及综合经营效益的最大化。

另外，文商旅三大产业内各类市场主体提供了多样化的产品和服务，是最为根本的经营资源，通过推动文商旅企业间的资产重组、战略整合、业务联营等，能够引发文商旅供应链各环节的业务、流程、经营环境再造。

（二）文商旅产业业态嵌合机制

业态嵌合是文商旅产业融合发展的核心。一方面，文商旅三大产业通过互嵌发展资源、互植服务内容、互导客群流量，开展多层次、多维度、多样化的产业分工及协作，重构产业价值链，实现同心跨业经营，丰富产业内涵，在更大范围内配置各类资源，从而实现文商旅业态融合后的规模经济效应。

另一方面，文商旅产业链通过交叉延伸、纵横拓展，打破原有产业边界，实现业态的重组。同时，还将叠加商业及赢利模式创新、技术创新、产品及服务创新、业态创新等，实现业态功能的互补，从而催生文商旅产业新的业态、产品及服务，赋予文商旅产业新的附加值和新的发展动能，实现文商旅产业业态融合后的整体业态升级。

（三）文商旅产业市场复合机制

市场复合是文商旅产业融合发展的动力。一方面，文商旅消费本身具有较强的关联性，三大产业的经营场所和消费群体也具有较强的复合性，通过文商旅产业价值链的延伸，寻求三大产业间市场交叠圈层，强化三大产业原有的供给服务体系，在提升原有文商旅消费规模及水平的基础上，还将创造新的文商旅消费市场。

另一方面，文商旅三大产业既有融合也有各自独特的消费渠道及宣传推介平台，通过渠道和平台的融合，能够形成更有效的文商旅服务供给，通过文商旅平台渠道交叉赋能，即借助文化产业的传播渠道营销旅商产品，利用旅游产业的推广手段营销文商产品，借助商业商务产业的经营平台营销文旅产品，形成整合后新的文商旅消费平台，使文商旅产业获得更大的市场空间。

（四）文商旅产业要素聚合机制

要素聚合是文商旅产业融合发展的纽带。一方面，将虚拟现实、增强现实、区块链、大数据、人工智能、物联网、云计算等技术要素应用于文商旅领域，垂直整合文商旅的产业链、价值链、空间链，提升三大产业融合发展的技术支撑能力。

另一方面，推动资本、人才等核心产业要素在文商旅产业间的交流互动，强化支撑要素在三大产业间的交互配置，有效提升文商旅产业的要素支撑能力及发展水平，并在此基础上全面带动三大产业的运营管理融合以及服务水平提升，实现文商旅产业的要素升级。

（五）文商旅产业政策统合机制

政策统合是文商旅产业融合发展的保障。一方面，打破文商旅产业管理各自为政、条块分割的局面，通过行政管理改革，实现文商旅产业行政管理有机协同，减少产业之间的进入壁垒和不当利益竞争，建立适合文商旅产业融合发展的组织管理框架，促进文商旅产业深度融合。

另一方面，通过强化顶层设计，构建文商旅产业融合发展的促进政策体系、发展规划体系、规范标准体系等，打破文商旅产业融合发展的各类政策

瓶颈，制定三大产业交互进入、多维融合的引导政策，形成文商旅产业一体化发展的政策法规和市场监管规则，建立政策统合的全新市场秩序。

二 北京文商旅产业融合发展的基础与现状

北京文商旅产业资源首屈一指，三大产业发展优势显著，文商旅产业融合发展态势良好，尤其是在北京进入培育建设国际消费中心城市的新阶段，文商旅产业融合发展的势头强劲。但是，全市还存在诸多阻梗，在一定程度上阻碍了文商旅产业融合发展的深度与速度，亟待通过有效的顶层设计加以解决，释放文商旅产业融合发展的潜力与效能，促进国际消费中心城市的培育与建设。

（一）北京文商旅产融合发展的基础

北京文化资源得天独厚，文化产业发展优势明显。北京广播影视中心地位坚固，影视制作机构近万家，占全国的1/3；信息网络传播视听节目持证机构有125家，占全国的1/5；拥有近百家影响力广泛的短视频、直播、社交、资讯聚合平台等①，影院300余家，银幕数约2000块，电视剧制作数量约占全国的1/3，自制网剧约占全国的2/5，电影产量约占全国的一半。② 北京文化演艺中心独一无二，拥有140家剧场，全年演出约2.5万场，观众超千万人次，票房收入近20亿元，在全国最高，中央级文化演出院团有90%在北京。③ 北京艺术品交易举世闻名，艺术品拍卖企业近170家，约占全国的1/3，拍卖交易额约占全国的70%。④ 北京动漫游戏走在全国前列，产值已超千亿元，约占全国的1/5，动画片产量约占全国的1/10，游戏出口

---

① 《北京影视制作机构近万家 占全国三成》，《北京商报》2019年9月26日。2020年后受新冠肺炎疫情影响，为准确反映北京的相关数据情况，本报告中文化资源部分基本采用2020年前的数据，但涉及数据变动较大的动漫网游等产业采用2020年数据。
② 《影史票房前三甲均来自北京 京城正向高水平"影视之都"奔跑》，《北京日报》2019年8月8日。
③ 《2018年北京演出市场：旅游演艺成重要增长点》，央广网，2019年1月8日。
④ 《北京文物拍卖总成交额达203亿元 占全国市场近七成》，中国新闻网，2017年9月8日。

超400亿元,自主研发的网络游戏产品覆盖了100多个国家和地区,在全球游戏市场占据重要位置。① 北京新闻出版中心实力雄厚,2019年全市设有实体书店1938家,万人拥有书店数0.9家,北京地区有报纸291种、期刊3174种,占全国报刊总量的比重超过1/3,营业收入、资产总额、利润总额分别占全国的8%、11.5%、11.5%。② 北京文艺创作领域最为活跃,会聚了众多工艺、美术、雕塑、摄影等视觉艺术以及表演艺术、文学艺术方面的人才,非物质文化遗产的传承、创新及产业化走在全国前列。北京市文化产业发达,2021年全市规模以上文化产业实现营业收入17563.8亿元,比2019年增长37.5%,实现利润总额1429.4亿元,吸纳从业人员64万人,文化、体育和娱乐业增加值达到736.8亿元,同比增长8.4%;北京已认定98家市级文化园区,入选"全国文化企业30强"、国家文化出口重点企业、国家级文化和科技融合示范基地数量均居全国首位,文化领域独角兽企业数量占全国的一半左右。③

北京旅游资源基础雄厚,旅游产业头部效应显著。北京是一座有着三千多年历史的古都,旅游资源十分丰富,拥有7处世界文化遗产,是全球拥有量最多的城市。截至2021年,北京市共有224家A级旅游景区,其中5A级旅游景区9家、4A级旅游景区72家;北京市共有439家星级酒店,其中五星级酒店64家、四星级酒店124家,全国排名第四。④ 北京作为全球唯一的"双奥"之城,奥运遗产为旅游业发展注入了新动力。北京市旅游产业业发达,是处于全国头部地位的旅游城市,虽受新冠肺炎疫情影响,但2021年北京市旅游收入仍达到4190亿元,同比增长44%;旅游接待量达

---

① 《北京动漫游戏产值破千亿,自主研发网游覆盖100多国家和地区》,《北京日报》2020年12月19日。
② 国家新闻出版总署:《2019年新闻出版产业分析报告》,2020年10月。
③ 数据来源于北京市国有文化资产管理中心、中国传媒大学文化产业管理学院发布的2020年度、2021年度、2022年度《北京文化产业发展白皮书》。
④ 《2020年北京市星级酒店发展现状分析:收入规模全国第一》,中商情报网,2020年9月12日。

2.5亿人次，同比增长39%。① 在疫情前的2019年，北京市旅游总收入为6224.6亿元，接待游客总人数为3.2亿人次，旅游餐饮和购物总额为3281.9亿元，占全市社会消费品零售总额的比重为27%。②

北京商业商务资源丰厚，商贸商务产业发展良好。北京共有52个成熟商圈，王府井商圈被商务部认定为"全国示范步行街"，前门大栅栏商圈成为"中华历史文化体验街区"，国贸商圈、三里屯商圈的国际化水平不断提高；全市大、中、小型商场及超市林立，离境退税商店达到717家，数量居全国首位③，八类基本便民商业网点达到9万个，基本实现社区便民商业服务功能全覆盖。北京市写字楼总存量超过9000万平方米，其中甲级写字楼超过1000万平方米，乙级写字楼超过700万平方米④；全市商务服务业企业法人单位超过18万个。北京市商业商务服务业十分发达，商务服务业年营业收入超过1.1万亿元。⑤ 2021年，全市居民人均消费支出为43640元，实现社会消费品零售总额14867.7亿元，网上零售额超过4000亿元，全市市场总消费额比上年增长11.0%，达到2.8万亿元，消费市场整体恢复至2019年疫情前水平。⑥

（二）北京文商旅产业融合发展的现状

新冠肺炎疫情影响并刺激了文商旅产业的创新融合。新冠肺炎疫情给文商旅产业带来了巨大的破坏性和不确定性，也在一定程度上刺激了文商旅产业的创新融合。一方面，在疫情影响下，文商旅产业均在寻求新的市场增长点，具有文商旅线上消费及虚拟消费特征的新业态、新模式加快发展；另一方面，三大产业线下业态"抱团取暖"，各类经营主体均在强化文商旅融合业务拓展，各类经营载体、渠道等承载了更多文商旅融合产品及服务经营，

---

① 《2021年北京旅游收入预计达到4190亿元 同比增长44%》，《北京商报》2022年2月9日。
② 《2019年北京旅游市场总体向好 保持增长》，北京市文化和旅游局网站，2020年2月9日。
③ 数据来源于《北京市"十四五"时期商业服务业发展规划》。
④ 戴德梁行：《2021年四季度北京写字楼零售市场报告》，2021年12月。
⑤ 百度文库：《北京市租赁和商务服务业企业营业收入3年数据解读报告（2019版）》。
⑥ 数据来源于《北京市2021年国民经济和社会发展统计公报》。

如2021年京东国际开发的"音乐+电商"新模式，以及2021年中国（北京）国际服务贸易交易会推出的多个文化创意产品和系列直播活动，成为疫情影响下文商旅产业加快融合的典范。未来各级政府将针对疫情影响，加强政策引导，兼顾短期扶持和中长期高质量发展，各类市场主体也将强化自救和整合升级，在此背景下，文商旅产业将进一步加快融合发展。

宏观利好政策驱动文商旅产业加速融合。近年来，在国家及北京市级层面相关政策的驱动下，文商旅产业融合发展呈现加速趋势。从国家层面看，国务院办公厅发布的《关于进一步激发文化和旅游消费潜力的意见》（国办发〔2019〕41号）、《关于加快发展流通促进商业消费的意见》（国办发〔2019〕42号），以及国家发展改革委等23部门联合发布的《关于促进消费扩容提质加快形成强大国内市场的实施意见》（发改就业〔2020〕293号）等一系列政策的出台，强化了文商旅产业融合发展政策的顶层设计。从北京市级层面看，2021年发布的《北京培育建设国际消费中心城市实施方案（2021—2025年）》明确提出加快文商旅产业融合发展的政策措施，2019年出台的《关于推进北京市文化和旅游融合发展的意见》等一系列政策加快了全市文商旅产业融合发展的进程。

各领域市场探索引发文商旅产业深度融合。在产业创新、技术变革等多重因素影响下，各类市场主体积极展开文商旅产业融合发展的探索，文商旅产业融合发展逐渐从市场"跨界化"向"无界化"的更高阶段演进，形成深度融合的发展格局。从产业创新的视角看，源于创新跨界的泛商业、泛文旅已成为市场的新供给。2021年被媒体称为"元宇宙"元年，"元宇宙"概念的兴起，迅速掀起了文化产业内容生态、数字游戏、文旅文博领域的关注热潮，融合文化、景观、商业等元素的消费项目受到市场热捧，形成一大批沉浸式、体验式、情景式的文商旅新业态消费场景，未来文商旅融合各领域自身业态的升级以及新兴融合业态的发展将呈现更加蓬勃的趋势。从技术变革视角看，以5G、物联网、人工智能等为代表的新一代信息技术为文商旅产业融合发展赋能，驱动文商旅线上线下业态发展，供给方与需求方的各个层面均呈现深度融合趋势，随着未来技术的进步以及文商旅产业自身的发展，技术的赋能将加速文商旅产业深度融合。

（三）北京文商旅产业融合发展的问题

当前，由于缺乏统筹，北京文商旅产业各自为谋、各行其是，三大产业存在资源分割、业态分化、市场分立、要素分散、政策分治等问题，全市的文商旅产业融合发展仍存在多重阻碍及制约。

文商旅产业资源存在分割。文商旅产业的各类核心经营资源分属不同层级、不同权属和不同主体，尤其是北京的文化资源权属单位行政层级较高，资源的区域统筹较难。文商旅领域的IP资源分散在不同主体，由于缺乏统筹平台、机制与体系，其挖掘与转化力度相对较小，IP转化潜力未能充分发挥。同时，文商旅产业各类经营载体资源的功能相对单一，难以承载文商旅融合业态发展。文商旅产业各领域的市场主体在业务资源整合方面的主动性相对较弱，难以形成发展合力，关联经营的力度还有待加大。

文商旅产业业态存在分化。文商旅各细分业态本身存在紧密的上下游关系，但是由于缺乏有效的政策手段、服务体系、融合平台及市场机制等，全市文商旅关联业态之间的价值链、供需链、企业链、空间链嵌合不深，三大产业仍是分化发展、各行其道，业态嵌合力度还有待加大。

文商旅产业市场存在分立。文商旅三大产业本身具有较大规模及较多空间的市场交集，但是由于全市文商旅产业互为关联消费、延伸消费、衍生消费的市场消费需求和价值识别不足，其交集与融合市场的挖掘和拓展更是不足，未能充分兑现文商旅市场融合带来的市场商机，全市文商旅各领域存在市场分立问题。

文商旅产业要素存在分散。全市文商旅各领域的人才、资本等相关要素分散，各行业间的要素流动与交互不足，难以发挥核心要素的相互支撑作用。同时，支撑全市文商旅服务创新、业态创新、模式创新的内容、技术、数据等创新要素在各领域间的流动与交互也十分有限，在一定程度上削弱了文商旅各领域创新发展的活力。

文商旅产业政策存在分治。文商旅各行业主体的投资准入、业务开展、政策支持、监管服务等事项既有专业职能部门管理，又有综合职能部门、园区管委会等多部门承担，其管理部门交叉分散，由此带来文商旅行业管理事出多口、政出多门等问题，难以形成管理合力、政策合力与服务合力，不能适应文商旅产业融合发展的趋势与需要。

三 促进北京文商旅产业融合发展的建议

进入新的发展阶段，北京应按照高质量发展要求，积极应对新冠肺炎疫情的中长期影响，坚持新发展理念，以改革创新为根本动力，完善文商旅产业交互赋能机制，深入推动文商旅产业资源整合、强化文商旅产业业态嵌合、推进文商旅产业市场复合、促进文商旅产业要素聚合、实施文商旅产业政策统合，全面激活高品质的特色文商旅消费，有力地支撑北京国际消费中心城市培育建设。

（一）推动文商旅产业资源整合

遵循资源整合机制，强化政策引导，搭建整合平台，全力推动文商旅领域的各类资源整合，完善资源联动机制，重点推动IP资源整合，促进文商旅载体功能持续融合升级，推动企业经营资源整合，显著提升全市文商旅产业资源一体化开发利用水平，夯实文商旅产业融合发展的基础，使文商旅产业资源成为支撑北京国际消费中心城市建设的基础资源。

一是推动文商旅IP资源整合。探索推进"IP挖掘"工程，建立文商旅IP调查、申报及评估机制，动态梳理彰显时代特征、区域特色、文化特性的IP，深入挖掘古都文化、红色文化、京味文化和创新文化内涵，深入挖掘"老字号""驰名商标""A级景区"等旅游及商业IP资源，整合文商旅IP资源，建立知识产权完备、内容持续更新的文商旅IP数据库。搭建IP确权保护服务平台，加强著作权、商标权、专利权等知识产权以及地理标志、商业秘密等确权与维护，推进区块链、公钥加密和可信时间戳等技术应用，提升数字版权证书、侵权检测系统等工具对IP知识产权保护水平,建立系统完善的文商旅IP确权与保护体系。搭建IP转化平台,强化IP授权交易服务,创建IP向相关设计产品转化的IP产品原型中心,以及向相关服务转化的IP内容孵化中心,全面盘活文商旅IP的商业价值,推动文商旅IP创造性转化、创新性发展。

二是推动文商旅载体资源整合。按照政府引导、市场主导的原则,完善建设改造标准,优化建设审批程序,鼓励存量大中型商超及商务楼宇进行全面改造或"微改造",支持重点商圈及特色商街改造提升,强化引入观剧、观影、阅读、展览、餐饮、娱乐、特色文化教育、主题购物、运动健身、民俗体验、文化休闲等文旅业态的经营空间功能,引导传统购物型商超向文商旅服务综合体升级;提升商务楼宇品质,按照全市新基建推进节奏,增加楼宇公共空间的数字化终端装备,加强数字文娱信息、商业信息传播,推进有条件的商务楼宇提升文化休闲服务配套水平,创建"有文化、有温度"的商务楼宇群。适度推动公共文化服务场馆功能扩展,完善便民性、配套性商业服务消费,促进有条件的文化娱乐及文化休闲场馆设施功能延展,增加特色文化休闲及特色商业消费内容;支持有条件的文化娱乐场所、文化休闲场所、旅游景区景点等提升文化创意、旅游休闲及特色商业服务功能,重点发展参与式、体验式的文商旅消费新业态,实现联动经营,形成一批消费"微地标"。

三是推动文商旅企业资源整合。以推动文商旅渠道、客户资源拓展为重点,以促进文商旅企业联动经营为核心,以支持文商旅企业创新发展为关键,组建多层次、广覆盖的文商旅同业及异业联盟,推动文商旅企业业务的交叉、渗透及互促,支持文商旅企业间开展交互业务外包、交互特许经营、交叉产品价值包拓展等融合性业务。有针对性地研究国有文商旅企业的资产整合方案,推动通过交叉持股、资产划转等多种方式,实现国有文商旅经营资源的统筹利用;探索依托现状资产交易机构搭建文商旅资源资产交易平台,推动各类文商旅企业间通过合资、整体并购、股权转让、产权转让等多种方式实现跨行业、跨领域的整合,实现文商旅经营资源整体化运营。完善全市文商旅总部企业名录库建设，积极引入平台型、枢纽型企业和机构，支持国际国内要素市场平台落户，以新型文商旅产业组织贯通融合发展链条。

（二）强化文商旅产业业态嵌合

依法依规放宽文商旅产业的市场准入，大力推动文商旅产业链的深度嵌合，全面促进"文化+旅游""文化+商业商务""旅游+文化""旅游+商业商务""商业商务+文化""商业商务+旅游""文化+旅游+商业商务"交集业态发展，推动文商旅产业互导流量、互嵌资源、互植服务，形成优势互补且特色突出的文商旅一体产业链，大力发展文商旅融合迭代的新兴业态，形成文商旅产业业态嵌合的协同效应、聚合效应与叠加效应，使文商旅融合业态成为北京国际消费中心城市中最具潜力的业态。

一是促进"文化+旅游+商业商务"业态发展。推动文化资源、文化行业与商旅产业的客群、服务、资源交互，重点促进"文化+旅游+商业商务"交集的文化演出、文保文博、艺术品交易、发行放映、文化经纪等细分业态发展。重点推行首都日场演出计划，打造首都特色旅游演艺板块，发展商场特色演艺，打造"演艺剧线"，支持有条件的剧场探索推出"共享剧场""分时租赁"等新型服务，强化首都文化演艺品牌。建立北京传统工艺振兴目录，加强非遗研究推广基地建设，提升传统技艺类非遗项目的产品设计、制作水平，支持其产品及服务创新，支持其进入线上线下商业渠道，创建非遗技艺产品品牌，支持表演及活动类非遗项目的创作展演及活动开展，推进文化遗产保护及活化利用；运用 XR、AI 等新一代信息技术，开发文博云游产品，推动文博资源数字化升级。完善艺术品评估、鉴定、交易服务体系，打造国际化的拍卖中心。支持有条件的商场、文化场馆以及商圈、商街、文化园区发展水幕、球幕、天幕、轰趴、VR 电影等，扩大观影消费；支持实体书店特色化发展，以"书+N"业态，不断提升文化休闲的场景体验，打造内容丰富的消费空间。发挥文化经纪、票务服务的枢纽功能，促进文化会展及活动等服务进入商旅渠道。

二是促进"旅游+文化+商业商务"业态发展。充分利用全市旅游资源、市场、客群等综合优势，深入推动旅游行业与文化产业、商业的融合，以文化丰富旅游内涵及形态，以商业拉动旅游综合消费。开发一批主题形象再现、风情环境再现、历史故事再现及虚拟时空再现的文旅体验产品，深度开发具有首都特色的个性化、定制化、精品化文化游线。重点开发一批VR体验馆、互动体验馆等驻场文娱项目，谋划一批影视动漫、网游出版行业中热门IP的线下精品主题乐园孵化项目以及户外运动和休闲娱乐项目，丰富景区、场馆、场所的文化体验及消费内容；重点开发一批动漫、网游、数字影音等线上主题数字娱乐产品，丰富驻地旅游导览、内容体验手段。以"北京礼物"为抓手，加大特色旅游商品在旅游景区、商业街区、文化园区等卖场的营销网络布局力度，加强线上线下的产品宣传及推广，因地制宜地提升景区、酒店等旅游服务载体的特色商业比重，做强旅游商品。用足新机场临空经济区国际消费枢纽功能，以及全市重点商圈资源，谋划多样化、品质化、场景化的系列主题购物季活动，丰富购物游业态；立足国际交往中心功能及优势，构建特色商务会奖旅游服务体系，积极承办各类国际活动，支持开发具有特色的商务会奖旅游产品，强化特色商务会奖旅游品牌。

三是促进"商业商务+文化+旅游"业态发展。适应商业转型升级趋势，推进文化资源及文化休闲业态导入商业服务体系，推进旅游客群在商业载体中的导入，持续提升商业消费水平。支持大型商场、商超等商业服务载体实施品牌提升工程，不断提升商业文化品质以及商业品牌文化价值；引导全市重点商圈、特色商业街、大型商超等因地制宜地引进特色影院、特色剧场、特色书店、主题室内娱乐、文化展览、健身休闲、文化艺术教育培训等文化休闲娱乐服务业态，为传统商业培育新的消费增长点。以推动"老字号"商业、免税店、文创商品专卖等业态发展为抓手，推动有条件的商场、商超开设非遗商品、"老字号"商品、文创商品等旅游商品售卖专区，强化商业服务中的旅游购物业态发展，积极引流旅游消费需求。提升"夜京城"主题，推行文化商家安全认证及夜间健康文化品牌认证，培育首都夜间经济的"文化芯"，丰富夜游产品体系，提升夜间购物消费体验，塑造"夜间打卡地""夜明珠"等多类夜场消费地标。

四是促进文商旅融合新业态、新模式发展。深入研究新冠肺炎疫情催生的新业态、新模式，把握文化、旅游、商业与科技融合发展的特征和趋势，推动5G、VR、AI、云计算、物联网、区块链等新一代信息技术的应用，加强政策支持与引导，推进文商旅产业与科技深度融合发展，全面培育"数字文商旅"服务品牌。着力推动数字内容产业集群化发展，重点培育数字传媒、数字音视频、数字出版、动漫网游四大数字内容业态，培育文商旅产业融合发展的新支撑与新动能；重点促进第三方支付服务、应用商店服务、移动商务服务、移动生活服务四大应用增值服务业态发展，提升应用服务业态发展水平，强化对文商旅产业融合发展的应用服务支撑。

（三）推进文商旅产业市场复合

遵循市场机制，强化需求识别，聚焦交集市场，推进商圈、商街、文化园区等线下渠道文商旅融合消费功能升级，推进线上线下对文商旅资源、产品、服务、品牌的平台化宣传推介，完善消费促进体系，提升文商旅产业市场复合度，放大关联复合消费效应，使文商旅产业融合发展最终实现消费终端的经济价值转换，使文商旅融合消费成为北京国际消费中心城市最为活跃的消费形态。

一是推进商圈等渠道功能复合。结合国际消费中心城市、全市52个商圈、"两区"高端商务片区、临空经济区消费枢纽等布局，推动传统商圈商业业态升级，深入推进"文旅+商业"融合发展，提升文旅消费业态比重，激发城市时尚消费活力，强化其文商旅融合消费渠道功能。推动文化商圈渠道功能提升，培育新型文化商圈，强化城市文化会客厅功能，增强文商旅关联消费承载能力，优化文化园区消费环境，打造文商旅综合消费新渠道，拓展文商旅融合消费渠道功能。

二是推进宣传推介复合。整合文化、商业、旅游及相关产业的宣传、推介、销售渠道，联合政府、企业、机构、中介组织等各方力量，共同搭建区域文商旅资源、产品、服务的宣传、推介和营销平台；有效嫁接文商旅企业、产品、活动、场景，加强政策、项目、载体等宣传，适应自媒体、新媒体的传播规律，创造现象级、话题级的宣传事件；依托票务在线平台以及相关电商平台、在线娱乐服务平台等，探索支持文商旅企业购买在线平台的上线服务、优先推介服务及额外宣传服务等相关在线服务政策，促进文商旅企业的线上宣传以及产品与服务推介、交易，增强品牌影响力及消费黏性。借助国家与北京市重大海外旅游宣传活动和海外营销渠道，加强海外宣传推介，提升文商旅产业的国际影响力。

三是推进终端消费复合。争创全国城乡扩大文化消费示范城市，创新促进文化消费政策，应对新冠肺炎疫情对消费的影响，探索文化消费税费补贴政策，将居民文化消费产生的实际纳税按一定比例给予财政补贴，联合金融机构推行文商旅消费信用卡，以信用卡积分、折扣等方式刺激居民消费；建立文商旅消费评价积分制，激励居民参与消费评价，将积分奖励用于文商旅产品及服务的再消费。办好"北京消费季""北京惠民文化消费季"等文商旅消费活动，加强文商旅服务品牌建设，全力释放居民文商旅消费潜力。提升支付便利程度，绘制消费大数据热力布局图，加大热销品研发及创新力度，支持线上消费，提升文商旅的消费水平。

（四）促进文商旅产业要素聚合

依据要素聚合机制，强化产业要素创新，重点提升技术要素的赋能作用，强化人才、资本等要素的支撑能力，在支撑文商旅各领域转型与升级的基础上，力争通过技术、人才、资本等核心要素的聚合，促进核心要素有序流动，激发文商旅融合发展的"聚变"，使文商旅产业要素成为支撑北京建设国际消费中心城市的关键驱动力。

一是提升技术要素动力。梳理文商旅领域关键底层技术、融合发展技术及重点应用技术目录，重点锁定文化保护、创作与传播，以及智慧旅游、电子商务等领域，加强文化创作、生产、传播和消费等环节共性关键技术研究，开展文化资源分类与标识、数字化采集与管理、多媒体内容知识化加工处理、VR/AR虚拟制作、基于数据智能的自适配生产、智能创作等文化生产技术研发；开展文化产品多渠道发布、多网络分发、多终端呈现等文化传播技术研发；开展文化产品价值评估与版权交易、基于大数据的个性化推荐、文化产品与服务质量评测等文化服务技术研发；开展文化资源保护与开发利用、知识产权保护与侵权追踪、舆情分析与内容安全监管、文化艺术品鉴定等文化管理技术研发。加强文商旅领域的数字技术、智能技术、多媒体技术等关键底层技术及应用技术的研发与引进，形成一批支撑文商旅产业各领域及其融合发展的技术成果。推进文商旅全领域、全环节、全链条的技术转化与应用，大力推进智慧商圈、智慧商街、智慧园区、智慧景区、智慧场馆等建设，增强文商旅信息化场景服务，强化科技赋能作用。

二是提升人才要素能力。深化人才体制机制改革，构建一体化的人才引进、培育、使用、服务机制，建立文商旅高端人才目录，打通人才引进的"中梗阻"，聚焦文商旅产业融合发展所需的高端人才，赋予文商旅企业更大的人才引进自主权，加大复合型人才引进力度，推行文商旅融合项目及企业的"人才+项目+平台"引进机制，加强推动文商旅产业融合发展的人才队伍培育。实施推进人才分级服务机制，加大对做出贡献的各类人才激励力度，支持专业人才从事文商旅产业融合发展技术研发、产品设计、创意制作，支持各类人才投身文商旅融合发展新业态的创新创业，提升人才要素支撑能力。聚焦文商旅产业用人单位和人才集中反映的难点痛点问题，实施更加精细化、人性化的人才服务，使人才能够引得来、留得住、用得好，营造良好的人才环境。

三是提升资本要素活力。积极开展针对文商旅企业的金融服务创新，解决文商旅企业融资难题，探索构建金融创新服务的"沙盒机制"；引进专业的文创银行、文化保险、文化证券、文化企业股权转让平台等文化金融市场主体，支持各类文化金融服务主体扩大业务范畴，将相关文创金融政策及服务覆盖到文商旅企业及融合发展项目。加强与银行、创投、保险、证券等机构合作，建立"信保贷""投保贷"联动机制，为文商旅企业提供全成长周期服务，形成"银行+政府+担保+保险+创投+中介"统一结合的金融服务体系，用好各类金融服务对接平台；促进产业投资与文商旅企业及融合项目的多层次对接，支持开展基金投资，加强众筹与其他互联网金融融资服务对文商旅企业及融合项目的支持，强化文商旅产业融合发展中的版权孵化、模式创新、业态融合、资产整合、市场拓展等金融保障，以资本要素推动文商旅产业融合发展。

（五）实施文商旅产业政策统合

遵循政策统合机制，以建立健全文商旅产业融合发展的组织管理体系为基础，以强化文商旅产业融合发展的扶持政策为核心，以加强文商旅产业服务及优化发展环境为重点，强化推动文商旅产业融合发展的政策保障，形成促进文商旅产业融合发展的政策合力，使文商旅产业统合政策成为推动北京国际消费中心城市建设的重要保障。

一是实施组织管理的统合。加强文商旅产业融合发展的领导，结合文商旅产业融合发展的特点，组建由高层领导挂帅、各相关职能部门参与的高级别领导小组，形成文商旅产业融合发展的跨部门管理协同体系；健全文商旅产业融合发展领导小组成员单位的常态化管理沟通协调机制，建立定期联席会议制度，加强重大政策、重大项目、重大活动会商，及时有效地处理文商旅产业经营中的突发情况，形成推动文商旅产业融合发展的工作合力。推动建立文商旅产业融合发展的相关产业联盟、商会、协会、学会等组织，构建政府、行业协会、第三方服务机构、企业与机构等多方协同合作的新型产业组织服务体系，加大对相关培训、论坛等活动的支持力度，鼓励各类跨行业中介组织间的交流与合作，多维度、多层次促进文商旅产业融合发展。

二是推进扶持政策的统合。重点针对"重文而轻商旅"的政策失衡问题争取多渠道资金，加大文商旅领域相关政府引导资金投入，完善专项资金全过程管理体系，更精准、更高效地发挥政策性资金的引导与支持作用，重点帮扶中小微文商旅企业渡过疫情难关，重点支持文商旅产业融合发展的节点型、枢纽型、平台型项目，重点引导民间资本投入文商旅领域。按照问题导向、需求导向和趋势导向，制定一系列支持文商旅产业融合发展的政策，强化政策的创新，提升政策的精准性、公平性和有效性，加强政策效用评估，强化政策落实，打通政策"最后一公里"，强化政策扶持激励和引导调控作用，营造更加优越的政策环境。

三是强化产业服务的统合。完善促进文商旅产业融合发展的评价机制，建立科学合理的统计指标体系，加强文商旅产业融合发展的相关统计；加强大数据技术应用，建立文商旅产业大数据信息库，建立文商旅消费数据监测体系，强化对文商旅融合发展的产业预警及科学引导。完善在线行政审批系统、产业统计分析系统、行业安全监管系统等，提升行政管理信息化水平，探索文商旅相关部门联合监督、联合执法、联合行动机制，强化市场环境整治提升工作，推动形成政府主导、条块结合、行业自律、齐抓共管的工作格局。优化文商旅市场环境，加强公共安全、公共交通、公共卫生等服务保障，强化文商旅企业商户运营保障。落实全市全面深化改革、扩大对外开放重要举措，按照北京市优化营商环境 5.0 版政策及持续优化政策，深入推进文商旅产业的对外开放，不断优化文商旅产业融合发展的营商环境。

B.4
卢沟桥国家文化公园红色文旅数字化开发路径研究

杨 悦 郭小蕙*

摘 要： 互联网技术的快速发展，为红色文化旅游行业迈向高端化服务提供了巨大的技术支持，国务院、文化和旅游部制定政策提出要促进技术和旅游行业的深度融合，以满足大众的游玩需求。依照政策要求，卢沟桥国家文化公园正在逐步完善数字化建设。本报告重点阐述了卢沟桥国家文化公园的建设背景和开发现状，梳理了卢沟桥国家文化公园红色文旅的资源价值，在分析卢沟桥国家文化公园红色文旅数字化开发现状的基础上，围绕目前存在的管理、技术、内容以及宣发等方面的不足，从基础设施层、数据支撑层以及业务应用层提出卢沟桥国家文化公园红色文旅数字化开发的具体路径。以技术赋能，聚焦卢沟桥国家文化公园健全数字化基础设施、建立统一的数据中心以及创新数字化应用三个方面，充分发挥科技在引领和创新文化遗产保护工作中的作用，彰显卢沟桥国家文化公园红色文旅资源的文化价值，发挥卢沟桥作为爱国主义教育基地和红色文化休闲旅游区的功能。

关键词： 红色文旅 数字化 卢沟桥国家文化公园

---

* 杨悦，博士，中国传媒大学经济与管理学院副教授、硕士生导师，主要研究方向为创新管理、文化产业规划；郭小蕙，中国传媒大学文化产业管理学院硕士研究生，主要研究方向为文化项目策划与创意设计。

卢沟桥国家文化公园红色文旅数字化开发路径研究

一 研究背景

(一)红色文旅蓬勃发展

2021年是中国共产党建党一百周年,虽然正值新冠肺炎疫情时期,但我国的红色文旅蓬勃发展。红色文旅是我国的一种独特的旅游形式,兼具文化、经济、政治三大功能。文化上,起到了挖掘周边文化资源、保护文化遗产、传承文化记忆、凝聚红色革命文化精神的重要作用,是践行文化自信、建设社会主义文化强国、提高国家文化软实力的重要部分。经济上,红色文旅景区的打造能够带动周边村落、革命老区等一些偏远地区的经济发展,以红色文旅拉动消费,助力脱贫。政治上,由于其特殊的文化内容,红色文旅项目将休闲旅游和爱国主义教育两个功能融为一体。在建党百年之际,红色文旅的蓬勃发展在加强文物保护、重振国民精神、助力脱贫攻坚等方面发挥了重要作用。

自2004年开始,中共中央办公厅、国务院办公厅连续颁布《全国红色旅游发展规划纲要》,对全国的红色文旅行业进行了战略部署。近年来,在国家和地方政府的大力扶持下,红色文旅实现了高速发展,已经基本建立起以"全国红色旅游景点景区"为核心、多条"红色旅游精品线路"为纽带的全国红色文化旅游业态。2021年国家将"大力支持红色旅游"写入"十四五"规划纲要,对如何促进红色文旅的高质量发展提出了具体要求。

2017年5月,中共中央办公厅、国务院办公厅印发《国家"十三五"时期文化发展改革规划纲要》,对国家文化公园建设提出了要求,即依托长城、大运河、黄帝陵、孔府、卢沟桥等重大历史文化遗产,规划建设一批国家文化公园,形成中华文化重要标识。卢沟桥作为北京市现存的最古老的石造联拱桥以及全民族抗战爆发地,承载了我国悠久的历史文化资源和红色革命文化精神,是发挥教育功能、传承革命精神、传播抗日战争文化的重要载体。北京市委宣传部、北京市文化和旅游局等单位在2019年首次推出北京红色旅游地图和九条红色旅游精品线路。其中，卢沟桥国家文化公园作为红色文化旅游的重要部分，在推动北京红色旅游发展进程中起到了极为重要的作用，是全面贯彻落实"红色文旅"项目规划纲要的重要部分。

（二）文化与科技深度融合

进入"十四五"时期，国家进入了新的发展阶段，旅游业也面临高质量发展的要求。互联网产业的快速崛起给各个行业带来了前所未有的生机，文旅产业的数字化转型也成为数字时代变革的一项重要工程。国务院《关于印发"十四五"旅游业发展规划的通知》提出，应当实施创新驱动发展战略，让科技为旅游业赋予新动能，充分利用新的科技创新成果，升级传统旅游业态，推动旅游业向创新驱动转变。深化"互联网+旅游"，扩大新技术场景应用。在推进国家智慧旅游建设工程过程中，重点围绕加快智慧旅游景区建设、完善智慧旅游公共服务以及拓展智慧旅游场景应用三个方面展开。

2020年文化和旅游部发布的《关于推动数字文化产业高质量发展的意见》指出，要突出用数字化手段促进文化和旅游融合发展。推进数字经济格局下的文化和旅游融合，拓展文旅融合的数字化新阵地，实现更广范围、更深层次、更高水平的融合。

目前国内学者对数字技术应用于文化遗产保护和文旅产业开发的理论和实践已经有了较为丰富的成果。通过国内外文献检索和整理发现，已有研究主要集中在数字化保护、数字化展示、数字化开发、数字化传播等层面。

在数字化保护方面，一是借助三维建模、虚拟修复、3D打印等技术实现古文物、古建筑、古遗址的数字再现和复原；二是通过实现文化遗产的素材数字化，建立系统有效的文献资源数据库、历史地理基础信息GIS数据库，形成文化资源同步联动的数字化平台。

在数字化展示方面，一是利用数字动画技术、动作捕捉技术、虚拟现实（VR）技术、增强现实（AR）技术、混合现实（MR）技术、全息投影技术等手段整合创新，数字技术的应用能够让信息传递突破时空限制，呈现给观众更好的观赏效果,带给游客沉浸式的文化教育体验;二是利用VR技术、MR技术、交互技术以及数字建模技术等,实现线上360°全景展示。

在数字化开发方面,将数字技术运用到电影、纪录片、动漫、游戏以及综艺节目中,以文物或遗迹为载体,打造红色文化数字IP,整合多种外延形态,实现产业链的延伸。

在数字化传播方面,通过互联网平台,如微信小程序、短视频、直播等方式,制定立体传播策略,拓宽红色文旅的传播渠道。

二 卢沟桥国家文化公园红色文旅的资源价值与开发现状

(一)卢沟桥国家文化公园红色文旅的资源价值

卢沟桥国家文化公园的红色文化遗址群分布各处,形成卢沟桥宛平城抗战遗址、长辛店二七大罢工旧址、南苑兵营司令部旧址等多个红色文化资源聚集地,共计拥有红色遗址遗迹和纪念场馆90余处,涉及党的创建、抗日战争、解放战争等不同历史时期,是北京红色文化的重要组成部分,为弘扬和传承中国共产党的优良革命传统、加强爱国主义教育和党风建设提供了重要载体。

卢沟桥宛平城抗战遗址主要包括卢沟桥景区、宛平城、中国人民抗日战争纪念馆、中国人民抗日战争纪念雕塑园等。宛平城和卢沟桥作为扼守京畿的交通据点,是日军攻击北平的重要关卡。1937年7月7日,宛平城内驻扎的军队遭到了日军的猛烈炮火攻击,日军将炮口转向卢沟桥,攻破了宛平城门。至此,卢沟桥成为中华民族全面抗日战争的爆发地。如今卢沟桥桥体、宛平城城墙上的弹坑依旧清晰可见,卢沟桥象征了坚强英勇、团结奋战的中华民族精神,是意义深远的国家重大活动纪念地。围绕卢沟桥地区丰富的红色文化资源和自然景观,重点开发红色旅游产业和爱国主义文化教育项目。目前,以卢沟桥-宛平城为核心的"七七事变"战场遗迹保存较为完整,与中国人民抗日战争纪念馆、中国人民抗日战争纪念雕塑园共同构成了以纪念抗日战争为主题的爱国主义教育基地。

长辛店二七大罢工旧址主要包含二七厂、二七工人俱乐部、留法勤工俭学预备班等。二七厂前身是"卢保铁路卢沟桥厂",1923年爆发了一场工人反抗资本家的罢工示威,被称为"二七大罢工",是工人流血斗争、无产阶级觉醒的代表地。随着抗日战争的胜利和中华人民共和国的成立,二七厂也得到发展,这里诞生了全国第一台自主生产的蒸汽机车,因此也被誉为"新中国的火车头"。改革开放之后,二七厂紧跟国家政策逐步改制,促进了公共资源的市场化运作。二七厂早已搬迁,目前已经成为工业遗存,但是这里代表了中国一代代无产阶级劳动者靠双手改变命运的革命精神和奋斗志气。二七厂所在的长辛店大街也被誉为"北方红星",是北方工人运动的摇篮。留法勤工俭学预备班旧址也位于这条街,是早期学生向工人宣传马克思主义、推动马克思主义和工人运动相结合、建立早期党组织的重要阵地。大量的活动旧址,是见证中国共产党领导早期工人运动光辉历史的红色革命圣地。

南苑兵营司令部旧址位于丰台区南苑机场,是清代的驻兵之地,后来成为抗日战争时期国民党北洋军队的司令部,在抗日战争初期发挥了重要作用。1937年7月28日爆发了"南苑之战",成为平津抗战的重要转折点。目前南苑遗址中仍保留着建筑原型,作为典型的哥特式建筑在近代史上有着重要的纪念价值。

(二)卢沟桥国家文化公园红色文旅的开发现状

1.红色文化资源的开发利用

目前卢沟桥国家文化公园正在按照丰台区出台的规划陆续开发,以"一核"(卢沟桥-宛平城-中国人民抗日战争纪念馆)、"三区"(长辛店片区、二七厂片区、园博园片区)为主要框架。围绕丰台区的历史文化资源和自然水文资源进行开发,打造历史文化板块、红色文化板块和生态保育板块。

卢沟桥国家文化公园以卢沟桥、宛平城、中国人民抗日战争纪念馆等红色文化资源为核心，以"保护为先"为首要原则，一是对重点文物、遗址、非物质文化遗产进行修复和保护，采取数字化手段对红色文化资源进行数据采集、建模、存储等。二是深度挖掘丰台区卢沟桥-宛平城周边的红色文化故事和历史文化传说，树立革命英雄形象，依托卢沟桥文化旅游区网站和微信公众号宣传抗日小故事，以情化人，生动续写红色革命的时代篇章。三是搭建红色文化资源的教育平台，中国人民抗日战争纪念馆是全国重要的爱国主义教育示范基地，陈列着抗日战争时期的文物、图片、影像、雕塑等作品，以多元手段展现全国各族人民共同抵抗日本帝国主义侵略的历史，展现不朽的革命历史长卷。目前丰台区正在促进卢沟桥文化和旅游区附近的产业融合发展，将以文旅为基础带动永定河西部地区乃至丰台区餐饮、住宿、商业、娱乐等相关产业发展，实现文旅相互促进、相互发展的良性互动。

目前长辛店二七大罢工旧址、二七厂工业遗产、二七红色文化和铁路文化的保护与开发，以及二七文化创意产业园区的打造等项目建设正在逐步推进，是推动工业遗存旅游和红色文化创意产业融合发展的重要示范点。二七厂1897科创城保留了原有建筑的工业风貌，在园内设立了文化示范区，通过现代艺术和古典建筑的碰撞成为青年人的城市创意角落。目前中车二七厂陆续引入了一批科技创新项目，国家冰雪运动训练科研基地也落户在此。早期的共产主义精神、工人运动热情与现代的科技创新精神、青年创意活力在此地碰撞，在保护工业遗产的前提下迸发了科技文旅融合的勃勃生机。

2. 积极开展数字化基础设施建设

北京市针对卢沟桥国家文化公园的文化遗产数字化保护与创新展示做出了方向性指引，沿线各区为了落实规划中的工作，积极开展数字化基础设施建设工作。

一是加强基础配套设施建设。完善卢沟桥国家文化公园周边区域交通基础设施，优化公园及周边区域微循环道路和步道环境，提高游览便捷度和交通通达度，实现精准预警和科学导流。加强对卢沟桥国家文化公园的生态治理和景观维护，实现红色文化和绿色景观的资源整合，打造卢沟桥-永定河绿色生态旅游廊道。实现卢沟桥国家文化公园无线网络信息全覆盖，为建设文化智慧型景区和提供移动虚拟服务奠定基础。加强宛平城街区社会治理，改善公园周边区域整体环境，对商铺、民居进行统一规划管理，优化景区的安保系统。

二是建设智慧旅游文化园区。按照智慧旅游文化园区的发展理念，将物联网工程与园区网络、旅游服务配套、地理信息系统、数字环保系统等智能化管理项目统筹考虑，统一架构、统一数据标准、统一门户，最大限度地整合资源，将卢沟桥国家文化公园建设成为国家级智慧旅游文化示范公园。提升虚拟型服务，以"全面互动、快捷服务、统一标准、规范管理"为原则，构建创新便捷型在线服务系统，提升景区经营管理标准，实现服务供需的快速对接，增强景区创新服务能力。

三是构建园区动态传播体系。树立现代传播意识，增强新媒体传播能力，提高传播的主动性、主导性和主题性。创建卢沟桥国家文化公园标识系统，搭建自媒体平台和融媒体平台，结合特定节庆和纪念主题日活动，以多元化形式和高科技手段传播卢沟桥历史文化。

3. 文化遗产保护中的数字化应用初见成效

在卢沟桥国家文化公园的数字化进程中，文化遗产保护的数字化应用初见成效。按照规划任务安排，卢沟桥景区在2020年对卢沟桥桥体结构损伤程度及成因进行了检测鉴定，评估了桥体结构的安全性。例如，启动石质文物数字化保护工程，通过3D扫描和色彩采集，为包括卢沟桥桥体、旧桥面遗址、501头石狮、281根望柱、279个栏板、4座石碑、4座华表、2尊石像在内的全部石质文物建立数字化档案，高精度再现卢沟桥风貌。这次数字化采集，为以后的文物保护和利用提供了第一手资料。

中国人民抗日战争纪念馆创建了微信公众号，为游客提供免费语音讲解，同时馆内设有语音导览服务。中国抗战胜利网（http://www.1937china.com/views/home/default.html）设有抗战文献数据平台、抗战文献系统和抗战图片检索系统供读者搜索和下载。场馆内搭建了抗日场景，利用多种数字化手段展示文化内容，如触屏互动答题、数字屏幕显示百团大战会议手稿等，为观众在游览中深入了解历史提供了便利。

在政策的引领下，北京市对卢沟桥国家文化公园文化资源的数字化保护与开发给予了高度重视，但实际建设仍处于持续推进阶段，相关数字化建设项目仍处于初级阶段。为了进一步推动卢沟桥国家文化公园数字化项目的高质量发展，丰台区拟开展的卢沟桥保护与开发项目包括360°全景漫游采集、网络及移动应用平台搭建、全景互动体验区打造、"两微一端"搭建、纪录片制作等。

三　卢沟桥国家文化公园红色文旅数字化开发的困境

（一）建设主体多元且分散，缺乏数字共建共享机制

卢沟桥国家文化公园所属建设项目，依托永定河文化带，文化资源和自然资源跨区域较广，项目申报层级复杂，涉及的开发主体和政府部门包括北京市文化和旅游局、区文化委、区园林绿化局等。目前卢沟桥、宛平城等附近的居民大多已迁出，在获取一手的有效历史信息、口述证据和文物遗产上有一定难度。在这一前提下，能否保持文物的真实性和有效传承红色抗日精神成为卢沟桥开发和管理部门面对的难题。卢沟桥红色文化资源的深度挖掘需要统筹人力资源和技术资源，在红色文化遗产的数字化保护和抢救上需要多部门合作，有效、有序地推进。在红色文化遗产的产权归属、开发、保护等方面仍然缺乏科学统一的管理和决策体系。

卢沟桥景区作为整个国家文化公园的核心，数字化建设的牵头单位为卢沟桥文化旅游区办事处，协同单位为区文化委。北京市文化和旅游局开发的北京旅游网也对卢沟桥进行了数字化展示，游客可以登录该网站完成对卢沟桥景区的简单线上游览，但两者之间没有任何互动关联。除此之外，卢沟桥景区的文化遗产数字化保护系统拥有类型多样的庞大数据，遗址、红色文化遗产、历史文化遗产、非物质文化遗产等数据来自不同的部门和领域，导致在时间跨度、处理技术、格式、质量等方面均有差异，所以文化遗产保护数

据的一致性和共享性、保护的整体性、技术流程的标准化和规范化是亟待解决的问题。

（二）数字化技术利用程度低，存在重建轻用现象

卢沟桥国家文化公园涉及的自然文化资源众多，但是通过调研和实地走访了解到，相关数字化平台建设水平较低，数字化服务手段利用率不高。非遗数字化应用更加滞后，未能真正服务于国家文化公园的建设与开发。

首先，卢沟桥国家文化公园现阶段规划的数字化项目主要以数据库的形式呈现，数据处于浅层资源收集状态。例如，卢沟桥文化和旅游区目前正在筹备的数字化保护与开发项目有宛平城城墙战争遗迹保存及保护工程项目、卢沟桥桥体检测与卢沟桥数字化保护项目以及卢沟桥石质文物 App 交互展示项目。但是，目前这些项目还未投入使用，卢沟桥文化和旅游区门户网站的数据暂时无法查看，景区内的卢沟桥博物馆也处于关闭状态。这些规划项目依托数字孪生、数字存储、数字建模、虚拟现实等技术实现历史资料和文物的数据化保存与虚拟再现，数据库多为图文信息且以存储和读取为主，缺乏对数据的分析整理和后续的应用开发环节。其次，相关数字化平台建设水平较低，数字化服务手段利用率不高。同时，存在重建轻用现象。例如，卢沟桥桥体保存程度尚可，但是桥上的石狮子、八角石柱等文物风化严重，部分石狮子形态模糊难以辨识，一些文物和历史遗产面临消逝的风险，亟待对破损文物进行修复和保护。国内出现类似问题的古迹很多，如兵马俑、敦煌石窟等。对这些文物的保护，早已超越了简单的数据采集阶段。考古人员采用多种技术逐步对兵马俑进行建模和 3D 打印拼接，利用逆向工程推算缺损部位的三维数据，对兵马俑进行打印、打磨和修复。敦煌研究院形成了一整套敦煌石窟数字化的方法和规范流程，拥有多项关键技术。同时，以科研单位为依托，发挥企业平台作用，将科研成果充分转化，形成科研与服务的新模式。数字化的采集、处理、存储等关键技术的应用，为数字化开发提供了基础和支持，带动了兵马俑和石窟价值的深入挖掘，数字化成果在学术研究、数字展览和文创产品开发等领域的应用，都是值得卢沟桥国家文化公园

学习和借鉴的。

通过实地调研发现，卢沟桥文化和旅游区现有的数字化服务仅有微信扫码语音导览这一项，但是语音导览服务讲解较为简单，每个景观的讲解和实地景点很难对应，其实用性和场景体验感较差，而且需要付费收听，语音导览的利用率较低。中国人民抗日战争纪念馆中也有简单的数字化互动应用，但是有些设备较为陈旧，部分功能不能使用。技术应用呈现红色文物和资料的方式以静态展览为主，游客只能被动接受教育。在红色革命遗址的呈现上没有体现当地的特色，抗日战争场景、解放战争场景、红色教育示范基地的展现内容和手段过于相似，在融合当地景观和场景塑造上不够鲜明。在战争场景搭建、文物和武器展览上也未能凸显其重要性，缺乏场景建设、主动互动、在地体验的意识。

（三）数字化技术应用散乱，缺乏文化价值提炼和挖掘

卢沟桥国家文化公园目前面临文化内涵挖掘不足、重有形遗产轻无形资产，以及居民对文化遗产的保护和传承意识不强等问题。首先，近年来各区政府及文化委在梳理各自的历史文化资源时，动用了大量人力和物力，但是大多项目只停留在形成书面文件环节，没有深入跟踪后续开发情况，缺少实地调研和走访工作，导致部分文化资源缺乏后续传承和开发活力。其次，缺乏创新性传承和创造性开发，没有围绕卢沟桥和永定河文化带形成特有的文化IP系列产品和服务。例如，卢沟桥景区只对桥体进行保护和修复，没有对卢沟桥景区内的石狮子等文物展开进一步的活化开发，也没有通过数字化再现"七七事变"的重要历史事件，景区特色产品和特有服务开发不足。卢沟桥作为中华民族文化和爱国主义文化教育项目宣传的重要景区，在让文物说话、让历史说话、让文化说话方面做得不足，数字化应用缺乏文化内涵。最后，居民对文化遗产的保护意识不强，对文化项目活动的参与不足。目前宛平城面临商家入驻难、居民文化活动参与度低、文化资源开发程度低等困境。

此外，由于缺乏对永定河和卢沟桥文化的深入挖掘，因此对游客的需

求把握不到位，容易导致技术滥用、技术表面化等问题，若过度追求和依赖新技术和新方法，将偏离文化遗产保护和开发的初衷，导致技术资源的浪费。

（四）宣传影响力不足，缺乏"两微一端"综合应用

目前卢沟桥国家文化公园的影响力较小，源于宣传力度十分有限，缺乏吸引游客前来游览的代表性元素，缺乏能够带动景区发展的特色内容和主题活动。卢沟桥国家文化公园没有设立官方的"两微一端"，有些景区或者场馆等选择性地建设了自己的"两微一端"，如园博园有官方微博和微信公众号，卢沟桥景区有官方微博、微信公众号以及网站。但是这些平台的发布内容和宣传方式都较为初级。卢沟桥景区官方网站的交互界面简单、内容匮乏，只有一些公务文件和简单介绍，未能承担对外宣传功能，对于游客而言基本上不具备浏览价值。卢沟桥文化旅游区微信公众号的推文内容相对较多，从2018年开始推送文章，内容主要有卢沟桥景区图片、传说介绍和景区活动新闻等。近年来受疫情影响，微信公众号推送量减少，推文内容也相对简单，多为防疫消息和景区开放时间通知。早期的小游戏功能也出现停用的现象，卢沟桥景区的宣传内容单一，许多可利用的数字化宣传工具没有尝试使用。其他以自然风景为游览主题的园区连最基本的宣传手段都没有，就连北京当地人也很少有人知道它的存在，更谈不上什么影响力。

互联网时代，品牌创建和媒体宣传早已成为景区形象的一部分，通过运营社交媒体平台的官方账号可以吸引粉丝，形成自身的长期受众群体，通过日常更新景区动态能够让更多人了解景区的自然风景和文化内涵，形成品牌效应，推动景区创新创收。作为以文化为主题的公园，要肩负培育爱国情怀、凝聚国家共识、激发民族自信的责任。互联网时代，卢沟桥国家文化公园相关自然资源和文化资源的宣传工具存在低水平利用现象，数字化宣传工具缺乏，文化宣传力度不足。

四　卢沟桥国家文化公园红色文旅数字化开发路径

建设国家文化公园，关键是集中实施一批标志性工程，聚焦5个关键领域实施基础工程，即保护传承、研究发掘、环境配套、文旅融合、数字再现。为了推动卢沟桥国家文化公园红色文化资源的保护与传承，要以数字化支撑、引领和创新文化遗产保护工作，使卢沟桥国家文化公园的传统历史文化、红色革命文化、工业遗产文化、生态湿地文化、中外园林文化在新时代迸发新创意、焕发新光彩、激发新业态、彰显新活力，成为具有国际影响力的国内生态和文化旅游市场的新IP。

卢沟桥国家文化公园红色文旅数字化开发主要围绕基础设施层、数据支撑层、业务应用层，按照需求主导、安全高效、因地制宜、分步实施的原则推进，其数字化开发路径见图1。

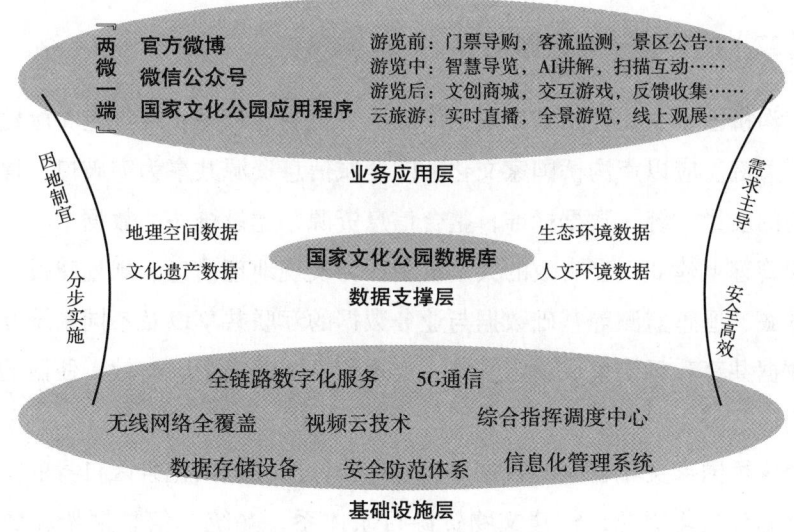

图1　卢沟桥国家文化公园红色文旅数字化开发路径

（一）健全数字化基础设施

2010年住房和城乡建设部发布的《关于国家级风景名胜区数字化景区建设工作的指导意见》明确指出，应当积极推进风景名胜区的信息化建设，健全数字化基础设施。卢沟桥国家文化公园应推动基于IPv6的下一代互联网商用部署，实现红色旅游景区无线网络和5G全覆盖。逐步配备和完善计算机设备、网络设备、服务器设备、数据存储设备、安全设备、机房及配套设备等相关数字设施，构建结构合理、覆盖面广、容量充足、性能稳定的基础网络体系，包括无线通信、有线通信、广域网、局域网，加快布局新型基础设施。

除此之外，应完善红色文旅资源的数字化"四有"档案建设，建立数据标准，完善红色文化资源的基础数据，建设基于5G技术的红色文物、遗址、非物质文化遗产的数字展示资料库，并实现红色文化景区数据的实时更新，以支持和推进各类信息共享和开发利用。

（二）建立统一的数据中心

卢沟桥国家文化公园基础数据库和共享机制建设是实现红色文旅数字化开发的关键。应以卢沟桥国家文化公园全域信息资源共享为突破口，提高基础数据的质量，统一数据标准，整合信息资源，建设统一的数据中心，从技术上和管理上建立一套有效的共享机制，为实现地理信息、规划建设、资源环境本底、遥感监测等基础数据与业务数据的互联共享以及不同系统互通互联、数据共享和系统集成奠定基础，实现信息资源集中、高效、便捷的管理和应用。

卢沟桥国家文化公园的数据库建设应当依照红色文化景区自身的文化特性合理划分文化资源，构建文物资源目录体系，并统一信息框架和数据标准，建立健全数据动态更新机制。可借鉴国家文物局综合行政管理平台、全国文物地理信息平台建设经验，建立红色文化旅游地的元数据库。数据库中的"元数据"应当包含文字、图片、矢量数据、三维影像等多元形式，涵盖自然生态资源数据、物质文化资源数据、非物质文化遗存数据和其他文化科技资源数据，将其他数据系统与平台直接对接，完成多地红色文化资源的数据融合，实现红色文化教育空间的数据共享。数据库的建立不仅有利于自然资源数据和文化资源数据的长久有效存储，而且有利于数据资源的互联互通，实现数据共享，为红色文旅产业的数字化保护和创新展示奠定基础。

（三）创新数字化应用

1. 提升数字化服务水平

从游客角度出发，打造全链路游客数字化服务，提升游客体验和旅游品质。游客到访前，为其提供景点介绍、游览攻略、门票和交通信息、景区实时动态、餐饮和住宿推荐、在线预订及咨询。游客到访时，为其提供智能讲解、无障碍通行的智能化辅助、在线支付、订餐与数字化售货服务。游客到访后，为其提供文创产品线上购物、游览评价、景区记忆点的线上记录等。此外，借助信息化技术，带动周边公共文化服务网络建设和周边经济发展，提升群众体验感和获得感。

2. 卢沟桥国家文化公园红色文旅数字化内容建设

红色文旅的主要目的在于教育，让游客在游玩过程中通过体验和学习引起情感共鸣，达到建构共同记忆、传承红色文化基因、弘扬红色革命精神的目的。线上线下共同发力，从营造红色文化的教育空间出发，打造历史和当代相联系的红色旅游场景，通过还原特定的历史空间、营造逼真的历史环境，提升红色文化的可感度，强化思想政治教育的感召效果。

一是打造线下虚拟互动场景。虚拟现实（VR）技术可用于红色文化遗产的数字化呈现，特别是虚实融合的实地展示与体验。充分开发利用当地的抗战历史文化资源、军事文化资源、生态环境资源，将红色革命根据地的实地场景和虚拟历史环境相融合，还原历史进程中重要的会议、战争、工人运动等场面，以视频方式呈现重要历史节点对当今时代的重要意义，虚实融合的场景能够让游客体会到当地独特的革命历史特性和重要地位，打造红色历史文化品牌形象。

二是设计数字展示厅或者云游博物馆。综合运用5G、VR等新一代信息技术,实现生态、文物、抗日战争烈士英雄事迹、革命时期的诗词歌赋等相关红色历史文化资源的数字化展示。对现有抗日战争博物馆、红色文化展馆等文化设施进行升级改造,建设红色文化数字沙盘模型、非遗互动体验节点模型等,系统展示红色文化旅游地的自然风貌、文化历史、红色文化、民间故事等,通过沉浸式演出、沉浸式参观,以演员与游客互动的形式,增强参观者在红色文化教育空间中的体验感。

三是打造"多屏互动"应用场景,实现科技文化联动。增强现实(AR)技术可以在已有实物场景的基础上叠加虚拟景象,从而通过虚实的交互增强真实感与互动感。例如,长辛店留法勤工俭学预备班旧址仍保留着校长室、教学展览室、图书展览室旧时的原样,展馆可以利用AR技术还原旧时上课场景,游客可以选择体验不同课程,扫描展馆里的二维码即可通过手机屏幕看到黑板上出现的文字,重回旧时课堂,利用数字技术增强游客的游玩体验。拓展展馆讲解深度,增加讲解次数,通过播放主题电影、纪录片等影像资料,引入VR、AR等新型体验技术,以及发放抗战历史宣传册等形式让大众深入体会红色革命文化,弘扬中华民族自强不息、抵御外侮的民族精神。

四是打造线上红色文化"云游学"空间。利用视频直播、AI多国语言讲解、触屏互动等功能,开发红色文化旅游地的展览展示模式,加强红色文化教育内容的可视化、可感化建设,利用"云游学"应用的场景搭建,创新红色文旅的游学方式。例如,青年大学习的团课,将真人实地游学和视频讲解相结合,为大学生营造了线上游学的环境。

3. 构建立体化传播策略

卢沟桥国家文化公园作为重大文化惠民工程,其建设和传播主体的角色依旧由政府扮演,但是依旧需要每个公民的参与。因此,政府应充分汇集民智、发动民力,建立群众沟通机制,吸纳民众的宝贵建议,提供更多民众参与建设的途径,从而提高全民参与率,激发公民的"主人翁"意识,更好地促进红色文化传播向前发展。以新媒体技术为依托的大众传播,保证了卢沟桥国家文化公园传统历史、红色革命等文化传播的时效性和规模性，赋予了大众信息接收者和传播者的双重身份，增强了普通群体的传播话语权，从而助推这些红色文化精神向外延伸、对外传播。

微博和微信各有其特点，微博的信息发布呈现"散"的特点，发布内容不受数量限制，可随时随地更新，能够在短时间内以较快的传播速度产生较好的传播效果，卢沟桥国家文化公园可以将微博作为宣传的工具；而微信的信息发布呈现"聚"的特点，发布内容受数量限制，传播速度相对较慢，因此可以将微信公众号作为卢沟桥国家文化公园红色文旅智慧旅游服务平台的控制终端，叠加视频、小程序、VR、AR等功能，为公众提供基础且实用的功能服务。

为此，政府主导下的"双微"平台建设，应在微博平台尽可能多地发布优质内容，从而引起粉丝的关注、阅读、转发、评论和点赞；在微信平台布局官方订阅号、服务号、社群、个人号及小程序，深耕红色文化教育内容，发布内容精良、图文并茂的红色故事和民间传说，做好与受众的互动，从而为公众出游提供便捷服务。应实现"双微"优势互补、协调发展，提供更多民众参与红色文化教育空间共建的途径，进而形成"1+1>2"的联动效应。

此外，应尝试多元化"破圈"路径。"破圈"也是推动红色文旅发展的有效手段。应加强与头部IP合作，开发红色影视作品，助力红色文化游戏和青年热血动漫等产业的发展，实现红色文旅的故事化传播和创新性展示。

五　结论

在政策的引领下，北京市对卢沟桥国家文化公园红色文化资源的数字化保护与开发虽然给予了高度重视，但实际建设仍处于持续推进阶段。根据卢沟桥国家文化公园红色文化资源价值和红色文旅开发现状，经调查分析发现，现阶段存在建设主体多元分散、数字化技术应用程度不高且不成体系、缺乏对红色文化价值的挖掘等诸多数字化开发问题，按照需求主导、安全高效、因地制宜、分步实施的原则推进，提出三阶段数字化开发路径，希望为推进卢沟桥国家文化公园红色文旅开发提供一定的参考。

参考文献

葛雪欢：《北京市文化产业同质化问题的分析与对策研究——以文化与科技融合的视角》，北京化工大学硕士学位论文，2015。

胡喆：《打通文化科技融合"最后一公里"：科技部等六部门印发〈关于促进文化和科技深度融合的指导意见〉》，中央人民政府网站，2019年8月28日。

李瑶：《卢沟桥石狮子建数字档案 游客足不出户就能全方位参观卢沟桥》，《北京日报》2017年7月17日。

刘欢、岳楠、白长虹：《红色旅游情境下情绪唤起对游客认知的影响》，《社会科学家》2018年第3期。

王庆生、明蕊：《长征国家文化公园建设及其国家认同研究：基于文旅融合视角》，《中国软科学》2021年第S01期。

叶鹏：《基于文化与科技融合的我国非物质文化遗产保护机制及实现研究》，武汉大学博士学位论文，2015。

袁世斌、冯钰欣：《文旅融合背景下研学旅游的发展研究》，劳动保障研究会议论文集（十一），2021。

张红艳、马肖飞：《新格局下基于国家认同的红色旅游发展》，《经济问题》2020年第1期。

赵志峰、孙国东、李志伟：《红色旅游社会效应研究——基于认同视角的探讨》，《四川师范大学学报》（社会科学版）2016年第1期。

《住房城乡建设部：加强风景名胜区数字化景区建设》，中央人民政府网站，2010年9月9日。

B.5 虚拟现实产业发展现状及对策研究

——以北京市石景山区为例

史 嘉*

摘　要： 虚拟现实产业是新一代信息技术融合创新的重大前沿技术领域，是"十四五"时期列入"建设数字中国"数字经济的重点领域。石景山区虚拟现实产业在全市乃至全国已经形成了一定的专业特色品牌，但对标北京建设全球数字经济标杆城市的目标要求，在产业规模、头部企业、技术创新引领等方面还存在一定差距，仍需从优质资源要素导入、技术创新、平台建设、政策创新等方面提升专业服务水平和产业生态吸引力。

关键词： 虚拟现实　数字经济　标杆城市　产业生态　石景山区

虚拟现实产业是新一代信息技术融合创新的重大前沿技术领域。世界主要国家和地区已经将发展虚拟现实产业提升到重要战略高度，加快创新突破和产业布局。石景山区作为北京市虚拟现实产业发展高地，在"十三五"时期就已经开始布局虚拟现实和增强现实技术相关产业，近年来依托中关村虚拟现实产业园、新首钢高端产业综合服务区，吸引了一大批虚拟现实产业的优秀企业和创新人才集聚，已初步构建起虚拟现实产业生态。

---

* 史嘉，北京方迪经济发展研究院研究员，主要研究方向为产业经济、区域经济。

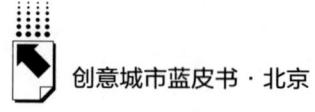

一 全球虚拟现实产业发展特征与趋势

根据工信部的定义，虚拟（增强）现实是指借助近眼显示、感知交互、渲染处理、网络传输和内容制作等新一代信息通信技术，构建身临其境与虚实融合沉浸体验所涉及的产品和服务。大致可以分为三个技术领域：一是虚拟现实（VR），是指利用 VR 设备让用户沉浸在 100%的虚拟世界中；二是增强现实（AR），是将虚拟信息（文字、图像、视频、3D 模型等）叠加到真实环境中；三是混合现实（MR），是指构建一个难以分辨虚拟实体与真实环境边界的虚实融合场景，且在场景中用户能够与虚拟实体实现实时交互。当前，业内普遍将 VR、AR、MR 统称为 XR，泛指利用计算机技术和可穿戴设备创造的虚拟与现实结合的人机交互环境。

（一）产业链图谱

虚拟现实产业链可以分为底层技术、硬件支撑技术、内容制作软件、硬件、内容制作与应用场景等环节。在产业链中，支撑虚拟现实的底层技术与支撑人工智能、大数据、云计算等新一代信息技术的底层技术具有高度共通性，在内容制作软件环节与其他动漫、影视、图形图像设计等产业具有高度共通性。在硬件支撑技术环节，虚拟现实产业对眼动追踪技术、光学显示技术、空间定位技术、动作捕捉技术的系统具有独特的高要求。在硬件环节，虚拟现实设备中有很多硬件可以与其他产业通用，如光场采集设备、全景相机、高性能 3D 摄像头、光学显示屏幕、光学镜片等硬件也可以应用于智能手机、自动驾驶、影视拍摄、房地产等其他产业领域。

当前，虚拟现实产业应用几乎已拓展至所有行业。其中，游戏和影视是相对成熟的领域，每年都有大量 VR 游戏和影视内容上线，如虚拟现实游戏的里程碑之作《半衰期：爱莉克斯》。制造业、医疗和教育被业内认为是近年来最先有规模化应用价值和最具可行性的市场领域，如亮风台基于自身丰富的 AR 跨国制造业生产线装配经验，为宝武钢铁开发了"AR 智能运维系统",通过 AR 智能眼镜即可便捷实现生产设备运维。在房地产、家居、建筑、旅游、零售等其他领域,国内外也均已有实践应用案例。虚拟现实产业链图谱见图1。

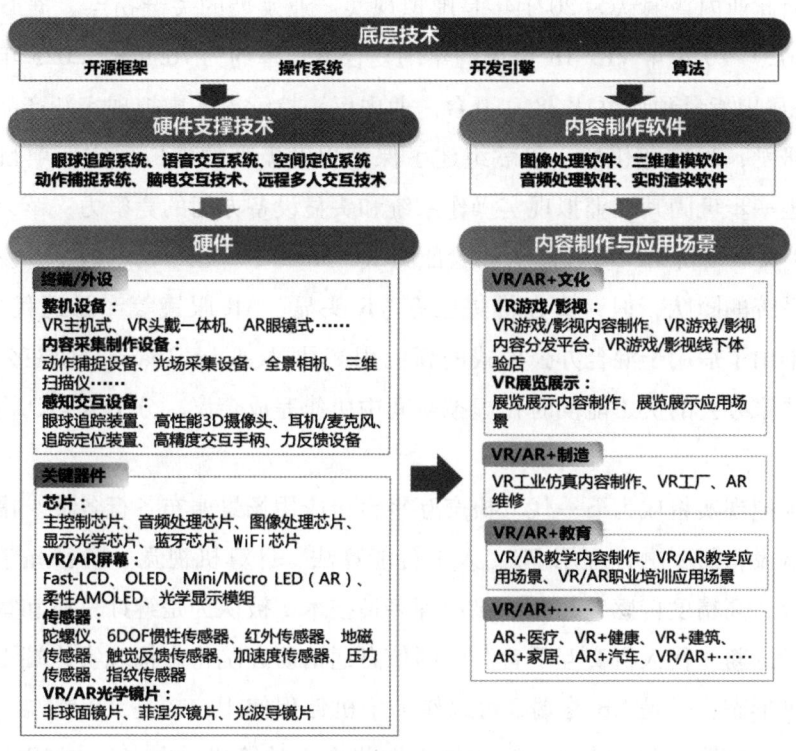

图 1 虚拟现实产业链图谱

(二)全球虚拟现实产业发展趋势

从虚拟现实产业链图谱中可以看出,虚拟现实技术能够有效带动多种"端、边、云、网"技术融合应用,多种技术的不同组合可以被广泛应用于农业、制造业和服务业等不同场景,具有多技术融合、市场潜力巨大、应用场景广泛等特点。

全球虚拟现实产业已进入关键拐点,市场增长潜力巨大。随着 5G、AI、大数据、云计算、4K/8K 超高清显示等新技术的不断成熟和融合应用,以往虚拟现实技术中令人诟病的眩晕、纱窗效应、卡顿等短板问题得以大幅改善。据国际数据公司（IDC）统计，2021年全球VR/AR头显出货量达1123万台，而1000万台是产品步入新阶段的重要起点，意味着产品将进入爬坡期，因此业内普遍认为2021年是虚拟现实产业发展的关键拐点。据IDC预测，2020~2024年VR/AR市场的年均复合增长率约为76.9%，2025年全球VR头显出货量预计可达2860万台。业内巨头持续投入虚拟现实新产品、新技术研发，2022年伊始，谷歌组建了保密程度极高的虚拟现实新项目Iris，旨在进一步巩固其在虚拟现实操作系统和头显设备方面的竞争力；苹果已完成VR头显设备第二阶段的工程验证测试；Meta尽管在年初解散了开发底层操作系统的团队，但一直在推进已有VR头显、AR眼镜等产品迭代更新；微软推出了适用于混合办公模式的新应用产品Mesh for Teams，使在公司办公和居家办公的员工能同时在虚拟空间中协作完成会议、分享方案、讲解产品等。

虚拟现实将成为下一代人机交互平台，应用场景遍布各行各业。虚拟现实终端设备需要融合应用5G、人工智能算法、计算机视觉、精密光学、空间定位、高精度传感、超高清显示等多种技术，被认为是继计算机和智能手机之后的新一代人机交互平台。中国信息通信研究院将虚拟现实终端设备分为三种形态：一是XR终端，可以作为手机伴侣使用；二是AR终端，被视作下一代计算平台，将在一定程度上取代个人计算机设备；三是VR终端，可以作为文娱教育平台，将在一定程度上取代电视/游戏机。未来，随着"端、边、云"（终端、边缘计算、云计算）技术融合水平的提升，以及低时延网络传输、算力基础设施、云存储服务器等新基建的配套布局，VR/AR设备将更加轻量化和便携化，显示时延、分辨率、屏幕刷新率、视场角、实时渲染等指标水平将进一步提升，规模化行业应用也将成为现实。当前，全球科技巨头和细分领域龙头企业都在围绕感知交互和光学显示领域的核心技术加强研发，一旦实现核心技术突破，将会带来产业的爆发式增长，不仅会带动游戏、影视等面向个人消费市场的爆发式增长，而且将赋能制造业、教育、医疗、社交、养老等几乎所有的生产和公共服务领域，有效支撑企业和政府部门实现更广范围的资源配置。

科技巨头企业积极布局全产业链环节，美国企业在业内的领先地位突出。从单个企业的影响力来看，美国的谷歌、Meta、微软、苹果四大科技巨头优势突出，它们通过自研、收购等方式，在底层技术、硬件支撑技术、核心元器件等关系产业链话语权的环节积累了强大的知识产权储备，并通过硬件整机设备搭建起硬件和软件融合应用的产业生态平台，积极构建对全球产业链资源整合的控制力与竞争力。当前，科技巨头企业重点关注对产业链关键技术的研发，硬件设备主要采取代工模式，并搭建 IOS AR App、Windows VR、Oculus Rift 等内容应用平台（与智能手机应用商店类似的 VR/AR 应用程序平台），开展面向消费者和企业的行业应用业务，基本建立起涵盖全产业链环节的产业生态。从产业链环节来看，美国企业的技术和市场优势突出。在底层技术环节，谷歌、Mozilla、V-Ray、Epic 占据绝对优势地位，中国企业仅华为刚起步，尚不具备竞争力；在硬件支撑技术环节，Tobii、Oculus、微软、谷歌处于领先地位；在内容制作软件环节，Adobe、Autodesk、V-Ray 几乎处于行业垄断地位，中国企业在该环节严重缺乏竞争力；在硬件环节，除屏幕、光学镜片领域外，TE、Oculus、高通、英特尔、霍尼韦尔、CEVA 等美国企业的技术优势明显，中国企业产品在精度、灵敏度、稳定度等方面均存在一定差距；在内容制作与应用场景环节，Epic Games、Valve、工业光魔是 VR/AR 游戏和影视领域的灯塔级标杆企业，微软、Meta、GE、霍尼韦尔等企业在 VR/AR+制造业、VR/AR+社交、VR/AR+汽车、VR/AR+医疗等行业应用领域也处于领先地位。

国内企业已基本形成全产业链布局，"北上广"是引领技术创新和应用的产业高地。IDC 报告显示，2020 年中国 VR/AR 市场占全球市场的份额为 38.3%，超越美国、西欧和日本，成为支出规模第一的国家。整体来看，国内企业在虚拟现实产业链底层技术和内容制作软件环节的竞争力较弱，从事底层技术的单位以科研院所和高校为主，掌握底层技术的企业只有华为（操作系统、开发引擎、AR 算法）和百度（AI 算法），大部分企业集中在硬件支撑技术、硬件、内容制作与应用场景环节。珠三角地区、长三角地区和北京均已形成涵盖虚拟现实产业关键核心环节的完整产业链。其中，珠三角地区企业约占全国的四成，具有很强的供应链竞争优势，有华为（底层技术开源平台）和腾讯（游戏分发平台）两大平台型企业，有以3Glasses、亿境、立讯精密等为代表的硬件大厂，有以眼擎科技、光鉴科技、瑞立视、纳德光学、燧光等为代表的关键技术和器件企业，有亿境、中视典、瑞立夫等VR应用型服务企业，特别是VR+制造应用场景资源优势突出，比亚迪、格力、美的、广汽等制造业大厂纷纷利用VR/AR技术助力新产品研发、生产流程优化等，有效提高了生产效率。长三角地区VR/AR产业链也较为完备，有宏达通讯（HTC）、乐相科技（大朋VR）、小蚁科技（全景相机）、和辉光电（AMOLED）等整机设备和关键核心器件供应商，有舜宇光学、水晶光电、视涯技术、蓝特光学等光学硬件大厂，有亮风台、叠境数字、曼恒数字、影创科技等制造业、教育、医疗等行业VR/AR应用解决方案的技术服务型领军企业。北京VR/AR主要依托新一代信息技术产业发展的基础优势，在VR整机设备、硬件支撑技术、内容制作与应用场景环节较具优势，有爱奇艺、小鸟看看、凌宇智控、小米、蚁视科技等整机设备企业，有海康威视、科大讯飞、七鑫易维等硬件支撑技术企业，有京东方、虚拟动点、耐得佳等硬件企业，VR/AR+应用领域主要集中于游戏、影视、教育和医疗领域。

二 石景山区虚拟现实产业发展现状

石景山区是国家级文化和科技融合示范基地，是北京市打造虚拟现实产业集群发展的重点承载区。近年来，石景山区积极打造虚拟现实产业专业特色园，出台了专门的产业支持政策和产业规划，吸引了一批虚拟现实及关联产业知名企业集聚，与业内产业联盟/行业协会等平台型机构建立了对接合作关系，组织举办了中国虚拟现实产学研大会等重大活动，初步构建起虚拟现实产业生态。

一是初步形成全产业链集聚效应，但在底层技术环节存在一定短板。石景山区已聚集耐德佳、虚拟动点、触幻科技、枭龙科技、当红齐天等100余家虚拟现实企业，基本涵盖了硬件、硬件支撑技术、内容制作软件、内容制作与应用场景等全产业链。其中，约八成企业集中在内容制作与应用场景环节，在游戏、影视、教育、健康、旅游、房地产、法律等垂直应用领域具有较强的竞争优势，如当红齐天创建的SoReal品牌已经成为业内最受关注的文化科技国际品牌。硬件环节企业约占10%，在整机设备、内容采集设备方面具有一定基础和优势，如耐德佳在AR智能眼镜光学模组设计研发方面掌握核心关键技术，产品性能指标已达到或超过美国、日本等国家高科技公司相关产品的水平，跻身国际一流增强现实光学模组供应商领域。硬件支撑技术环节企业约占4%，在动作捕捉系统、脑电交互技术领域具有较强的技术竞争优势，如虚拟动点立足光学运动捕捉技术，已成为影视动画、游戏、VR/AR、运动科学、医疗、教育、工业等领域全球领军企业动作捕捉产品与专业化解决方案的主要提供商之一。内容制作软件环节企业约占4%，在三维建模软件、实时渲染软件方面具有一定的产业基础，如国家高新技术企业中科北纬利用大数据、云计算、深度学习等技术自主研发的遥感智能视觉平台，能够提供"一站式"实景三维数据服务。但是，在操作系统、开源框架、算法、芯片等底层技术环节短板突出，尚无企业布局。

二是重点打造虚拟现实市级专业特色园，形成产业集聚重点平台载体。中关村虚拟现实产业园自2017年启动以来，吸引了耐德佳、红色地标、凌宇智控、中国动漫集团等一批虚拟现实企业入驻，航宇荣康、微美云息等企业已成功上市，耐德佳、当红齐天等企业依托自身技术研发优势已成长为细分领域的专精特新企业，还有部分企业连续入选年度中国VR 50强，获得行业重大赛事重要奖项。园区搭建了促进企业创新和交流合作的平台，如文化和旅游部"沉浸式交互动漫文化和旅游部重点实验室"、北京市"工程三维仿真设计工程技术研究中心"、海外院士专家工作站、博士后科研工作站及北京博士后成果转化基地等各类创新平台，为入驻企业链接各类创新创业资源。

三是强化规划引导和政策支持，加快完善产业生态环境。石景山区制定出台促进虚拟现实产业发展的相关支持政策,如《石景山区"十四五"时期虚拟现实产业发展规划》。与虚拟现实产业领域的高端专业平台机构建立良好合作关系,充分发挥平台资源优势导入优质资源要素,如与中国虚拟现实产业联盟建立了良好的战略合作关系,协调对接虚拟现实重大产业项目落地;与中国虚拟现实技术与产业创新平台签订合作协议,共同建设北京市虚拟现实协同创新中心、虚拟现实领域国家重点研发计划项目、虚拟现实产业投融资协作平台。组织举办或参与业内重大活动/赛事,如主办中国虚拟现实创新创业大赛等重大专业赛事,引入青亭网VR/AR产业创新者峰会等行业商业活动,参与中国国际服务贸易交易会、AIIA人工智能开发者大会、中国科幻大会、北京国际电竞创新发展大会等虚拟现实技术紧密关联产业的重大活动。通过各类平台建设和品牌活动举办,石景山区虚拟现实产业发展环境进一步优化,专业品牌形象和行业影响力进一步提升。

四是打造多领域应用场景项目,形成对特色资源的吸引力。虚拟现实是应用性极强的产业,应用场景可以覆盖各行各业。打造应用场景已经成为石景山区吸引虚拟产业领域企业和项目投资的重要抓手。在新消费领域,石景山区有极具工业遗存风貌特色的新首钢园,筒仓、高炉等极具工业风的建筑载体将为虚拟现实技术应用和展示提供独一无二的空间承载,特别是新首钢园还是全国首个科幻产业集聚区,已吸引了不少虚拟现实和科幻产业的企业、机构入驻,能够更好地以虚拟现实技术赋能工业遗存建筑载体,实现科幻IP的沉浸式体验和互动,打造数字技术新消费体验。如当红齐天在1号高炉打造的5G云XR项目,就是一种大型综合沉浸式体验的全新消费模式,获得了第四届"绽放杯"5G应用征集大赛总决赛一等奖,为"5G+XR"商业化应用提供了示范和引领。在教育领域,以红色地标为龙头的VR企业开发形成了党建VR教育、中华优秀传统文化传承VR教育、科学实验VR教学等应用场景。在医疗领域,国家高新技术企业触幻科技融合应用VR/AR技术,自主研发的"图像处理及VR显示操作系统"可用于术前规划及术中引导应用场景,已获得我国首张"VR医疗器械证书"。在智慧城市领域,石景山区与华为联合打造虚拟现实创新中心,通过综合应用5G、大数据、虚拟现实、物联网等技术，构建城市数字底座，联合孵化新技术在智慧应急、智慧政务、经济运行等场景的创新应用，打造全国领先的城市治理创新应用示范。

五是发挥关联产业联动发展优势，初步形成多领域融合互促发展格局。石景山区正在大力发展的虚拟现实、科幻、工业互联网等数字经济细分领域产业之间具有高度的底层技术共通性，与石景山区原有的动漫游戏产业也有高度共通性，具有与5G、人工智能、人机交互、物联网、边缘计算等前沿技术深度融合的特点。企业规模集聚之后产生的创新外溢效应也容易促进这类企业形成合作和互相赋能，有利于催化产生新技术、新产品、新业态、新模式。例如，新首钢园携手红色地标、北京河图共同打造的华为河图版新首钢园平台产品一经推出便成为年轻人争相打卡的"元宇宙中心"，不仅如此，还吸引了一批内容创作、动作捕捉、机器视觉、人工智能等虚拟现实和科幻高度共通技术领域的企业汇聚。

三　石景山区发展虚拟现实产业的对策建议

根据北京市对石景山区发展虚拟现实产业提出的"抓住产业加速发展窗口期，坚持在细分领域做精做强，构建产业生态，打造虚拟现实产业发展高地"的工作要求，对标北京全球数字经济标杆城市建设目标要求，未来石景山区应进一步完善产业生态，增强对各类创新要素和高端主体的吸引力，构建全国领先的虚拟现实融合创新引领区。

一是聚焦重点关键环节，持续引入行业龙头企业和细分领域专精特新企业。不同于珠三角、长三角地区企业能够依托当地强大的制造业基础，石景山区作为北京市中心城区，并不具备"VR+制造"的全产业链布局优势。因此，建议石景山区重点面向行业硬件支撑技术、内容制作软件、内容制作与应用场景环节发力，强化研发创新、设计开发、集成服务等高端高附加值环节，大力引进和培育在行业发展中有话语权的研发创新平台和头部企业，以及在细分技术领域有引领创新能力的专精特新企业。重点吸引三类资源：

第一类是瞄准国内的VR/AR龙头企业，吸引其在石景山区设立企业研发中心、投资中心、销售中心等总部功能机构，如驻区企业耐德佳采取的"北京研发—镇江生产"的总部经济模式就很好地统筹利用了北京的研发资源优势和长三角地区的制造优势；第二类是针对石景山区虚拟现实产业链的硬件支撑技术、内容制作软件等薄弱环节，有针对性地加强资源导入，特别是感知交互、渲染计算、近眼显示、光学显示等VR/AR关键技术和核心零部件领域的科技型企业；第三类是积极对接高校和科研院所等创新资源，引导虚拟现实技术领域的科研团队在石景山区建设研发创新平台，吸引高等级虚拟现实产业创新创业大赛的硬科技获奖项目团队落户石景山区，这类群体是潜在的高成长性科技型企业的重要力量。综观国内外硬科技初创企业成长为独角兽企业/上市企业的案例可以发现，有科研人员参与的创始人团队往往具有较强的技术迭代创新实力和核心竞争力，尽管这类企业在初创阶段的规模很小，企业产生的经济效益不是很高，但这类企业很可能成长为产业链某细分领域不可或缺的关键核心企业。

二是服务企业创新需求，搭建虚拟现实共性技术创新平台。VR/AR属于新兴技术领域，除少数大型龙头企业外，多数企业为中小微企业，对共性技术研发创新平台的现实需求较为急迫。从产业发展基础来看，尽管石景山区已初步吸引了一批企业集聚，但在引领行业创新方面的能力还不强，尤其缺乏面向中小企业共享的技术创新平台。因此，建议从两个方面加强创新平台建设。一方面，对于驻区企业急需的共性技术创新平台，支持采取龙头企业建设运营的共性技术服务平台、科技服务型中小企业联合共建平台、企业与政府共建平台、企业与高校共建平台等多种形式，尽快促进平台实质性落地，根据共性技术服务平台对中小企业研发、测试、验证等服务的质量给予平台运营服务机构一定的支持。例如，虚拟现实产业、科幻产业企业对特效拍摄所需的绿棚都有一定需求，可以依托新首钢园工业遗存建筑，建设1~2个高品质绿棚，出台公共绿棚建设补贴资金支持政策，或者对使用绿棚的企业给予一定费用补贴，这对现阶段石景山区吸引数字拍摄与制作、动作捕捉、超高分辨率摄像头、数字成像与合成、特效制作等领域的科技型企业将会产生积极作用。另一方面，对于驻区企业急需的技术创新服务，协助企业对接中国科学院、北京航空航天大学、北京理工大学等国内虚拟现实技术领域的顶尖人才团队，用好首都科技条件平台、北京市科技创新券、中关村支持创新平台建设等相关政策，支持企业自建或与高校、科研院所联合共建创新平台，对获得重点实验室、企业技术中心、技术创新中心等国家级和市级创新平台认定的，按政策给予相应的资金支持。

三是设立虚拟现实产业引导基金，打造全链条融资服务体系。基于虚拟现实企业规模普遍较小，但技术创新需求强、成本高、回报周期长这一现实情况，构建涵盖"研发创新—产业化—场景应用"的全链条融资服务体系，是解决虚拟现实产业发展融资需求问题的关键举措。要强化针对虚拟现实产业特殊需求的融资服务创新，构建全链条特色化融资服务体系。其一，建议设立石景山区虚拟现实产业引导基金，特别是吸收虚拟现实头部企业，以及在虚拟现实领域具有丰富投资经验的风投机构共同参与，采用市场化投资和退出机制，对虚拟现实初创型企业、高成长性企业进行投资，助力企业快速发展。其二，充分依托北京证券交易所，支持区内符合条件的虚拟现实企业上市融资。其三，引导各类融资担保机构、保险机构等金融机构对虚拟现实科技型中小企业提供金融服务支持，对于市场化融资担保机构、保险机构为石景山区虚拟现实企业提供融资担保、保险服务的，分别给予一定的担保费补贴、保险费补贴。

四是主动对接虚拟现实产业联盟和行业协会，推动各类创新主体融通发展。产业联盟、行业协会等行业组织掌握的企业资源和行业信息比较丰富，要充分发挥这些行业组织促进企业交流合作的桥梁和纽带作用，通过这类平台型机构促进更多资源要素在石景山区集聚发展。进一步加强与中国虚拟现实产业联盟、中关村虚拟现实产业协会以及长三角、珠三角地区虚拟现实产业联盟/行业协会的对接合作，灵活采取线上线下相结合的方式，对石景山区发展虚拟现实产业进行针对性推介，做好招商政策宣传推介、产业园区载体展示，为引入优质企业资源和人才创造更多机会。支持石景山区虚拟现实企业积极加入中国虚拟现实产业联盟等国家级产业联盟，与联盟内成员单位开展产业链和供应链合作；鼓励驻区企业在联盟内牵头发起成立细分技术领域的工作组，牵头组织制定行业标准和技术标准；鼓励驻区企业围绕行业前沿技术研发和应用，牵头组织行业技术交流会、产业链上下游企业互访活动等促进行业交流的活动；鼓励驻区企业联合其他企业成员共同发起虚拟现实技术应用场景建设项目，以应用场景项目为依托促进多技术融合测试和商业化、规模化产品开发。

五是优化完善配套政策，为虚拟现实企业提供精准扶持。石景山区围绕重点发展的"1+3+1"高精尖产业领域，构建了"2+N"政策体系，从企业集聚、行业培育、园区建设、人才引进、要素资源供给等方面制定了相应的政策，已覆盖企业孵化、落户、成长、壮大的全生命周期。未来，一方面，要充分用好石景山区现有的新一代信息技术产业发展专项资金、文化创意产业发展专项资金、科技创新专项资金、中关村石景山园高端产业发展专项资金等各类产业发展专项资金，做好政策宣传推介，鼓励支持区内符合条件的虚拟现实产业领域的企业积极申请各类专项资金，对具有引领性的技术创新项目、行业共性技术创新服务平台建设项目、虚拟现实技术应用场景项目等予以支持。另一方面，要积极争取市级支持，联合出台支持虚拟现实产业高质量发展的政策措施，联合设立专项资金支持石景山区虚拟现实关键核心领域的研发创新以及重大场景应用示范项目，针对虚拟现实产业发展的实际诉求加强政策创新。例如，支持两区建设和中关村先行先试政策中适用于虚拟现实产业领域的政策创新在石景山区同步实施。再如，加大对虚拟现实企业首台（套）产品的资金支持力度，创新支持方式，建议采取"虚拟现实企业+用户"双向支持的方式，既对研发出首台（套）产品的虚拟现实企业给予创新资金奖励，也对购买和使用虚拟现实企业首台（套）产品的企业和用户给予一定的资金补贴，在石景山区内部形成"研发创新—用户反馈—产品迭代"的研发生态圈。

六是加强专业人才团队培养与引进，持续完善人才服务体系。良好的产业生态环境除企业、平台机构、资金、政策等要素外，还需要大量的专业技能人才做支撑。根据企业调研反馈，企业不仅需要能够熟练运用虚幻引擎、

3D建模、图像渲染、动作捕捉等软件的专业技能人才，而且需要制造业、教育、医疗等不同应用领域中掌握一定传感技术、显示技术的多技术融合型人才。继续推进"景贤计划"人才认定工作，引进虚拟现实产业领域的顶尖人才和高层次人才，落实好人才引进的各项配套支持政策。针对专业技能人才培养需求，建议在中关村虚拟现实产业园建设专业的虚拟现实技能人才培训基地，由中关村虚拟现实产业园提供空间载体，委托市场化的虚拟现实技术培训企业负责运营，在培训基地建设绿棚绿箱场地、专业动作捕捉影视棚，配备虚拟现实内容制作软件培训设备等实景培训设施，与驻区企业开展人才培养合作，为驻区企业提供定向式技能人才培训，培育一批企业急需的专业技能人才。针对调研中石景山区虚拟现实中小企业反馈较集中的企业配套服务需求，从中小企业普遍关注的办公场所房租优惠、员工人才公寓、地铁站与办公楼宇之间接驳班车等方面进一步优化、细化支持政策，为企业提供更及时、更便捷的服务。

B.6 沉浸式演艺的数字化传播与市场消费研究

李汝琦*

摘　要： 针对演艺产业当前发展情况，本报告从当代文化艺术市场展开，从沉浸式演艺体验赋能演艺产品、商业模式层面，对演艺体验与人们需求的演变进行研究。从演艺组织的营销手段、艺术与营销融合策略、艺术营销体系构建三个层面进行剖析，并以演艺"云"场景推动演艺传播进行研究，从审美心理定式与观众共同体的构建、"云"场景视域下的演艺体验、场景推动演艺市场的转型等方面进行阐述。

关键词： 艺术营销　沉浸式演艺　数字化传播　观众体验

一　当代演艺产业的数字化传播

（一）演艺产业的商业模式

传统演艺产品（如舞剧、音乐剧、话剧等）多为室内外文艺演出，后来不断创新发展为实景演出、混合演出等多种演艺形态。演艺产品的定位、策划，均是文化创意的过程，也是市场需求的要求，演艺产品源自演出市场的直接需求，包括演艺功能产出的娱乐性、互动性，需要对市场中传统演艺产品增添参与性、体验性元素。沉浸式演艺逐渐成为市场中品牌化项目演出的主流，其经营模式和商业模式也得到了创新发展。

---

* 李汝琦，北京城市学院经济管理学部兼课教师，主要研究方向为新媒体艺术编创、艺术概论与传播。

演艺产业的商业模式需要建设完善的表演艺术链条。从公司运营的角度看，目前几大互联网公司正在打造完整产业链，从前端到后端实现全覆盖。以阿里大文娱板块为例，从最开始的内容生产到后来的游戏等衍生品的开发形成了一条完整的文娱产业链，而产业链一经形成便会产生巨大的经济效益。因此，较好的沉浸式演艺产业更需要丰富的内容 IP 保障体验升级，而不应是演艺业态纷繁光影中的昙花一现。

国内自媒体大约经历了 20 余年的发展历程，目前逐渐进入适应城市化的转型期，包括运用大数据、云计算、区块链等传播与存储技术。关于发展数字化文化消费新场景，北京大学陈少峰认为，数字化与文旅产业的融合，可以实现沉浸式和交互式的旅游体验。通过数字化，传统的文旅企业能够实现"品牌 IP+科技+旅游"的升级。[①] 社交应用软件的信息即时性和网络互动性为人们的沟通提供了便利，让社交平台化成为一个新的维度。社交平台具有深入参与的形式，它促使人们出现在社区等公共场合，参与主题活动，实现了线上报名、线下参与活动的完整过程。这种转换可以概述为网络交互时代下的信息形态，成为参与者意识的技术延伸。

（二）沉浸式演艺有助于提升观众的参与性和体验性

沉浸式演艺作为一个概念，可划分为以下类别：由专业编导编创、演出的艺术性极强的专业演出；由某一族群发起的源自地域文化的民间演出；由少数人创作，面向大众的市场化演艺作品；由某一爱好者共同体发生的参与式演出体验活动。沉浸式演艺具有环境营造、互动性、多感官体验、角色扮演等特征。沉浸式演艺新媒体传播的定位为演艺产业推广，传播的目的为刺激消费、提高上座率，如果传播只能止步于造势的境地，那么这项演艺产业或项目是不具备圈粉能力的，媒介的功能不只是传播，更多地在于提高观众参与、体验的可能性，观众想要的是经历媒介关注—现场观赏—身体力行这样三个阶段，而演艺产业或项目需要的则是现场观赏—身体力行—媒介关注

---

① 林聿：《陈少峰：文化数字化战略促进全产业跨界融合》，腾讯网，2022 年 5 月 27 日。

这样一个过程。增强观众对演艺项目的黏性，可以避免观众转向其他演艺项目。

（三）基于市场价值的沉浸式演艺与空间路径

云演艺是一种全媒体传播体系下的新业态，它是随着现代科技发展而产生的数字产业新业态，是传统演艺的变革升级，也是一种遵循演艺规律的新艺术表达形式。VR、AR、XR等技术给表演艺术领域带来了一系列变革，改变了演艺行业的生态。据中国演出行业协会发布的《2021全国演出市场年度报告》统计，2021年演出市场总体较2020年增长显著。统计分析显示，新空间、沉浸式等新业态热度持续上升。一方面，依托演艺新空间等非标准剧场，话剧、音乐剧、儿童剧等市场涌现出更多沉浸式项目，不少沉浸式演出逐渐形成自有品牌，带动持续消费。另一方面，依托个性化场地，沉浸式演出与剧本杀、密室逃脱等娱乐项目加速融合，沉浸式娱乐演艺、沉浸式旅游演艺受到更多投资者关注。①

沉浸式演艺是舞台艺术与影像、观众体验参与等元素融合的产物，沉浸式演艺突出了叙事环境、营造了现场氛围、辅助了结构叙事，演艺作品的展现受到舞台立体的三维空间限定，而沉浸式演艺在时间和空间上远远超过舞台的界限，直接影响演出的展现效果。

基于舞台编导创意的沉浸式演艺有助于提升观众的互动性和参与性。当代演艺舞台编导容易忽视观众在编创空间中的体验，编导对舞台道具的使用多为大面积空间运用，演员与舞台道具的亲密接触也是与演艺空间进行互动的一种形式。2021年，北京环球影城开园，凭借其7大主题景区、24种演出节目等，成为通州区的吸金之王。2020年，河南建业·华谊兄弟电影小镇成为全国首个沉浸式电影文旅小镇，其以电影主题演艺为品牌，打造集电影文化体验、沉浸式电影场景、电影主题非遗体验于一体的沉浸式电影体验

---

① 《〈2021全国演出市场年度报告〉发布！ 总经济达335.85亿》，城市光网，2022年5月12日。

领地，入选"2020年河南省夜间文旅消费集聚区"。编导审美心理定式是文化共同体与文化身份认同的根基，符合观众审美心理定式的要求，是一个从审美教育到文艺创作的过程。演艺舞台编导应高度重视演艺文化身份策略与空间的融合，这就需要以专业介入开放空间的方式，以参与性编导的身份主动与剧目、演员、观众融合，赋予演艺作品以新空间。相比具有标准观众席的正式大剧场舞台，小剧场舞台更靠近现场观众，在不失音响、影像效果的情况下能够达到新的效果。让观众树立空间移动的意识，如环境实景演出，或者实现身体、语言与演出空间的拓展连接，都需要用三维空间理念进行思考，打破平面舞台的束缚，通过沉浸式演艺作品调动观众的立体观演情绪。

二 艺术营销对沉浸式演艺体验的影响

（一）艺术营销对各类观演空间关系的影响

目前关于艺术营销的研究主题仍相对碎片化，艺术营销的目的不在于告诉艺术家如何创作，而在于将艺术家的作品和创意推介给合适的受众。应了解不同受众群体的需求，以便采用不同策略进行营销。此阶段的实证研究借用市场营销的逻辑，集中于了解受众的购买需求、参与动机和行为习惯。

从当下市场演出看各类观演空间，对沉浸式演艺参与性、体验性较强的场地多是公共空间，城市的街道、广场和公园构成了人类交流的场所。这些动态空间是工作和家庭生活的固定场所、日常活动的基本对应物，为人们提供了活动的渠道、交流的节点，以及玩耍和放松的公共基础。公共空间可以帮助人们满足迫切的需求，塑造并定义和保护重要的人权，更好地传达特殊的文化意义。[1] 观众的感受成为另一种空间。人们的习惯是在自然成长环境中养成的行为方式，受到价值取向、社会文化体系的影响。

---

[1] Rivlin, L. G., Francis, M., Stone, A. M., Carr, S., Stephen, C., *Public Space*, United Kingdom: Cambridge University Press, 1992.

就沉浸式演艺参与性、体验性的可行性而言，可以基于艺术营销的三个策略性视角来分析。①对艺术组织的营销：如何用营销手段经营艺术组织？②与艺术结合的营销：如何将艺术作为营销工作？③对艺术世界的营销：如何构建艺术营销体系？如今，各类市场环境下机构营销渠道已经从传统渠道转为大数据增长渠道，而艺术组织模式也从机械化组织模式衍变为可持续的生态型组织模式。基于艺术营销的三个策略，可持续的生态型组织模式提倡产品多维度、创造性强化，其适应市场的前提条件为该组织的产品、运营模式要具有强大的市场抗压能力，不可因组织内部某位成员退出或某次市场经济危机而导致组织架构坍塌。

1. 对艺术组织的营销

"对艺术组织的营销"是指市场营销在文化组织中的应用，强调将营销作为手段，宣传艺术品，拓展受众。随着艺术营销的发展，人们开始关注营销与艺术机构本身的使命相结合，如从地理分布、人口学分布、心理学、行为习惯等维度分析受众，同时也注重分析受众对机构的满意度、信任度、忠诚度等，以更好地匹配受众和艺术项目，实现机构的使命。

当下，人们的观剧模式与生活模式已经发生了改变，大量新媒体技术的应用、社交媒介的融入，使得演艺产品研究有了新的方向：如何让新媒体成为演艺产品传播的新渠道？例如，作品可以通过数字摄影、剪辑技术等新媒体的形式展现，这也是演艺产品的一种不同视角的表达。在现代市场经济中，演艺产品的发展和传播受到多种因素的综合影响，借由先进的传媒和技术传播手段，对开拓国内外市场、打造演出品牌强国尤为关键。

2. 与艺术结合的营销

"对艺术组织的营销"更注重市场营销理论对艺术营销的影响。一个好的名字、品牌故事都是艺术营销策划中情感思维的具体表现。"与艺术结合的营销"是对第一种视角的补充，重视艺术和营销的交互影响，即艺术市场的独特性，反过来也充实了市场营销理论。第一，将艺术作为营销工具。与艺术家的合作成为商品营销的亮点，如2022年2月在深圳人才公园闭幕的LOUIS VUITTON &展览便呈现了该品牌160多年来与艺术家合作的历程。

一些实证研究也表明，除了视觉艺术，音乐的选用等都可能影响顾客的购买动力。塑造情感价值是营销手段中的差异化方法，通过艺术融入，商家可以营造奢华、高贵的氛围，提升顾客对商品的价值判断，如明星式艺术家安迪·沃霍尔自画像的营销之道。第二，从艺术市场获得启发，丰富营销理论。这主要体现在品牌建立方面。在艺术界，艺术家个体也可以是一个品牌。通过研究艺术家、艺术机构品牌建立的案例，可以丰富市场营销理论。演艺产品编导可以借助多种语言的动态融合手段，将观众的视觉很自然地导入另一个空间。

3. 对艺术世界的营销

1964年，美国哲学家、艺术批评家阿瑟·丹托在《艺术世界》一文中提出了"艺术世界"（Art World）的概念，认为区分寻常物和艺术品，需要表象之外的因素，包括艺术理论、艺术史的知识等。[①] 艺术可以给市场营销带来启发，丹托关注艺术本身的美学、创意、符号价值等，而艺术营销的社会学架构源于艺术营销的社会学解读，同时关注艺术的社会影响力、艺术品价值的构建机制，认为艺术营销应基于社会文化背景。1984年，美国社会学家贝克尔延续了"艺术世界"的讨论，认为艺术品的诞生不仅取决于艺术家本人，而且归功于将艺术品引介给社会公众的宣传，艺术品的价值取决于艺术世界中各方的共识。[②]

演出品牌建设和新中介的出现，成为当代演艺市场的两个重要趋势。相较于其他市场，当代艺术市场中个人品牌的例子最为常见。文化机构也在通过树立品牌形象，吸引更多受众。此外，知名收藏家个体也是品牌，他们的购买、收藏偏好与艺术家的品牌声誉相挂钩。也就是说，创作者、代理人、收藏家、展示场馆等都会影响艺术品的价值。因此，当代艺术市场营销的研究更关注品牌建设，而品牌的建设过程一般需要各中介机构的宣传与推介。

---

① 〔美〕阿瑟·丹托：《艺术世界》，王春辰译，《外国美学》2012年第1期。
② 周计武：《论贝克尔的艺术界——艺术实践的惯例、协商与分配体制》，《福建论坛》（人文社会科学版）2019年第10期。

（二）新媒体传播与演艺作品的推广

《2021全国演出市场年度报告》显示，全国演出市场IP运营、跨界联合受到人们更多的关注，2022年也将有更多机构关注演艺IP的价值外延，即以"演艺+展览"、文创、高清放映、出版物，以及与商业机构、制造企业联名打造衍生产品等多种方式，拉动文化消费升级。① 针对新媒体传播与演艺作品的推广，本报告从播放平台创新、观看方式创新两个层面进行分析。①播放平台创新层面。各类网络综艺、短视频综艺的相继出现不断丰富播放平台的展现形式。如快手平台推出由岳云鹏、孙越共同参与的短视频综艺《岳努力越幸运》，这是利用平台极强的交互性，以演员亲切聊天的形式完成演出。②观看方式创新层面。VR戏剧是演出中观众观看方式的一种创新，VR戏剧能够让观众在任何地点实现沉浸式体验。然而，VR戏剧也面临一些问题，目前的技术还没有解决人体极限问题，如人们持续佩戴VR眼镜后会出现眩晕的感觉。

新媒体传播与演艺作品的推广应借助线上社群互动功能，逐步满足年轻人通过网络寻找社群社交的需要。文化场馆、机构应当建立自己的网络平台，实现线上艺术资源的互动。文化和旅游部在官方网站开通了诸如主题晚会、各类剧场剧目等"在线剧院"频道。提供网上艺术资源的模式集合了讨论艺术、观看艺术、学习艺术、创造艺术等多种交互功能，展现出接触艺术形式的多样化。国家大剧院提供院藏剧目"云展播"，为合作院校学生提供剧院线上演出欣赏等丰富的在线资源。2022年5月，国家大剧院官方网站直播频道推出芭蕾舞与现代舞集合的线上演出，该演出汇集了北京国际芭蕾舞暨编舞比赛前五届获奖选手的作品，《天鹅湖》《吉赛尔》《堂吉诃德》《斯巴达克斯》《茶花女》《胡桃夹子》《古典大双人舞》等经典剧目片段都在线上进行了表演。国家大剧院自2020年4月开始线上演出，两年共演出

---

① 《〈2021全国演出市场年度报告〉发布！ 总经济达335.85亿》，城市光网，2022年5月12日。

121场，累计播出超过1.2万分钟。国家京剧院演出的《龙凤呈祥》尝试线上付费直播，2022年春节档线上演播累计售票71085张，实现收入112.27万元。2022年6月12日北京人艺院庆日当天，《茶馆》首次进行8K录制并实时直播，实现线上线下观众同步收看。2022年11月，青岛演艺集团"文化芯云播"微信小程序推出《誓言》《崂山道士》《看上去很美》《春闺梦》《对花枪》《我是喔哈哈》《小红帽》等各剧种线上展播活动。线上付费收看直播演出是一种长期的趋势，"云演艺"应提高内容的品质，可以通过先进的技术手段给观众带来更好的视听体验。

三　沉浸式演艺的数字化传播与参与

（一）场景推动沉浸式演艺市场转型发展

通过场景来推动沉浸式演艺市场转型发展，是一种沉浸式演艺"互联网+"的创业生态营建，不仅涉及线上流量、种类、互动性，而且涉及线下地域、即时性、体验、服务。沉浸式演艺在不同文旅场景中的应用较广泛，主要通过全息投影技术来实现，如中国大运河博物馆"知识展示+密室逃脱"互动体验，以及北京751园区、山西文旅数字体验馆、江苏中华恐龙园旅游度假区等。

（二）沉浸式演艺的线上传播

综观演艺市场在我国的发展历程，观众上座率始终是一个难题。演艺市场应严守成本底线，才可以促使产品的收益没有上限。2022年5月15日，上海话剧艺术中心微信公众号所做的"线上戏剧播映观众问卷调查"结果显示，76.49%的观众能够接受30元及以下的票价，12.87%的观众能够接受31~50元的票价，1.68%的观众能够接受200元以上的票价。从免费到付费，如何让观众为在线演艺节目付费？传播形式、运营基础是艺术媒介传播的外在与助推，具体到真实用户，应注重用户接受参与式传播的路径。目前已有沉浸式演艺作品获得线上票房业绩，如上海大剧院推出线上沉浸式互动戏剧《福尔摩斯探案：血色生日》，该剧通过设置多样化的线上沉浸式体验，实现了真人演员（NPC）实时互动。该作品力求让观众在真人演员的带领下走进维多利亚时代的伦敦，演出集搜证、推理、解密、角色扮演等多重体验于一体，打破了人们对戏剧表演的固化认知，开票数日便达到近30%的场次观众订单。

2020年11月，文化和旅游部发布《关于推动数字文化产业高质量发展的意见》，明确指出要培育云演艺业态，推动5G+4K/8K超高清技术在演艺产业中的应用，建设在线剧院、数字剧场，引领全球演艺产业发展变革方向。积极探索"云演艺"，将线下内容线上化、定制化。剧场、演艺团体、艺人纷纷借助互联网将演出从剧场、音乐厅、体育场搬到了网络上。如舞剧《永不消逝的电波》曾在文化和旅游部官网在线展演；高艳津子用抖音号将北京现代舞团的经典剧目《三更雨·愿》以直播的方式呈现；杨丽萍的生肖系列舞蹈艺术片《虎啸图》在优酷视频与爱奇艺纪录片频道上线。以线上明星演唱会为例，2022年5月20日和21日，周杰伦的两场线上演唱会重映，百事可乐为这两场重映独家冠名，引起了较大反响，成为标杆式的在线演唱会运作案例。从以下数据便可以看出线上演艺与人们的情感关联逐渐增强：全网预约人数为2000余万人；总观看量近1亿人次；有100余条微博热搜；全网总阅读量破50亿人次。除此之外，刘德华、罗大佑、崔健、孙燕姿、五月天、西城男孩等明星也举办了线上演唱会，吸引人们线上观看，并引起热议。其中，崔健的演唱会在微信视频号直播间播出，用户通过购买微信豆，转化为礼物进行打赏，该线上演唱会也获得了赞助商的赞助。西城男孩在微信视频号直播演唱会，累计观看人数超2700万人次，最高同时在线人数达150万人次。观众观看演出不再受到固定场地、时间、门票数量的限制，形成了线上线下多渠道互补的态势。人们为此花了钱，获得了精神上的享受，这本身也是观众的一种"收益"。

"云演艺"演出具有一定的品牌效应，从作品主打的怀旧层面看，这些"云演艺"演出带给人们的更多是感动。这些"云演艺"演出拥有超级IP

的品牌概念，其观众具有很强的黏性。观众是发自内心地热爱这些剧目和工作室品牌的，观众的拥护是这个演出品牌拥有长久创造力的保障。"云演艺"演出的跨界性体现在多元文化背景的融合上，"云演艺"演出着力要解决的问题如下：一是建构媒介传播的创新生态系统；二是以创新生态系统建构为导向，形成参与式媒介传播机制。而以互联网为媒介，实质上是一个市场能否接受的问题，即这个市场中的人到底愿不愿意做某个"云演艺"演出的忠实观众。因此，演出团体在创作与传播层面，应通过作品让观众克服各种观演障碍，让演出作品带给观众享受。

B.7
文化创新视域下北京市典型文化项目实践研究

颜 煌*

摘　要： 城市特色文化项目具有当地传统文化的历史文化价值，政府将地方特色文化以市场文化参与、消费的形式带给当地居民，保障了居民对文化"可接触"的权利，即政府应将地方特色文化带给大众，形成社区文化受众拓展机制。本报告着重以"艺术乡建"、文艺机构的文化项目、北京惠民文化消费季等为个案，从文化创新视角切入消费问题的现实层面，对当下北京市典型文化项目的活动区域、项目特色进行研究，关注城市文化的发展。

关键词： 文化创新　典型文化项目　文化实践

一　当下北京市文化政策的新发展

（一）有利于北京市人文环境改善的政策

2020年4月，中共北京市委印发的《关于新时代繁荣兴盛首都文化的意见》指出，要提升公共文化服务水平，完善全覆盖、高品质的市、区、街道（乡镇）、社区（村）四级公共文化服务体系。强化国家地标性文化设

---

* 颜煌，博士，北京城市学院经济管理学部讲师，主要研究方向为文化产业、文化经纪、文化市场营销。

施影响力，健全区域性公共文化设施体系。优化博物馆、文化馆、图书馆、美术馆、影剧院、实体书店等文化设施的布局，融合贯通新时代文明实践中心、区级融媒体中心、区级政务服务中心。办好各类品牌性文化活动和市民系列文化活动，构建首都文化服务品牌体系。对于参与式文化项目实践而言，政府政策对群众文化的推广起到了至关重要的作用，而政府提倡建设各类品牌性文化活动也说明参与式文化项目实践的可行性。

2015年12月20日，习近平总书记在中央城市工作会议上指出，在共建共享的过程中，城市政府应该从"划桨人"转变为"掌舵人"，同市场、企业、市民一起管理城市事务、承担社会责任。文化政策应充分尊重社会文化的多元化与实践参与主体的兴趣，社会主体融入文化本身就是为了避开人被物质所"束缚"的场景。这种场景的营造建立在良性市场基础之上，这种消费者涵养的模式富含内生循环特征，如消费挖掘、参与储备、消费市场培育、消费模式升级。

为持续提升北京市典型文化项目的影响力，应坚持社会效益优先，社会效益和经济效益相统一，健全文化市场体系，不断增强文化产业对"双循环"新发展格局的支撑作用。政府政策、文化市场可以推动一个城市文化资源的共享化，随着参与者交流、实践的日益频繁，参与式文化项目实践也会发生变化，参与者需求会影响创意主题的策划，不同要素之间会产生相互作用。以北京市文化专项资金资助政策为例，文化项目可申请资金有中央财政文化产业发展专项资金、国家艺术基金、国家文化产业创新实验区发展专项资金、北京市文化创意产业发展专项资金、北京市各区县文化产业发展专项资金等。地方传统文化能够为现代文化服务体系提供丰富的文化资源：①传统文化可丰富公共文化的产品内涵；②传统文化可拓展公共文化的空间；③传承传统文化可引导社会力量参与；④地方传统特色文化可为公共文化打造品牌。[①] 从文化消费层面看，《中国文化及相关产业统计年鉴2021》数据显示，2016~2020年，我国居民人均文化娱乐消费支出占总消费支出的

---

① 张强：《文化馆与公共文化服务论》，西南交通大学出版社，2018，第5~6页。

比重由4.7%降至2.7%（受疫情影响下统计），扩大文化消费任重道远。《中华人民共和国2021年国民经济和社会发展统计公报》数据显示，2021年国内游客数量、国内旅游收入明显增长。2021年，北京等地深入开展文化、旅游消费试点示范工作，如建设夜间文化和旅游消费集聚区、开展消费季活动、发放消费券等。

（二）文化创新政策对文化市场的影响

注重政策系统创新，打造全链条政策闭环，政府应服务不同类型文化企业发展。社会公共事务的整体性治理有三个层面的关系论，也是公共行政学领域整体性治理的范式。一是治理功能的整合，主要表现为政府职能部门的整合和职权的整合；二是治理层级的整合，如中央和地方机关的整合；三是政府和社会组织的相互支撑、多元兼容，形成政府和社会共治的合作伙伴关系。① 我国公共文化政策改革已经进入结构性调整期，本报告根据近年来北京市参与式文化项目实践发展情况，参考张晓林的研究②，在实践中逐步建构了推动文化创新的"3O模式"（见图1），倡导为市民提供一个开放的资源共享空间理念。该模式应用范围为依托剧院、艺术中心、艺术院校的优质公共文化服务、公共艺术教育项目，构建符合文化场馆等各级、各类型设施发展规律的文化管理优化系统，带动城乡一体化的协同文化服务实践。

在"3O模式"的基础上，本报告将其提升至文化创新"3E模式"，前者重视文化的开放性，后者重视文化的参与性。"3E模式"的第一个层面，大众参与（Engagement）——没有市民参与的文化市场活动是"松散"的。通过数据来衡量、了解居民的实际参与度可以发现，人们对美的鉴赏能力在不断提升，从而使居民可以更好地体验活动。"3E模式"的第二个层面，大众娱乐（Entertainment）——作为展示、分享的对象，市民普通的生活也可以上升到审美层次。"3E模式"的第三个层面，大众启蒙（Enlightenment）——参

---

① 王敬波：《面向整体政府的改革与行政主体理论的重塑》，《中国社会科学》2020年第7期。
② 张晓林：《开放获取、开放知识、开放创新推动开放知识服务模式——3O会聚与研究图书馆范式再转变》，《现代图书情报技术》2013年第2期。

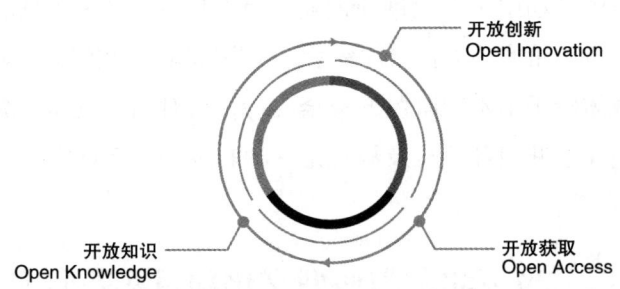

图1　推动文化创新的"3O模式"

注：笔者绘制。

与式文化项目实践通过一些渠道会对整体参与市民产生影响。文化治理需要为群众文化信息获取、群众文化活动开展、群众文化服务做好工作。城市文化消费市场具有近距离、高频次、易获取等特点，与上述"3O模式"相仿，体现出城市文化消费市场以人为本的原则。例如，2022年1~2月，在北京市市属公园创收中，颐和园京东大礼包在线销售收入占全市市属公园的85%，头部效应显著。颐和园文化根基是中国古代皇家传统，在社会范围内具有较高普及度。颐和园文创品牌占据较大的市场份额，受到了人们的关注。类似文创产品均杜绝盲目跟风，力求从自身文化题材、历史故事中进行挖掘，避免了同质化现象。在互联网时代，颐和园文创产品的推出让更多的文创人才加入文创场景的打造中。

2020年7月，习近平总书记在企业家座谈会上的讲话中提出"承担社会责任""拓展国际视野"等新希望。近年来，北京市政府对各区众创空间均出台了明确的支持政策，如海淀区出台了《海淀区优化创新生态环境支持办法》《中关村科技园区海淀园打造科技资源支撑型特色载体推动中小企业创新创业升级专项资金管理办法》；朝阳区出台了《朝阳区科技创新孵化和平台系统建设项目申报指南》；通州区出台了《北京市通州区人民政府办公室关于加快众创空间发展服务实体经济转型升级的实施意见》；石景山区出台了《石景山区促进应用场景建设加快创新发展支持办法》《中关村科技园区石景山园加快创新发展的支持办法》；顺义区出台了《顺义区打造大中小融通特色载体推动中小企业创新创业升级专项资金实施办法》《顺义区创业摇篮计划支持政策实施办法》；等等。这些政策均对各区域众创空间、园区创新创业载体给予了不同阶段的资金支持，这对国家级和市级小企业创业基地、中小企业公共服务平台及孵化是一种有效的政策认定。

二 当下北京市典型文化项目实践研究

（一）乡村振兴政策下"艺术乡建"创新实践策略

2021年，城乡区域协调发展，经济布局不断优化。2022年1月30日至2月25日，人民网开展第21次全国两会调查，"乡村振兴"上榜热词，聚焦民众期待。全国人大代表、四川省苍溪县白驿镇岫云村党支部书记李君建议因地制宜出台惠农政策，鼓励年轻人返乡创业。同时，还要为年轻人营造良好的创业环境。

2021年，《中华人民共和国乡村振兴促进法》首次将"中国农民丰收节"写入国家法纲总则。这类节事活动的确立是国家推动乡村振兴社会实践的持续行为，文创企业、艺术家等以社会力量介入"艺术乡建"实践，有利于乡村艺术节文化层面策划、执行的创新。"艺术乡建"类实践活动迭代创新的主要外力动因是政策拉动、观念输入、经济驱动。在"互联网+"与"三农"智库的时代背景下，政府通过政策支持，为文创企业、艺术家"艺术乡建"项目赋能。此外，高校师生同样可以作为"艺术乡建"项目制的实施主体，如北京大学向勇教授与学生共同发起的"白马花田营造社"项目。"艺术乡建"项目领域类型具有多样化特征，有利于从实践领域促进乡村市场经济的发展。在"艺术乡建"市场经济层面，市场化不仅仅是项目的品牌，还包括项目产生影响的口碑，要做到让每位消费者不仅了解项目的实践情况，而且能够主动参与、爱上这些项目，愿意为其消费。对各类别文化项目，需要不断打磨其产品的在地性，吸引更多的人前来消费，不应仅仅通过各种推广让人们知晓品牌，还应当解决人们的实际生活问题。

2022年4月，文化和旅游部等六部门联合印发《关于推动文化产业赋能乡村振兴的意见》，将文化产业赋能乡村振兴纳入全面推进乡村振兴战略的整体格局。2020年起，北京建筑大学、北京北建大建筑设计研究院有限公司、中国农业科学院蔬菜花卉研究所联合团队与北京市密云区冯家峪镇合作，探索出"中国长城+中华蜂蜜"——"特色文化+特色产业"的乡村振兴之路，形成冯家峪"一带一环三区"镇域发展格局，包括边关文化体验区、精品民宿体验区、中华蜂康养休闲区，构建"养殖—初加工—体验"融合产业、文旅结合体系。按照一般规律，"艺术乡建"的产品模式为"文创+文旅"。一是开拓文创市场，深挖农民文艺内涵，与相关企事业单位合作，开发出一系列工艺品、纺织品、文创衍生品，将劳动密集型产业转化为创意驱动型产业；二是发展乡村文旅，建设一批文旅目的地，村民们也纷纷开办了民宿、农家乐、农业采摘等配套业态，真正实现了农产品经济化，推动农业、农村现代化。

（二）北京市典型文化项目实践代表性案例研究

典型社区公共空间共生性可能的构成主体是政府及社会力量。通过组织各类文化活动、文艺创新，拓展民众文化参与渠道。相关技艺、管理方式可以从一个团队手里"传承"至另一个团队手里，相关资源也可以从一个时期"转移"至另一个时期，这体现出人的主观能动性。政府应注重平行管理思路，遵循开放创新原则，逐步实现城镇文化艺术发展的公共化、公民化、社会化。政府应当丰富社会力量参与方式，社会力量应当通过政府购买服务、慈善援助、志愿服务和社会工作等方式参与到社区文化建设中。一方面，社会力量参与方式多样化有利于城镇文化资源的整合；另一方面，越来越多的民众也会走进城镇文化场馆。社区文化理念与实践的推动是未来社区文化发展的一个重要方向，也是目前各级政府、各类文化机构对社区文化、文化场馆进行考评的重要标准。中国人民大学文化产业研究院发布的"2021中国省市文化产业发展指数"显示，2021年，北京文化产业发展的市场驱动力、公共支持力和创新持续力指数居第二位。截至2021年末，北京市文化企业商标数超过82万个,文化新业态企业超过15万家,远远多于其他省份。

从长远发展看,多主体参与的社会力量有利于文化资源的重构,其作用体现在项目资源匹配、参与者融入层面。以文化产业园区运营为例,由于各商家项目领域类型丰富,参观者可以看到元素较多的艺术展览,从而产生更多的文化消费,有利于文化产业生态的良性发展。以首创朗园Station为例,脱胎于北京纺织仓库的朗园,力图将一个以货物为中心的仓储库区改造成以人为中心的国际文化交流园区。朗园的不同产品和园区,既有差异化的定位,也有共同的坚持。文化产业园区能够为文化艺术内容的生产、传播、消费建构更广阔、生动、立体的空间场景。朗园一期的设计理念围绕站台展开,由6个2000平方米的仓库组成,其中有两个定位为剧场中心与图书馆,一个是涵盖戏剧、音乐、电影、活动等的综合性文娱活动空间,而另一个则是以书为主题延展开的多功能文化生活空间。

北京市朝阳区文化馆是文化市场下社区文化活动组织的实践,具有一定的示范与参考价值。以北京市朝阳区文化馆为例,自1996年起,徐伟馆长便进行了一系列改革,将文化馆从全额拨款单位转为差额拨款单位。[①] 北京市朝阳区文化馆在融通创新、工程师思维和工具箱手段创造等方面成为典范,"朝阳经验"不仅为北京市各区县的实践提供了有力的借鉴,而且成为全国文化馆系统学习的榜样。城镇文化场馆的各类项目极具实践创新性,此类项目能够满足人们生活中的实际需求,因此人们愿意为此付出时间和金钱。单纯的市场化模仿不是文化类项目市场化的依据,因为每个成功的文化产品背后都有其成熟的供应链、人才体系做支撑,这些项目支撑环节共同构成了良性的文化生态循环体系,有利于文化的产业化发展。

逐渐让民众从生活动手的劳动阶段转向创意开发空间的分享阶段,这是

[①] "文化馆的理念就是用文化的方式去推动社会治理创新,影响百姓对生活的态度、对爱与互助的认识。"徐伟馆长如是说。

文化的一种创造。在社区文化活动实践下，应当不断将实践成果放入"社区文化工具箱"中，形成公共文化服务的总源；处于中间位置的"社区工程师"是"社区文化工具箱"的策划者、管理者，是社区治理中的规划师，是不断推广社区文化的人；"社区文化项目"则是其中的媒介，参与式社区文化实践是以项目制的方式投放进驻社区的，有助于进行完整的项目实施与评估（见图2）。

图2 处于中间位置的"社区工程师"

资料来源：笔者根据实践关系绘制。

这种合作方式的运营模式是文化场馆直接进驻社区，请居民代表来开听证会，征集居民意见，选择合适的文化活动策划方案，确保文化活动的社会效应。此合作方式的运营资金来源多样，各类型文化场馆组织的社区文化活动以实践项目为基础，模式多样：有的是受政府委托给予一定的资金支持；有的是项目经理去找社区合作；有的是受政府委托在指定社区尝试；有的则体现出社区商业化的属性，在文化场馆植入有效的文化样本。2022年，各地级美术馆均通过拓展各种服务项目深化民间文化艺术活动。社区工程师是社区活动立项、组织的核心，是活动组织的推动者、项目质量的把控者。从"社区文化工具箱"到"社区工程师"，应当逐步强调平行管理思路，遵循开放创新原则。

2017年10月，北京市发展和改革委员会发布《关于城市公共空间改造提升示范工程试点工作方案》。2020年6月，西城区启动了东西岔胡同保护更新工作。"白塔寺街区会客厅"是北京市西城区的一个创新项目，依托"白塔寺再生计划"的复兴理念，以政府为主导，社会面多方主体参与建设。该地区的社区经典品牌活动有旧物改造、人文环境营造、街区传统风貌再生计划示范等，共同构成一个社区的文化空间，在一定范围内形成影响力。2020~2021年，"白塔寺再生计划"推出具体的"暖城行动"，旨在还原北京老城胡同文化。这片预算超低的小空地甚至成为当地居民口耳相传的新晋地标，以政府主导、企业示范、社会力量参与、地区居民分享的模式，为公共环境再造、文化触媒创造基础。社区场景有较多分类，类似"白塔寺街区会客厅"以及朝阳区文化馆的社区文化活动项目都具备了场景元素，这些基本元素是"镶嵌"在一起的场景组合，这个场景组合的公共性、创新性、娱乐性对于参与者或感兴趣的人来说是可以获得的，具有社区的开放性。

社区文化实践的主体模式应当建立在社区和参与者之间，运用"半成品思维"，充分利用群体的动力或动能，产生激发互动效果。参与者的体验感是可以传递的，应当打通社区与居民的边界，让居民作为参与者共同创作。项目制的民营化、大众化丰富了社区文娱活动，降低了数字与科技融入的成本，各类型文化场景的打造借助市场的力量造福每个人。优质的文娱活动自古以来就有，这也是人们生产力和生产效率提升的表现。优质的文娱活动以高效的方式满足人们的需求，人们因为喜好而去参与各类文娱活动，在各类型文化场景中尽情体验，这种体验满足了人们的归属感和自我实现等情感需求。因此，各类型文娱活动逐渐有了IP属性，这些IP属性在民众中具有无限的信任度。这种信任度的传递依赖于民众，从而使文娱活动品牌得到广泛传播。

三 基于文化场景创新的典型文化项目实践

（一）场景理论产生的社会背景

消费市场存在各种新的机会，其本质在于是否优雅地解决了一个社会需求或问题，即人民群众追求美好生活的初衷，需要找到一个合适的抓手。场景理论是在城市经济社会发展背景下产生的关于城市发展的理论，场景理论应用于社区文化分析时，可以从设施、活动赋予文化意涵的角度出发，将某类文化活动从创意阶段转变为具有操作性的实践阶段，这与地区发展、文化消费市场有很大的关联。

吴军和叶裕民提出了"消费场景"的理念，认为组成文化消费场景的核心元素是以消费为导向的舒适性设施、服务和活动。消费场景能够给人们带来愉悦的体验，当公众作为文化消费场景中的消费者时，他们会对消费空间的美学品质产生更高的要求。[①] 文化消费场景理论是关于场景及其对城市发展作用的理论。随着经济社会的发展，公众对美好生活空间品质的需求越来越明显，文化消费场景营造越来越重要。例如，场景可以建立在以往实践情境效应、本土研究的基础上，从场景理论所蕴含的价值框架来看，可以对共享场景所蕴含的意义进行说明。2022年5月，中共中央办公厅、国务院办公厅印发《关于推进实施国家文化数字化战略的意见》，文化产业成为推进数字经济发展、推动数字中国建设的重要组成部分。文化实践项目的基础是传统文化，随着时代的发展，不断注入新的需求，如个体的主体性与城市文化产业的发展，这体现出实践的基础与时代的发展是相互促进的。场景理论从文化的角度为中国城市转型和高质量发展提供了动力分析框架。提升城市活力和吸引力的密码隐藏在丰富多彩、形态各异的文化场景中，营造文化场景是实现城市新旧动能转换、转型升级的重要抓手。通过打造不同的文化消费场景，可以让公众更加愿意参与体验。例如，汪妍在对数字文化旅游融合发展研究的基础上，总结出中国数字文化旅游在发展过程中形成了互动体验场景、夜间视觉场景和出行应用场景。其中，夜间视觉场景将灯光和色彩相结合，形成极具视觉冲击力的画面，更加强调场景呈现，使三维影像呈现于体积较大的建筑物中，给观者带来不同的观感体验。该场景主要运用于城市夜间的重大活动（如光影秀、主题乐园、旅游演出等），以及文化建筑物（如地标建筑、文创园区和特色小镇等）中，通过大面积、多色彩的灯光设计来表现内容，形成丰

---

① 吴军、叶裕民：《消费场景：一种城市发展的新动能》，《城市发展研究》2020年第11期。

富的夜景灯光环境。①

跳出门票经济思维，旅游文创成为城市旅游景区的重要盈利点。北京市推出"漫步北京""北京礼物""畅游京郊""最美乡村民宿"等一系列文旅精品，融合发展成为北京文化旅游的鲜明特征。北京市文创街区、文化消费场景的打造需要从城市文创设计、运营模式方面进行应用探索，以城市参与人的需求为导向，发挥文创产品的创意与凝聚功能。①稳定的合作模式。以娱乐体验为目标，注重文创街区持续的生产、经营和传播，充分发挥文创街区、体验营销的通道作用。②智能驱动的营销策略。采取独特的营销策略，将人流与商家联系起来，拓展营收渠道，维护品牌形象，将文化参与流量变成实实在在的经济效益和社会效益。要学会在那些不合理的场景中寻找积极因素，并思考能否运用其他方法来产生积极的效果；要找到一个可能的情境（如身边的人、地点、时间）以使场景产生意义，继而完善场景，直到它适合那个情境为止。

（二）北京市典型文化季、艺术节的场景创建

北京市典型文化项目实践应具备文化本身的可持续性，包括市场组织机制的建立，逐渐消解不适应在地文化的部分。从传播的角度来看，参与者是媒介的一部分，参与者是传播的一个"节点"，这个"节点"的意义是参与者在"接收"信息的同时也在"发送"信息。从收到信息与产生行为结果层面来看，在社会环境中，人们的行为会受到教育、文化熏陶的影响，同时还会因彼此之间的影响而不断趋近。人们认为的娱乐身心的行为总是表现在生活中，同样，愉悦自我的行为也会体现在工作的某种特定方式中。将这类人群的行为予以放大，同一类行为习惯、同一类人群中绝大部分参与者的实践也会有风格、选择上的相似性。关于环境与参与者的关系，类似于文化资本的转移，社会文化空间可以使参与者在不同场景下具有相似的习惯，从而

---

① 汪妍：《基于场景理论的数字文化旅游融合发展研究》，《北京航空航天大学学报》（社会科学版）2022年第4期。

产生类似的行为，这种相似同样适用于特定场景下的人群。

场景理论的核心是空间品质塑造社会生活，在日常生活中，某个文化场景的实质是行为主体在某个具体的空间中搭建了一个具有文化氛围的现场，这些现场不断吸引消费者驻足、参与。如果从理论角度探讨当代文化空间的内部与外部关系，也需要探知当前城市文化空间、文化生态的结合规律；在实践层面，需要从宏观上关注文化场馆的社会服务使命。习近平总书记在党的十九大报告中指出，要完善公共文化服务体系，深入实施文化惠民工程，丰富群众性文化活动。这是在政府引导下开展公共文化服务。北京在文化空间、文化消费人群层面具有较大优势，如在文化生产与供给方面，北京多个指标位列榜首，公共文化设施较为齐全，对于非公共文化设施的建设，北京市政府给予优惠政策。

除了供给层面，北京市政府还通过举办惠民文化消费季、发放消费券等形式促进群众文化消费。2021年北京惠民文化消费季有六大板块的市场活动，涉及演艺、国潮、书市、观影等，推动群众文化市场实现了从消费驱动到价值驱动的更为深刻的联结方式，富含数字智慧特色的品牌活动包括爆款产品、新业态、新空间、新场景等。如"大戏推荐"共涵盖百余部戏剧，为市民提供了一份全景式的观看指南。此外，消费季还联合30余家大型院线推出一系列惠民观影活动。市民可通过"北京文惠卡""北京市惠民文化消费电子券"等参与几百个单位提供的优惠文化活动，包括文化市集、艺术拍卖、文化沙龙、看展等。中国传媒大学发布的《2021年北京市文化消费报告》指出，北京市文化消费具有三大特征：数字文化消费生态圈正在形成；文化供给的数量和质量决定文化消费的数量和质量；假日经济对文化消费的拉动作用显著。2021年9月以来，共有251个文化企事业单位参与开展350余项活动，线上活动大幅增加，累计举办活动31298场，线上线下累计参与人数18.46亿人次，直接消费金额达89.50亿元。[①] 此外，北京的

[①] 蒋肖斌：《〈2021年北京市文化消费报告〉：夜间经济将成文化消费亮点》，《中国青年报》2021年12月29日。

持续性品牌文化项目还有北京国际电影节、北京国际图书节、北京国际设计周、北京国际音乐节、北京文博会等。

北京市在文化空间层面推出了较多网红打卡空间，为北京文化消费增添了热度。第九届北京惠民文化消费季推出"北京文化消费高峰论坛暨2021北京文化消费品牌榜"发布仪式。2021年6月，北京市人民政府办公厅发布《关于促进全民健身和体育消费推动体育产业高质量发展的意见》，提出要促进体育消费新增长；同月，北京市人民政府发布《关于实施城市更新行动的指导意见》，提出要有效增加服务消费供给；2021年8月，北京市人民政府发布《北京市"十四五"时期高精尖产业发展规划》，提出要利用人工智能等技术建设信息内容消费载体；2021年11月，北京市老龄工作委员会办公室发布《北京市"十四五"时期老龄事业发展规划》，提出要培育发展老年用品市场，包括促进养老服务消费政策支持。第十届北京惠民文化消费季构建了以20余项主体活动为引领、400余项精品市场活动为协同的全新活动体系，聚焦文创、演艺、书香、影视、娱游和艺术六大领域，营造了吸引不同年龄圈层、不同偏好人群共同参与的浓郁文化消费氛围。"2022第六届老舍戏剧节"作为第十届北京惠民文化消费季"演艺京城"板块的重点活动之一，于2022年9月14日晚在保利剧院上演首演大戏《俗世奇人》，为期4个月的"大戏看北京·2022第六届老舍戏剧节"正式开启。

随着经济社会的发展，一些文化项目实践由非营利性转向营利性，在一些文化事业单位中也衍生出经济效益。[①] 例如，当前北京已实现公共文化服务设施的"15分钟服务圈"，设立了全国第一个省级文化艺术基金——北京文化艺术基金，每年投入约1亿元，重点围绕舞台艺术创作、文化传播交流推广和艺术人才培养三大方向开展资助。2018年立项资助

---

① 以北京市政府为例，在组织文化惠民系列活动中，注重保护与弘扬传统文化，以基金引领文化创新与创作，在完善公共文化服务制度体系上加大投入力度。

项目132个，资助金额约1.3亿元，与上年相比分别增长32%、15%。[①]中国人民大学文化产业研究院发布的"2021中国省市文化产业发展指数分指数"结果显示，北京居2021年度影响力指数第一位，其中上市文化企业数量约为170家，居全国第一位，品牌影响力等方面位列榜首。例如，2022年8月，Drama一夏——首届北京戏剧嘉年华在751D·PARK举办。本次戏剧嘉年华不仅有戏剧、舞剧、音乐剧、脱口秀、新喜剧、即兴喜剧、音乐现场live，而且有城市露营市集、露天电影放映等特别单元。

商业资本的介入依赖于"互联网+"的技术环境，2021年被命名为"元宇宙"元年，各类型文化经济开始发展。以文化社区为例，"元宇宙"时代屏幕内3D数字化角色的现实感不断增强。以舞蹈艺术为例，专业舞蹈教育机构介入大众文化消费场景，如"国家宝藏·展演季""舞千年·文化综艺"等场景。互联网数字化传播能够很好地对城市文化起到宣传作用，鼓励和保障地方创新和社会参与。通过数字平台，以优质文旅项目吸引投资，开拓地区客源，突出区域文旅特色。通过数字化传播手段也能够使公众进一步了解文化项目，对文化项目的生动形象有更深的感受。

本报告从北京市典型文化项目实践建设发展措施中吸取经验，试图总结北京市典型文化项目较为完善的创新建设方案，针对文化项目制进行研究与分析，以建立统一的城市文化素材库，挖掘北京城市文化的价值。具体而言，城市文化创新建设的传播与实践应从以下几个方面着手：①抢占入口，保障城市文化参与用户流量的稳定增长；②留住用户，城市文创街区应成为承载需求与互动的公共家园；③风险规制，技术赋权沉浸式参与、体验情绪与文化活动相互影响。针对文化建设中部分具有代表性的城市，应加强各个城市之间的协同发展，构建城市之间的联动机制。应重视数字传播方式在城

---

① 施昌奎主编《北京公共服务发展报告（2018~2019）》，社会科学文献出版社，2019，第1~2页。

市文化传播中的运用,丰富文化传播渠道,对用户形成持续的吸附力,这是城市文化传播有效占据本地市场的关键。同时,应结合受众文化需求、不同受众群体文化接受习惯,拓展城市文化体验新方式。

参考文献

〔美〕戴维·斯沃茨:《文化与权力:布尔迪厄的社会学》,陶东风译,上海译文出版社,2006。

〔加〕丹尼尔·亚伦·西尔、〔美〕特里·尼科尔斯·克拉克:《场景:空间品质如何塑造社会生活》,祁述裕、吴军等译,社会科学文献出版社,2019。

甘振坤、张鹏远、宋子涵:《长城国家文化公园背景下的北京密云冯家峪镇乡村振兴实践》,北京长城文化研究院微信公众号,2022年6月7日。

李康化:《文化民主化:构建和谐社会的文化政策——基于文化公民身份视点的分析》,载胡惠林、陈昕主编《中国文化产业评论》(第9卷),上海人民出版社,2009。

吴军:《城市气质的保护与塑造:城市发展国际前沿理论的启示与运用》,载周俭主编《社区·空间·治理——2015年同济大学城市与社会国际论坛会议论文集》,同济大学出版社,2015。

B.8
疫情防控常态化下北京民宿经济发展探析

黄琳 李玲*

摘　要： 2021年，本地游消费需求的快速反弹、乡村振兴战略的深入推进，以及消费市场主力年轻化等因素给北京民宿行业带来了难得的多重发展机遇，北京民宿经济呈现较好的发展态势，形成了一定的特色发展模式。但是与国内其他省份相比，北京民宿的品牌化优势并不突出，尚未形成可持续造血能力。此外，未来市场的潜在发展变化以及行业固有的政策监管问题仍将对北京民宿经济产生重要影响。

关键词： 民宿经济　消费体验　政策监管

一　疫情防控常态化下北京民宿经济迎来难得的多重发展机遇

（一）疫情防控常态化下旅游消费需求变化给北京民宿行业带来重要发展机遇

2021年，全球新冠肺炎疫情持续蔓延，国内疫情整体表现为多点散发和局部发生交织的局面，疫情防控进入常态化阶段。受疫情防控常态化压力

---

* 黄琳，北京市科学技术研究院创新发展战略研究所副所长、副研究员，主要研究方向为文化科技融合及政策；李玲，北京市科学技术研究院创新发展战略研究所评估管理研究部副部长，主要研究方向为文化创意产业。

和人们急于释放的旅游消费需求双重影响，近郊游、短途游、休闲游、亲子家庭游越来越受到人们的青睐，安全、便利成为居民出游的重要考虑因素。中国旅游研究院调查数据显示，2021年国庆假期游客平均出游距离下降到141.3公里，比2020年缩短33.66%；游客目的地平均游憩半径收缩到13.1公里，比2020年缩短7.75%。游客出游呈现明显的以都市休闲、近郊游为主的"本地人游本地"特征。①

本市游特别是乡村旅游在2021年成为北京市民旅游的主流，给民宿行业发展带来了市场利好。根据北京市文化和旅游局2021年统计信息，2021年北京市民在京游人数达1.26亿人次，比2020年增长45.9%，高于国内游客增速（38.89%）。特别是在国庆、五一等重点节假日，乡村旅游热度迅速升高。2021年，北京乡村旅游游客数量是2020年的2.9倍，相较于疫情前的2019年也增长了55.1%。这一增速高于2021年北京市接待旅游总人数的增长速度，乡村旅游收入已经超过疫情前水平。2021年国庆假期，乡村旅游累计接待游客381.4万人次，按可比口径计算，同比增长40.8%，恢复到2019年同期的85.1%；实现营业收入53943.9万元，按可比口径计算，同比增长81.3%，比2019年增长28.5%。接待量居前三位的是怀柔区、密云区和延庆区。其中，怀柔区接待游客110.9万人次，密云区接待游客104.5万人次，延庆区接待游客85.8万人次。②

（二）乡村振兴战略的深入推进为民宿经济发展壮大提供了坚定的政策指引

2018年，国家相继出台《国家乡村振兴战略规划（2018—2022年）》《促进乡村旅游发展提质升级行动方案（2018年—2020年）》等文件，明

---

① 《〈2021年旅游经济运行分析与2022年发展预测〉（中国旅游经济蓝皮书No.14）在线发布》，中国旅游研究院（文化和旅游部数据中心）网站，2022年1月10日，http://www.ctaweb.org.cn/cta/gzdt/202201/4b70 8268c5f9401691e988ae887bba3d.shtml。

② 《国庆假期全市接待旅游总人数861.1万人次 旅游总收入108.2亿元 北京冬奥游红色游持续升温》，北京市人民政府网站，2021年10月8日，http://www.beijing.gov.cn/gongkai/shuju/sjjd/202110/t20211008_2507648.html。

确了乡村振兴战略中乡村民宿的战略意义和发展使命。其中,《国家乡村振兴战略规划（2018—2022年）》明确指出，历史文化名村、传统村落、少数民族特色村寨、特色景观旅游名村等自然历史文化特色资源丰富的村庄，是彰显和传承中华优秀传统文化的重要载体，要尊重原住居民生活形态和传统习惯，加快改善村庄基础设施和公共环境，合理利用村庄特色资源，发展乡村旅游和特色产业，形成特色资源保护与村庄发展的良性互促机制。《促进乡村旅游发展提质升级行动方案（2018年—2020年）》则指出，乡村旅游是新时代促进居民消费扩大升级、实施乡村振兴战略、推动高质量发展的重要途径，并在基础设施建设、环境整治、旅游产品和服务标准、投融资等方面规定了相应的政策支持路径。

2021年中央一号文件《关于全面推进乡村振兴加快农业农村现代化的意见》于2021年2月21日公布，2月25日"国家乡村振兴局"正式挂牌，6月1日《中华人民共和国乡村振兴促进法》正式颁布。一系列举措的密集出台标志着在新发展阶段全面推进乡村振兴已经成为实现中华民族伟大复兴的一项重大任务，其重要性更为显著。特别是在《中华人民共和国乡村振兴促进法》中，乡村旅游作为乡村振兴的重要支柱产业地位在法律层面得以确认。民宿经济可以有效整合乡村的自然、历史资源，利用闲置空间将过去主流的乡村一日游升级形成"过夜经济"，大大拓展了乡村旅游的内容边界和收益空间，通过产出较高的产业附加值带动乡村精神文明、生态环境的升级改善，将有机会成为驱动乡村振兴的重要引擎。

（三）旅游消费主力年轻化为民宿经济的进一步发展打开了更广阔的市场空间

民宿的起源，一说源自日语的民宿（Minshuku），一说从欧洲的B&B（Bed and Breakfast）而来。究其来源，都是指寄宿在当地居民私有住宅的闲置房间中。民宿除提供基本的食宿之外，还可以让游客在舒适的居家环境中体验当地自然景观、日常生活和文化习俗。因此，民宿自诞生起就与提供统一设施和服务的标准化酒店不同，它是一种非标准住宿方式，天然具备个性化、差异化的特点，这也是其日益成长的生命源泉所在。

近年来，随着国民收入的增加以及人民生活品质的提升，中高端、特色化的度假式需求增长快速。尤其是年轻消费群体，更愿意为住宿功能之外的附加文化价值埋单。随着共享经济的普及，游客对住宿的个性化需求越来越强烈。2021年，途家民宿平台上乡村民宿订单量比2020年增长了三成，为乡村房东创收逾20亿元。① 途家民宿发布的《2021上半年乡村民宿发展报告》数据显示，80后、90后预订乡村民宿的占比达到60%以上，亲子游、情侣游、团队游等多人出行旅游是主要出游方式。② 这些数据表明，随着越来越多的年轻人涌入旅游市场并逐步成长为旅游市场的消费主力，个性化的旅游住宿逐渐成为当今旅游消费的一大特色需求，在这样的需求牵引下，民宿经济迎来了更加广阔的市场发展空间。

二 北京民宿经济发展在繁荣中仍有隐忧

（一）北京民宿供给全国第一，地理布局差异明显

《2021全国民宿产业发展研究报告》数据显示，北京在全国民宿客源地中排名第一，但在分布上因各区资源禀赋不同而呈现较大差异。文化强区以城区民宿为主。从各区2021年接待的游客数量来看，朝阳区最多，为6231.3万人次；其次是海淀区，为5655.5万人次；接下来是西城区、东城区，分别为4895.8万人次、4630.6万人次。从住宿业角度来看，2021年朝阳区住宿业待客量为1451.6万人次，收入为203.7亿元，在各区中排名第一；其次是海淀区，住宿业待客量为799.5万人次，收入为115亿元；接下来是西城区、东城区，住宿业待客量分别为641.3万人次、605.8万人次，

---

① 《途家民宿：2021年乡村民宿订单量同比增长3成，为乡村增收逾20亿元》，百度百家号，2022年3月9日，https://baijiahao.baidu.com/s?id=1726825765836367969&wfr=spider&for=pc。
② 途家民宿：《2021上半年乡村民宿发展报告》，2021年7月。

收入分别为 87.8 亿元和 93.8 亿元。① 此四区远高于其他区。在整体住宿业中，以朝阳区、东城区为代表，近年来发展出大量的民宿，其中以设计师民宿、城市民宿为代表。

朝阳区、东城区在城区民宿中最具代表性。携程平台民宿频道数据显示，在 2021 年最受欢迎的 TOP500 民宿中，朝阳区有 54 家，排名第四。在木鸟民宿网上，截至 2022 年 5 月 25 日，朝阳区以 3724 套民宿成为数量最多的区（见表1）。东城区民宿数量不多，主要是受限于东城区自身面积较小。城区民宿多融合北京文化特色，与文化历史旅游资源相衔接。各民宿以交通便利、邻近景区、体现北京民居特色等吸引游客。例如，东城区人气较高的民宿前 10 位中主要是四合院民宿；朝阳区人气较高的民宿的首要特点是近商圈，以三里屯、望京等为重点。

表1 木鸟民宿网上北京各城区民宿数量

单位：套

城区	民宿数量	城区	民宿数量
东城区	73	顺义区	72
西城区	—	昌平区	798
朝阳区	3724	大兴区	777
海淀区	1092	房山区	1351
石景山区	1267	怀柔区	3136
丰台区	791	平谷区	90
门头沟区	71	密云区	1890
通州区	1127	延庆区	2366

注：数据截至 2022 年 5 月 25 日。

据北京市文化和旅游局介绍，截至 2020 年 10 月，北京已累计创建了 38 个中国美丽休闲乡村、32 个全国乡村旅游重点村、274 个星级民俗旅游村，有 6000 余个星级民俗接待户，乡村民宿品牌 699 家，包含院落 1668

---

① 中国旅游协会民宿客栈与精品酒店分会主编《2021 全国民宿产业发展研究报告》，中国旅游出版社，2022。

个、房间8211间、接待人数17110人次。① 2021年，又有9个村镇入选第三批全国乡村旅游重点村镇名录。

生态涵养区重点发展乡村旅游、乡村民宿。2021年，密云区接待的乡村旅游游客数量最多，达到659.9万人次；其次是平谷区472.1万人次、延庆区429.7万人次；之后为怀柔区371.0万人次。其他区接待的乡村旅游游客数量都没有超过300万人次，其中大兴区、房山区、顺义区接待的乡村旅游游客数量超过了100万人次，丰台区、昌平区接待的乡村旅游游客数量超过了200万人次（见图1）。整体上，大部分区2021年接待的乡村旅游游客数量超过了疫情前的2019年（见图2）。

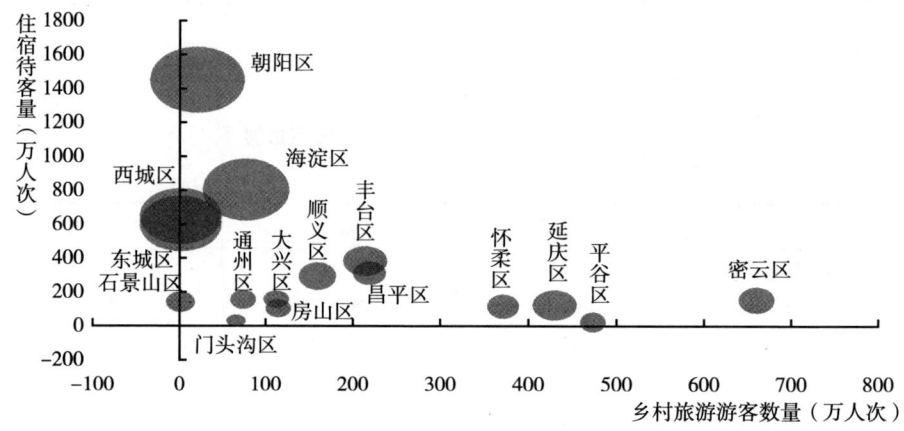

图1　2021年北京市各区乡村旅游住宿、游客情况

注：图中圆圈大小代表游客数量多少。
资料来源：北京市文化和旅游局2021年统计信息。

根据怀柔区工作报告推算，北京市2021年精品民宿约为1224家，主要分布在生态涵养区。2021年，怀柔区新发展精品民宿185家，总数达到563家（占全市的比重为46%），居全市首位；院落总数为700余个，投资总额

---

① 《精品民宿唱新曲、乡村旅游启新篇——北京市召开乡村民宿发展推进会》，北京市文化和旅游局网站，2020年10月16日，http://whlyj.beijing.gov.cn/zwgk/xwzx/gzdt/202010/t20201016_2113477.html。

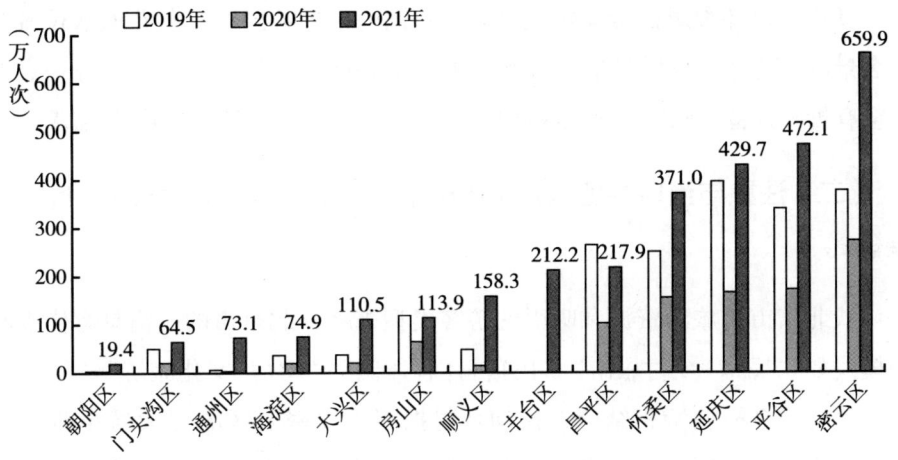

图 2　2019~2021 年北京市各区乡村旅游游客数量

资料来源：北京市文化和旅游局 2021 年统计信息、2021 年北京市各区统计年鉴。

为 9.23 亿元，房间总数为 3465 间。① 密云区文旅综合体项目达到 9 个，建成精品乡村酒店 33 个、星级精品民俗院落 800 个，陌上花开、归璞南山、凤林宿等 300 余个精品民宿成为市场打卡热点。② 延庆区在 2020 年底共有精品民宿品牌 100 多家，民宿小院 376 个，床位近 4000 张。2021 年上半年，延庆区休闲农业与乡村旅游总收入为 11543.2 万元，是 2020 年同期的 2.2 倍，较 2019 年同期增长 1.4%。精品民宿表现亮眼，全区共有 137 家民宿，接待游客 11.6 万人次，收入占乡村旅游总收入的 10.4%。③ 在携程受欢迎度 TOP 500 的民宿中，75 家在密云区，66 家在延庆区，55 家在怀柔区。

乡村民宿更加注重与自然景观、乡村体验等要素相结合，近年来各区加强与重点活动相结合，提升吸引力。例如，2021 年怀柔区举办"来影都过周

---

① 《2021 年工作总结和 2022 年工作要点》，北京市怀柔区人民政府网站，2022 年 4 月 28 日，http://www.bjhr.gov.cn/zwgk/zfxxgkjg/qzfbmdh/qwhlyjdh/wlzdgz/202204/t20220428_2695489.html。
② 《密云区文旅局：攻坚克难　砥砺前行　奋力开创文旅工作新局面》，北京市文化和旅游局网站，2022 年 2 月 23 日，http://whlyj.beijing.gov.cn/zwgk/xwzx/gzdt/202202/t20220223_2615441.html。
③ 《文化+旅游　我区上半年休闲农业与乡村旅游总收入过亿元》，北京市延庆区人民政府网站，2021 年 9 月 22 日，http://www.bjyq.gov.cn/yanqing/ywdt/jryq/2925717/index.shtml。

末"活动，以怀柔影都带动短途郊区游；同时，怀柔区还有黄花城水长城等知名景区。此外，乡村民宿一般都会配备烧烤区、私家花园，品质好一点的还会有投影设备、KTV、泳池或温泉，能够满足消费者多样化的娱乐需求。

（二）注重与当地特色旅游资源相结合，形成多种"民宿+"特色发展模式

从北京市的旅游资源和吸引的游客类型来看，北京市的民宿具有代表性的模式如"民宿+乡村旅游""民宿+体育休闲""民宿+文化旅游"等。

民宿与乡村旅游相结合，推动乡村振兴。以密云区的"大城小苑"民宿项目为例，此项目为"世界旅游联盟旅游减贫案例100"中北京市唯一入选项目。第一，设计具有地域风貌特点。"大城小苑"在大城子镇下栅子村的下窝铺进行原址改造，由专业设计师设计，完整地保留了原址的地形与建筑物的体态，内部重新构建，充分利用建筑的间距、错落的地形，形成一种自然村落形式的度假民宿。第二，周围景观与院落相辅相成。各套房间为独立小院，游客可以享受乡村院落的宁静。院落与自然相连，开门见山。"环境优雅""景观很棒"是顾客对"大城小苑"点评的重点。第三，提供完备的服务保障。"大城小苑"民宿配备有投影设备、KTV，还提供独立的餐厅、会议室。据悉，其餐厅餐饮食材取自自家菜园，健康无污染，菜园还可成为入住客人的景观。

主题民宿，创新概念与住宿体验。例如，与体育休闲相结合的模式在延庆区推出。延庆区抓住冬奥会的机遇，2021年末至2022年初，围绕紧邻延庆赛区的三个乡镇——张山营镇、旧县镇、香营乡，推出100个冬奥主题的中高端乡村民宿产品"冬奥人家"。"冬奥人家"各民宿主要从软装、娱乐设施等角度增加冬奥元素，如"冰墩墩""雪容融"的玩偶抱枕、"冬梦""飞跃"模样的剪纸窗花、模仿冬奥会开幕式的国旗串联景观、冰壶球桌游等。此外，延庆区还推出"世园人家""长城人家""山水人家"等品牌，收获了较好的经济效益。又如，密云区同样有以长城景观为基础的精品民宿，被推为"网红民宿"的"三石山舍"距离古北水镇、司马台长城都在

5公里的范围之内，居住在此可以便利地游览附近景观。"三石山舍"的娱乐设施不仅有120寸投影设备，而且有自动麻将机、儿童滑梯、街机等。

民宿与文化街区相结合，挖掘北京文化的多面性。北京四合院民宿，如东城区的"玺院茗园"，位于皇城根核心区的胡同里，主打"地道的胡同居住体验"，在民宿设计上修旧如旧，房间为古朴中式风格，庭院保留中庭，可饮茶聊天，居于此能听到钟楼钟声。同时，此民宿紧邻长安街，前往故宫、天坛公园、前门大街都较近。又如，位于南锣鼓巷的"荣公子"民宿，为北洋大臣荣禄宅院的一部分，运用彩绘雕饰、条案、圈椅、架子床营造中式家宅氛围，步行可达茅盾故居、齐白石故居等，可沿南锣鼓巷漫步。选择北京核心区域四合院的消费者以入境游客、外地游客为主，在疫情影响跨市出行的情况下，近年来其发展受到限制。

民宿与当地文化品牌协同发展。部分民宿借助区域文化IP，成为文化IP带动下的住宿消费品。例如，以门头沟区"朗诗乡居"系列小院的马兰院为例，小院邻近《投名状》拍摄地爨底下村、《爸爸去哪儿》综艺节目录制地灵水举人村，消费者在此不仅可以体验平房土炕，而且可以就近进行文化旅游。在"朗诗乡居"品牌下，还会不定期组织骑行、读书分享会等活动，进一步增强消费者黏性。

（三）政府高度重视，多项政策措施的出台推动北京民宿进入标准化、品质化发展阶段

北京市、区两级联动，大力发展民宿。2021年8月，北京市人民政府发布的《北京市"十四五"时期乡村振兴战略实施规划》提出，要推出一批乡村精品民宿，打造一批乡村民宿特色乡镇，实现全市乡村民宿从规模到质量的全面提升。多个区在其"十四五"发展规划中明确提出要发展民宿，如平谷区提出深化乡创活动，加快建设精品民宿，力争达到300个以上；密云区鼓励农村集体经济组织统一盘活闲置农村资源，统筹发展乡村民宿、休闲观光农业等；门头沟区提出打响"门头沟小院"精品民宿品牌；房山区提出建设精品民宿集群，策划推出房山区精品民宿整体品牌，打造高品质民

宿集聚区；大兴区提出激活宅基地资源发展民宿旅游；昌平区提出培育一批体现京韵农味的乡村精品民宿和精品酒店。

北京通过出台民宿相关规范，推进民宿提升品质。2019年12月，北京市文化和旅游局等八部门印发《关于促进乡村民宿发展的指导意见》（以下简称《指导意见》），对乡村民宿给出了定义：乡村民宿是指利用位于农村地区的居民自有住宅或其他合法建筑，结合本地人文环境、自然景观、生态资源及生产、生活方式，为旅游者提供住宿、餐饮服务的场所。同时，《指导意见》明确了北京乡村民宿的设立条件、审批流程，并提出要加强资金支持、金融扶持等。同年，北京市旅游行业协会民宿分会成立。

在《指导意见》的推动下，2020年9月，北京市地方标准《乡村民宿服务要求及评定》（DB11/T 1752—2020）出台，在文化传承、创意设计方面以及食品、卫生、治安、消防等安全方面提出了要求。同时，在此标准中，乡村民宿的单体经营规模为经营用客房数不超过14间（套），建筑面积不超过800平方米，经营时间不少于1年。此外，此标准还提出了"北京市乡村民宿评分细则"，成为北京市乡村民宿评级的依据。

在《指导意见》和北京市地方标准的规范下，2020年11月，北京首届乡村民宿大会在北京市延庆区世园公园举办，依照北京市乡村民宿的地方标准在延庆区开展了试点试评，会上公布了首批50家星级民宿，其中5星级民宿36家、4星级民宿14家。2021年，785家乡村民宿完成《关于促进乡村民宿发展的指导意见》所要求的证照办理。[1]

（四）民宿平台领军企业齐聚北京，为北京民宿经济发展打通数字营销路径

在数字经济快速发展的大背景下，酒店、旅游数字平台逐步成为北京民宿数字化发展的核心，联合微博等资讯平台，以及微信、抖音、小红书等社

---

[1] 《2021年北京市文化和旅游局工作总结》，北京市文化和旅游局网站，2022年3月3日，http://whlyj.beijing.gov.cn/zfxxgkpt/zdgk/ghjh/202201/t20220110_2587419.html。

区社交平台，建立了民宿与消费者之间的信息桥梁，支持更多北京民宿走入消费者的视野。这些平台之间并非孤立的，在许多场景下，各平台同时与民宿进行联动。

酒店、旅游平台是民宿产品销售的重要渠道，各平台之间竞争激烈。这类平台一般也称为OTA（Online Travel Agency）平台。中国旅游与民宿发展协会发布的《2020年度民宿行业研究报告》指出，重点民宿OTA平台有三家，即途家民宿、木鸟民宿和爱彼迎。2021年，国内活跃的民宿平台主要是途家民宿、木鸟民宿、美团民宿、小猪民宿。除美团民宿外，其余平台都覆盖了全球155个国家和地区。途家民宿平台房源有230万套，国内外市场均有；木鸟民宿房源有110万套，主打国内市场；爱彼迎房源有15万套，以国外市场为主；美团民宿房源有80万套；小猪民宿房源有80万套。民宿平台之间竞争激烈，对于民宿平台的App评分，七麦数据显示，在途家民宿、木鸟民宿、美团民宿、小猪民宿四家民宿中，木鸟民宿评分最高，为5分；其次是途家民宿、美团民宿，评分均为4.9分；小猪民宿评分为4.8分。从旅游类平台的排名看，木鸟民宿在2021年全年整体排名最高，在6~7月，排名最高达到了第15名。与木鸟民宿竞争最激烈的是小猪民宿，其次是途家民宿，美团民宿的竞争力较其他三家要弱一些（见图3）。爱彼迎在2022年5月宣布退出中国市场，原因除了爱彼迎的战略重点在其他国家和地区之外，爱彼迎的产品策略本土化不佳、中国房源较少等都是它"败走"中国的原因。

民宿领头羊平台都是北京企业，平台运营模式不同，受疫情的影响也不同。途家民宿、木鸟民宿、美团民宿、小猪民宿四个平台分别隶属途家网网络技术（北京）有限公司、北京爱游易科技有限公司、北京我遥我控科技有限公司、北京快跑信息科技有限公司。最受欢迎的木鸟民宿从最初的短租房、日租房在线预订开始，发展至今已成为民宿预订的领军企业，目前已覆盖全国396个城市，是四个民宿平台中唯一一个投资机构作为股东的平台。在发展模式上，木鸟民宿和美团民宿采用的是C2C模式，途家民宿和小猪民宿采用的是B2C模式。在疫情影响下，B2C模式因为持有重资产，经营

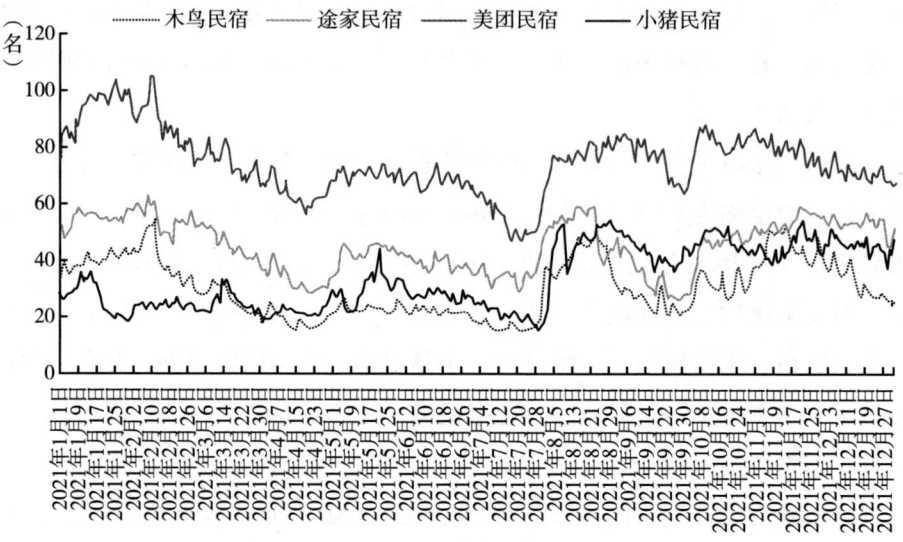

图 3　2021 年主要民宿平台（App）在旅游类平台上的排名

资料来源：七麦数据。

都会受到较大压力，相比之下，C2C 轻资产运营则表现出更强的优势。为了未来发展，途家民宿已开始向 C2C 转型。从赢利能力来看，2017 年中，木鸟民宿率先走过盈亏平衡点；2019 年 8 月，途家民宿首次实现盈利；对于小猪民宿和美团民宿，尚未看到关于盈利的公开资料。2021 年，木鸟民宿在 4~7 月连续实现盈利，其盈利远在其他平台之上。①

此外，资讯、社区社交平台对民宿起到了重要的推广、导流作用，从怀柔区的"来影都过周末"活动中能够窥见一斑。2021 年，怀柔区启动"来影都过周末"活动，与美团、携程、字节跳动、新浪微博等多个平台合作。美团为怀柔区规划了 4 条"酒店+"旅游线路；携程与区内文旅企业建立了村务合作关系，并进行宣传和市场推广；字节跳动通过抖音平台推送广告并进行导流；新浪微博通过"热搜话题"进行定向推广。其中，抖音、小红

---

① 知乎者也：《"中国版 Airbnb"木鸟、途家、小猪、美团的破茧与进击》，知乎，2022 年 4 月 29 日，https://zhuanlan.zhihu.com/p/507318948。

书作为黏性较强的社区社交平台，通过网红的居住体验分享等，可以实现在消费者心中"种草"，从而引流。微信平台兼顾公域流量和私域流量，近年来通过微信公众号推广文章，可以让更多人知晓民宿品牌；通过熟人之间的分享，实现熟人"安利"。

（五）与其他省份相比，北京民宿特色不突出，民宿没有"名宿"的问题正在制约北京民宿经济的整体增长

2021年是新冠肺炎疫情影响下民宿发展的第二年，《2021全国民宿产业发展研究报告》数据显示，2021年全国民宿数量大幅上涨，同比增长61%，但是各地增长差异较大，北京市民宿数量相比2020年下降41.67%，是唯一一个负增长的省级地区。①

2021年全国首批甲级、乙级旅游民宿评出，其中甲级31家、乙级27家，分布在25个省份（见表2）。北京有2家上榜乙级，分别是石光长城精品民宿、合宿·延庆姚官岭民宿，北京未有进入甲级的民宿。"名宿"品牌的缺失说明北京尚未形成不可复制的民宿竞争力，导致一时无法形成有影响力、成规模的休闲度假综合体，区域整体的旅游服务能力仍停留在相对较低的水平，无法形成更高附加值的旅游经济增长模式。

表2 2021年全国首批评定的甲级、乙级旅游民宿在国内的分布

单位：家

省份	甲级	乙级	共计
北京	—	2	2
河北	2	1	3
辽宁	—	1	1
山西	2	—	2
内蒙古	1	—	1
江苏	2	2	4

---

① 中国旅游协会民宿客栈与精品酒店分会主编《2021全国民宿产业发展研究报告》，中国旅游出版社，2022。

续表

省份	甲级	乙级	共计
浙江	2	2	4
安徽	2	1	3
江西	1	2	3
山东	—	2	2
河南	2	1	3
湖北	2	1	3
湖南	1	1	2
广东	—	2	2
广西	2	1	3
海南	1	2	3
重庆	1	1	2
四川	2	1	3
贵州	2	—	2
云南	1	1	2
陕西	1	—	1
甘肃	2	—	2
宁夏	1	—	1
西藏	—	1	1
新疆	1	2	3
合计	31	27	58

资料来源：根据文化和旅游部数据整理。

三 北京民宿经济未来前景分析

（一）消费者对高品质消费体验的追求要求北京民宿经济必须通过深度挖掘文化内涵，尽快形成品质化、高端化、群落化发展道路

随着旅游消费需求的不断回升以及各地旅游产品和服务的逐步复苏，品质民宿将成为未来消费者更佳的选择。途家民宿数据显示，2021年国庆期间，途家民宿平台乡村民宿成交客单价约为917元，价格增幅相较于平台平均间夜价格提高约28%；游客预订4钻、5钻等高端民宿的订单量占比超过25%。①特别是Z世代年轻群体逐渐成长为主流消费群体，其对设计风格、文化风情、服务配套等方面的个性化要求较高。在木鸟民宿平台上，90后和00后成为预订主力，占比近七成。部分民宿想要在短时间内获得更多消费者的认知，包装为"网红打卡地"虽然是最为快捷的一种方式，但这种行为在一定程度上使得民宿同质化现象严重，因此"网红"的热度总是较为短暂，这种营销方式反而对民宿的长远发展产生了负面作用。

在品质化、个性化的要求下，民宿整体向高端发展将是必然趋势。而实现高端化的路径，最为重要的则是提升用户体验，从服务、基础设施角度切入，从消费者在各平台对民宿的评价来看，服务周到、设备齐全、房间干净、环境舒适等是消费者给出好评的主要方面。另外，要加强区域文化挖掘，提升文化体验，深入开发基于住宿的其他活动，打造多重体验场景，将民宿产业与景区、体育、文化、节庆等传统产品深度融合，拓展餐饮、住宿、交通、旅游、购物、娱乐等多个环节，打造基于特定民宿群落的地区特色品牌形象和文化体验的休闲度假综合体，从而形成可持续的造血能力。

（二）在持续增强本地市民近郊游消费黏性的同时，应尽快开发多元服务内容，通过提升民宿服务体验，拓展消费者群体，以应对疫情防控常态化下可能出现的市场变动

2018~2019年，我国出境游游客分别为1.49亿人次和1.55亿人次，其中上海、北京是主要客源地。同时，北京也是国内长途旅游的重要客源地。在疫情逐步缓解之后，北京市民会释放长时间被压抑的长途旅游、出境旅游热情，市内的短途旅游市场必然会受到挤压。但与此同时，来京游客数量也

---

① 《国内民宿市场迎来全面复苏》，百度百家号，2021年10月18日，https://baijiahao.baidu.com/s?id=1713924156990250325&wfr=spider&for=pc。

将恢复上升,这对于城区民宿来说会是利好,但在某种程度上会抵消乡村民宿对游客的吸引力。

民宿行业连带短途旅游不应是出境旅游、长途旅游市场的替代者,而应是补充者。因此,未来民宿行业应转变定位。一方面,进一步增强周末以及清明节、端午节等小长假短途旅游的吸引力,进行精准营销,面向年轻群体,营造民宿居住风潮,使民宿成为生活时尚、消费前沿;面向家庭,增加亲子游戏、儿童游学等项目。另一方面,增强对外地游客的吸引力,在民宿设计、宣传等方面加强北京乡村文化的渲染,并增加文化体验活动等。例如,对于城区民宿而言,增加北京非遗体验项目,提供北京胡同、景点文化解说等都可在一定程度上增强对外地游客的吸引力;对于乡村民宿而言,组织徒步、骑行、摄影、观星等活动则是不错的附加项目。

(三)政策监管亟待加强,OTA企业需要强化安全监管

民宿不同于传统旅游住宿,它是借助共享平台发展而来的新型旅游模式和产业业态,因此与其他共享经济模式一样,很难找到有效的政府监管方式。实践中大部分民宿由个人经营,因缺乏专业管理服务能力,容易在经营过程中出现房客隐私保护不周、人员随意出入等问题,甚至有可能会成为不法分子实施不法行为的藏身之所,引发社会治安问题。此外,近年来民宿在卫生、消防等方面的不合规现象也屡屡被曝光,价格虚高、虚假好评、"图实不符"等市场乱象更是层出不穷,甚至经常会有消费者将住民宿比作"开盲盒"。面对这些问题,2020年12月,北京市正式出台《关于规范管理短租住房的通知》,规定首都功能核心区内禁止经营短租住房,其他区域要符合一系列的条件,并且通过互联网平台发布短租信息,应向平台提交证明材料。2020年12月,北京市文化和旅游局印发《北京市文化和旅游行业信用分级分类监管管理办法(试行)》,试用主体涵盖旅游市场主体,包括本市旅行社、等级景区、宾馆饭店等从事旅游经营服务的企事业单位、个体工

商户和通过互联网等信息网络提供在线旅游服务或者产品的经营者。如何在不伤及民宿分享体验的前提下从根本上对民宿市场加以规范,更好地发挥OTA平台企业作用,增强民宿经营者的行业自律意识,维护消费者的合法权益以及人身和财产安全,营造公平公正的民宿经济发展环境,仍需要有关政府部门制定更有针对性的政策举措。

B.9
北京市文化产业关联特征动态分析

池建宇　刘浩天*

摘　要： 本报告主要利用21世纪以来北京市投入产出表数据，采用投入产出分析法和社会网络分析法，研究了21世纪以来北京市文化产业的关联特征及其动态变化。结果发现，北京市各产业间的联系紧密，文化产业在整个产业网络中居于相对核心的位置，但核心度不高。在产业关联方面，文化产业与自身的前向、后向关联最强，其发展具有滚雪球效应，同时其与租赁和商务服务业的后向关联程度以及与计算机服务业的前向关联程度逐渐上升，文化产业对第三产业发展的推动作用更强。在产业波及效应方面，北京市文化产业易受其他产业带动发展而难以带动其他产业发展，具有"中间产业"的特征，总体而言，它与其他产业的关联程度下降，正逐步转变为依赖自身发展的相对独立产业。本报告认为，要实现文化产业的高质量可持续发展，不仅要保证其主要上下游产业的发展，而且要提高文化产业的融合程度，并进一步完善相关法律法规，减少文化产业内部的抄袭行为和低创作品。

关键词： 文化产业　投入产出分析　社会网络分析　产业关联

---

* 池建宇，博士，中国传媒大学经济与管理学院副教授，主要研究方向为文化经济学、数字经济；刘浩天，中国传媒大学经济与管理学院硕士研究生。

一 引言

自党的十八大以来,以习近平同志为核心的党中央高度重视文化建设[①],文化自信也继制度自信、理论自信和道路自信之后被纳入了中国特色社会主义的"四个自信"。近年来,习近平总书记多次在重要场合强调文化建设的重要性。在2021年12月14日的中国文学艺术界联合会第十一次全国代表大会上,习近平总书记指出文化是民族的精神命脉,文艺是时代的号角,强调要增强文化自觉、坚定文化自信。因此,大力发展文化产业符合时代要求,研究文化产业的高质量发展路径也成为当下的一个热点问题。

从区位优势上来看,北京具有3000多年的历史,是燕、辽、金、元、明、清六朝古都,具备深厚的文化底蕴。类似于要素禀赋论所揭示的一个国家会出口使用其丰裕要素生产的具有比较优势的产品,一个产业的高效发展也依赖于地区的优势资源,因此在北京这类文化古都发展文化产业往往能起到事半功倍的效果。早在2015年4月30日,中共中央政治局审议通过的《京津冀协同发展规划纲要》就已将北京市定位为全国的政治中心、文化中心、国际交往中心和科技创新中心。实现北京市文化产业的高效发展,不仅有利于北京市城市职能的充分发挥,而且有利于京津冀协同发展,还能够为其他省份提供发展经验,加快整个国家的文化建设。

近年来,关于北京市文化产业发展的研究既有定性研究也有定量研究。在定性研究方面,吴婧和张岱岳指出,"特色资源+产业园区+政策体系"产业发展模式以及多业态融合发展将成为文化产业发展的新趋势[②];申燊和李晓峰从法律、投资、社会力量、科技融合以及对外贸易等方面论述了文化产

[①] 《党领导文化工作的重大成就和历史经验》,中华人民共和国文化和旅游部网站,2022年1月5日,https://mct.gov.cn/whzx/whyw/202201/t20220105_930272.htm。

[②] 吴婧、张岱岳:《区域文化产业发展驱动力研究——以北京市丰台区为例》,《北京文化创意》2021年第3期。

业的高质量发展路径①；而徐李璐邑则强调了文化创新、政府与市场合理分工以及满足行业人才需求的重要性。② 在定量研究方面，相关研究主要利用的是投入产出分析法，注重文化产业与其他产业的融合发展，其中部分研究仅分析了某一年的数据，并将所有产业分为第一、第二、第三产业和文化产业，研究文化产业与三次产业之间的关联③，其不足在于没有关注文化产业关联特征的动态变化以及与文化产业联系紧密的具体产业。王叶军利用三年的投入产出表数据，分析了文化产业关联特征的动态演变，但他在定义文化产业时仅将"文化、体育和娱乐业"纳入文化产业的范畴。④ 而根据国家统计局发布的《文化及相关产业分类（2018）》，本报告认为在42个部门分类中文化产业应包含"造纸印刷、文教体育用品业""教育业""文化、体育和娱乐业"。同时，近年来在分析产业关联时，大量研究运用社会网络分析法作为投入产出分析法的补充。⑤ 因此，本报告采用定量研究的方式，以21世纪以来北京市逢"2"和"7"年份统计得出的投入产出表为分析对象，综合运用投入产出分析法和社会网络分析法，动态分析北京市文化产业的关联特征，从产业协同发展和产业融合的角度探寻北京市文化产业的高质量发展路径。

二　研究设计与数据来源

关于文化产业的定义，根据国家统计局发布的《文化及相关产业分类

---

① 申桑、李晓峰：《文化产业高质量发展路径浅析——以北京市文化产业发展为例》，《北京文化创意》2020年第6期。
② 徐李璐邑：《北京文化产业的现状分析与发展建议》，《城市学刊》2019年第5期。
③ 黄思源：《我国文化产业投入产出关联度分析：以北京为例》，《金融经济》（下半月）2013年第4期。
④ 王叶军：《北京市文化产业关联特征的动态演变——基于建设文化中心的视角》，《未来与发展》2015年第12期。
⑤ 方大春、王海晨：《我国产业关联网络的结构特征研究——基于2002~2012年投入产出表》，《当代经济管理》2017年第11期；孙露、薛冰、耿涌、张黎明：《基于投入产出表和社会网络分析的区域产业结构比较分析：以华东七省（市）为例》，《华东师范大学学报》（自然科学版）2015年第1期；王方洁、彭振、贾培雯：《基于投入产出法和SNA的湖南省文化产业关联分析》，《经济论坛》2018年第8期。

（2018）》，文化及相关产业是指为社会公众提供文化产品和文化相关产品的生产活动的集合，主要包括以文化为核心内容，为直接满足人们的精神需要而进行的创作、制造、传播、展示等文化产品（包括货物和服务）的生产活动，以及为实现文化产品的生产活动所需的文化辅助生产和中介服务、文化装备生产和文化消费终端生产（包括制造和销售）等活动两大部分，即主要包括文化制造业、文化批发和零售业以及文化服务业。

本报告对北京市文化产业的研究主要分为三大部分：描述性统计、投入产出分析和社会网络分析。其中，描述性统计部分的数据来源为《北京统计年鉴》以及北京市文化和旅游局公布的数据。描述性统计主要包括投入水平和产出水平两个方面：对于投入水平，本报告采用人力资源投入指标规模以上文化产业企业平均用工人数，以及资产投入指标文化产业固定资产投资额来衡量；对于产出水平，本报告采用价值型指标文化产业增加值，以及非价值型指标报纸总印数、期刊总印数、图书总印数、观影人数、组织文艺活动数、图书馆总流通人数、博物馆参观人数来衡量。由于非价值型指标包含的变量较多，本报告运用因子分析并计算因子得分，以更清晰地描述北京市文化产业的非价值型产出变化。

在投入产出分析部分，本报告运用的数据为21世纪以来北京市统计局发布的国民经济42个部门的投入产出表，由于目前这一统计工作每5年开展一次，在逢"2"和"7"的年份实施，因此本报告使用数据的统计年份分别为2002年、2007年、2012年和2017年。在此基础上，根据前文提到的文化及相关产业的定义，本报告将42个部门中的"造纸印刷、文教体育用品业""教育业""文化、体育和娱乐业"三个部门归为文化产业大类，合并后得到40个部门的投入产出表，作为投入产出分析的原始数据。在这一部分，本报告主要分析北京市文化产业的后向关联效应、前向关联效应以及产业波及效应。其中，后向关联效应的衡量指标为直接消耗系数和完全消耗系数；前向关联效应的衡量指标为直接分配系数和完全分配系数；而产业波及效应的衡量指标则为影响力系数和感应度系数。

在社会网络分析部分，本报告利用北京市2002年、2007年、2012年和

2017年合并后的投入产出表计算得出直接消耗系数矩阵,并参考其他学者普遍采用的做法,以直接消耗系数矩阵的平均值为阈值,将该矩阵二值化①,然后将矩阵对称化,将双模网络转化为单模网络,作为本次分析的原始数据。在这一部分,本报告主要通过网络密度分析、网络中心度分析、凝聚子群分析与核心-边缘分析来分析北京市文化产业在整体社会产业网络中的位置和重要程度。

三 数据分析

(一)描述性统计

在投入水平方面,图1和图2分别展示了近年来北京市文化产业人力资源投入水平和资产投入水平的变化趋势。可见,整体上北京市文化产业的人力资源投入呈上升趋势,规模以上文化产业企业平均用工人数在2014~2016年稳定在48万人左右,在2017~2018年逐渐上升至59.0万人并继续稳定

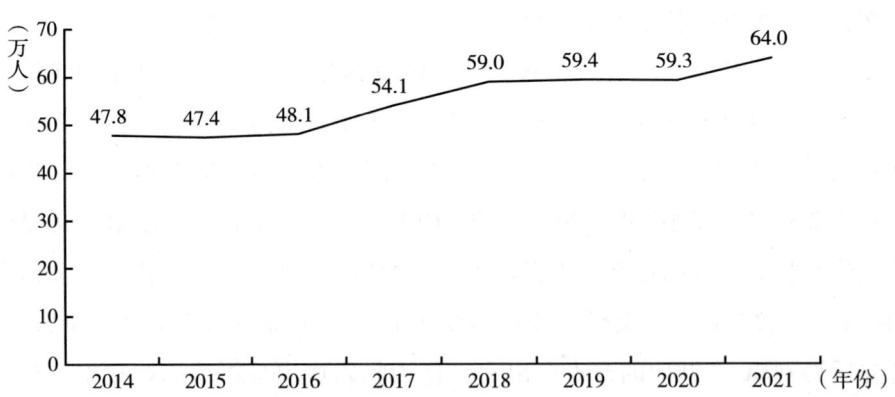

图1 2014~2021年北京市规模以上文化产业企业平均用工人数

资料来源:相关年份《北京统计年鉴》。

---

① 王方洁、彭振、贾培雯:《基于投入产出法和SNA的湖南省文化产业关联分析》,《经济论坛》2018年第8期。

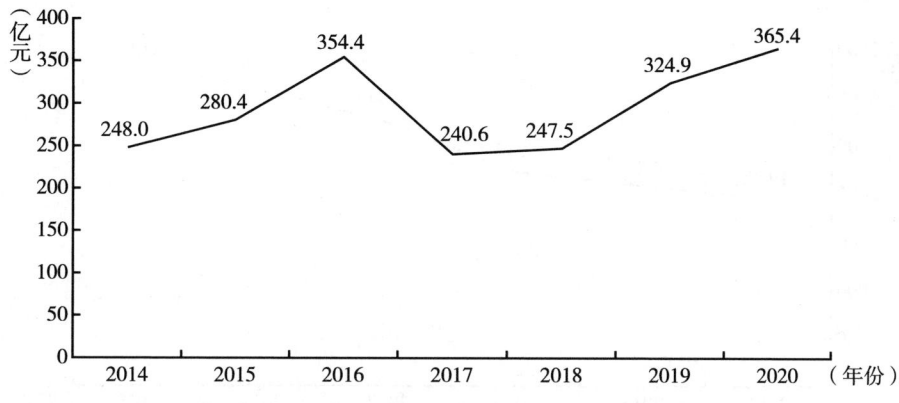

图 2　2014~2020 年北京市文化产业固定资产投资额

资料来源：相关年份《北京统计年鉴》。

在这一数值附近，在 2021 年上升至新高 64.0 万人，文化产业企业平均用工人数的增加反映出其发展现状良好。然而，文化产业的固定资产投资额则具有明显的波动性，2014~2016 年呈上升趋势，并于 2016 年达到局部极大值 354.4 亿元，而 2017 年固定资产投资额陡然下降至 240.6 亿元，此后继续维持上升趋势，并于 2020 年达到新高 365.4 亿元。

在产出水平方面，从文化产业增加值来看，2014~2019 年，北京市文化产业增加值呈逐年递增趋势，表明目前北京市文化产业发展状况良好且有广阔的发展前景（见图 3）。从非价值型指标来看，由于指标数量较多，故采用因子分析进行降维，对报纸总印数、期刊总印数、图书总印数、观影人数、组织文艺活动数、图书馆总流通人数和博物馆参观人数 7 个变量进行因子分析后的因子载荷矩阵及其各年份的描述性统计见表 1。由表 1 可知，2014~2019 年，北京市的报纸总印数和期刊总印数呈下降趋势，其余非价值型指标总体呈上升趋势，这可能是由于互联网等新型媒介的普及对传统的报纸和期刊产生了冲击。然而，在将 7 个变量降维得出因子得分后，北京市文化产业的非价值型产出因子得分总体呈逐年上升趋势（见图 4）。因此，北京市文化产业整体产出良性增长，但由于时代因素的影响，存在内部发展不平衡的现象。

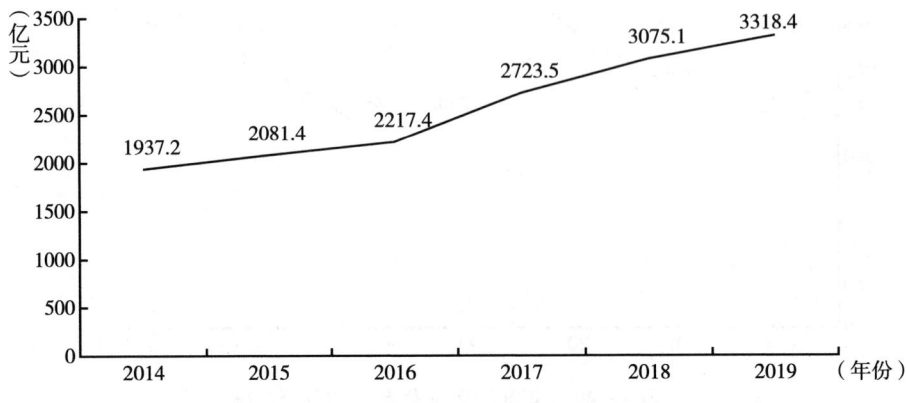

图3 2014~2019年北京市文化产业增加值

资料来源：相关年份《北京统计年鉴》。

表1 2014~2019年北京市文化产业非价值型指标描述性统计及因子载荷

变量	2014年	2015年	2016年	2017年	2018年	2019年	因子载荷
报纸总印数(亿份)	89.9	87.4	86.0	83.9	83.1	81.3	-0.996
期刊总印数(亿册)	10.0	9.3	9.1	8.6	8.1	7.9	-0.995
图书总印数(亿册)	23.6	24.5	26.9	26.7	29.7	31.2	0.961
博物馆参观人数(万人次)	1848.0	2069.1	1994.3	2362.7	2383.5	2530.8	0.957
图书馆总流通人数(万人次)	1544	1652	1800	2139	2449	2546	0.938
观影人数(万人次)	5184.6	7212.7	6926.7	7701.7	7645.3	7634.1	0.881
组织文艺活动数(次)	2158	2587	3417	3431	3278	3182	0.807

资料来源：相关年份《北京统计年鉴》。

（二）投入产出分析

1. 后向关联效应

后向关联效应，即一个产业的产品需求增加对其上游产业的带动作用。本报告主要利用北京市合并后的投入产出表，通过计算文化产业的直接消耗

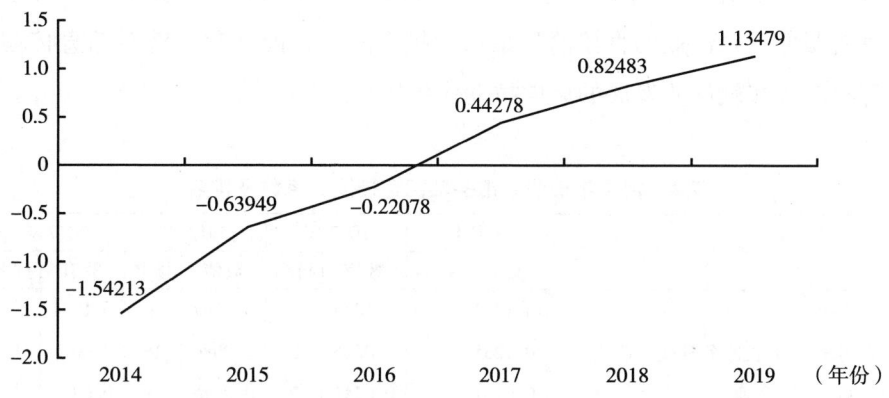

图 4　2014~2019 年北京市文化产业非价值型产出因子得分

系数和完全消耗系数来分析北京市文化产业的后向关联效应。

直接消耗系数一般用 a_{ij} 表示，它表示生产一单位 j 产品需要消耗 i 产品的数量，其计算公式为：

$$a_{ij} = \frac{x_{ij}}{X_j}$$

其中，x_{ij} 表示生产所有 j 产品对 i 产品的直接消耗量，X_j 为生产所有 j 产品的总投入。计算得出的直接消耗系数矩阵一般用 A 表示。

在综合 6 年的结果后，表 2 显示了与文化产业直接后向关联较强的 10 个部门，以及文化产业对这 10 个部门的直接消耗系数及其在 40 个部门中的排名。首先，文化产业对自身的直接消耗系数一直较高，文化产业的产出变动对自身的发展有着较强的牵动能力。其次，整体来看，文化产业对租赁和商务服务业、住宿和餐饮业、房地产业以及建筑业的直接消耗系数均呈上升趋势，文化产业与它们的后向关联逐渐增强。再次，文化产业对交通运输及仓储业、化学工业的直接消耗系数相对稳定，文化产业的发展对二者的带动作用较强。最后，文化产业对信息传输、计算机服务和软件业以及电力、热力的生产和供应业的直接消耗系数在 2002 年处于较高水平，在 40 个部门中的排名靠前，表明此时文化产业是带动这两个产业发展的关键产业。但

2002年后，文化产业对二者的直接消耗系数逐渐下降，尤其是对信息传输、计算机服务和软件业的直接消耗系数大幅下降，目前文化产业对信息传输、计算机服务和软件业发展的后向拉动作用较小。

表2 相关年份北京市各部门直接消耗系数及排名

部门	2002年		2007年		2012年		2017年	
	数值	排名	数值	排名	数值	排名	数值	排名
文化产业	0.1212	2	0.1835	1	0.2167	1	0.1984	1
信息传输、计算机服务和软件业	0.1235	1	0.0226	8	0.0080	15	0.0076	13
租赁和商务服务业	0.0151	8	0.0241	7	0.0315	3	0.0820	2
交通运输及仓储业	0.0326	4	0.0301	4	0.0419	2	0.0212	7
化学工业	0.0292	5	0.0387	2	0.0311	4	0.0216	6
电力、热力的生产和供应业	0.0419	3	0.0271	5	0.0187	9	0.0153	9
住宿和餐饮业	0.0147	9	0.0261	6	0.0212	8	0.0273	5
房地产业	0.0168	7	0.0122	14	0.0249	5	0.0290	4
批发和零售业	0.0020	29	0.0375	3	0.0216	7	0.0131	11
建筑业	0.0059	16	0.0128	12	0.0244	6	0.0132	10

完全消耗系数一般用b_{ij}来表示，它表示生产一单位j产品需要直接和间接消耗i产品的数量，综合反映了部门间的直接消耗关系和间接消耗关系。完全消耗系数矩阵一般用B表示，其计算公式为：

$$B = (I - A)^{-1} - I$$

其中，A为直接消耗系数矩阵，I为A的同阶单位阵。

由表3可知，综合来看，在考虑了间接消耗后，文化产业生产对自身的依赖度依然最高。首先，与直接消耗系数的下降趋势不同，文化产业对电力、热力的生产和供应业的完全消耗系数稳定在较高水平且综合排名较高，而文化产业对租赁和商务服务业、化学工业、金属冶炼及压延加工业和金融业的完全消耗系数相对于直接消耗系数的数值也有了较大幅度提升且有了更高的排名，这表明文化产业对以上产业的消耗主要是间接消耗。其次，与直接消耗系数排名相比，文化产业对信息传输、计算机服务和软件业、住宿和餐饮业、建筑业的完全消耗系数排名下降较多，这表明文化产业对这三个产业的后向关联以直接效应为主。与信息传输、计算机服务和软件业的直接消耗系数类似，文化产业对通信设备、计算机及其他电子设备制造业的完全消耗系数总体也呈下降趋势，这表明计算机行业的整体发展对文化产业的依赖性越来越弱。最后，文化产业对金融业和房地产业的完全消耗系数经历了先下降后上升的过程，且最终处于较高水平，因此文化产业对这两个重要性较高、波动性较大产业的稳定发展十分重要。

表3 相关年份北京市各部门完全消耗系数及其排名

部门	2002年		2007年		2012年		2017年	
	数值	排名	数值	排名	数值	排名	数值	排名
文化产业	0.1837	1	0.2515	1	0.3062	1	0.2739	2
租赁和商务服务业	0.0587	8	0.0704	8	0.0870	6	0.3389	1
电力、热力的生产和供应业	0.0784	4	0.1427	2	0.1518	3	0.1363	3
化学工业	0.0768	5	0.1128	3	0.1158	5	0.0806	6
交通运输及仓储业	0.0698	7	0.1117	4	0.1221	4	0.0773	7
金属冶炼及压延加工业	0.0210	17	0.0755	7	0.1810	2	0.0996	4
金融业	0.0704	6	0.0368	14	0.0663	8	0.0811	5
通信设备、计算机及其他电子设备制造业	0.0866	3	0.0923	6	0.0413	12	0.0325	12
批发和零售业	0.0097	28	0.0938	5	0.0759	7	0.0497	9
房地产业	0.0405	10	0.0235	22	0.0461	9	0.0706	8

2. 前向关联效应

前向关联效应与后向关联效应对应，即一个产业最终产量的增加对其下游产业的推动作用。本报告主要通过直接分配系数和完全分配系数两个指标来分析北京市文化产业的前向关联效应。

直接分配系数一般记为 h_{ij}，它表示第 i 部门分配到第 j 部门作为中间使

用的产品数量占第i部门总产品数量的比重,其计算公式为:

$$h_{ij} = \frac{x_{ij}}{X_i}$$

其中,x_{ij}表示第i部门分配到第j部门作为中间使用的产品数量,X_i为第i部门的总产品数量。计算得出的直接分配系数矩阵记为H。

与完全消耗系数类似,完全分配系数综合反映了部门间的直接分配关系和间接分配关系。完全分配系数矩阵记为D,其计算公式为:

$$D = (I - H)^{-1} - I$$

表4和表5分别显示了北京市与文化产业前向关联较强的10个部门,以及各部门直接分配系数和完全分配系数的数值及其排名。在直接分配系数方面,与文化产业的直接前向关联较强的产业主要有租赁和商务服务业,信息传输、计算机服务和软件业,金融业,公共管理、社会保障和社会组织以及文化产业自身,而这些产业均属于第三产业,这表明文化产业对第三产业发展的直接前向推动作用较强。而在完全分配系数方面,与直接分配系数相比,在考虑间接分配效应后,与文化产业前向关联较强的前四个产业没有变化,表明文化产业与主要关联产业的前向关联效应比较稳定,北京市文化产业在实现自身发展的同时,主要推动了租赁和商务服务业,信息传输、计算机服务和软件业以及金融业的发展。同时,通过比较文化产业对其他产业直接分配系数和完全分配系数的排名可知,文化产业对科学研究和技术服务业以及食品和烟草业的前向关联以直接效应为主,而对批发和零售业、交通运输及仓储业以及通信设备、计算机及其他电子设备制造业的推动作用则以间接效应为主。此外,文化产业对信息传输、计算机服务和软件业以及通信设备、计算机及其他电子设备制造业的前向关联效应大于后向关联效应,即计算机行业生产对文化产业的依赖程度高于文化产业生产对计算机行业的依赖程度。因此,直接加强北京市文化产业建设有利于计算机行业的进一步发展。

表4 相关年份北京市各部门直接分配系数及其排名

部门	2002年		2007年		2012年		2017年	
	数值	排名	数值	排名	数值	排名	数值	排名
文化产业	0.1212	2	0.1835	1	0.2167	1	0.1984	1
租赁和商务服务业	0.1645	1	0.0998	2	0.0848	2	0.0522	4
金融业	0.0603	5	0.0581	3	0.0688	4	0.0547	3
信息传输、计算机服务和软件业	0.0912	3	0.0210	6	0.0215	6	0.1076	2
公共管理、社会保障和社会组织	0.0388	6	0.0488	4	0.0733	3	0.0385	5
科学研究和技术服务业	0.0250	8	0.0163	9	0.0391	5	0.0092	12
房地产业	0.0255	7	0.0192	7	0.0179	8	0.0149	7
食品和烟草业	0.0220	9	0.0117	11	0.0203	7	0.0121	8
通信设备、计算机及其他电子设备制造业	0.0153	11	0.0098	12	0.0132	10	0.0046	16
建筑业	0.0165	10	0.0062	14	0.0101	12	0.0095	11

表5 相关年份北京市各部门完全分配系数及其排名

部门	2002年		2007年		2012年		2017年	
	数值	排名	数值	排名	数值	排名	数值	排名
文化产业	0.1837	2	0.2515	1	0.3062	1	0.2739	1
租赁和商务服务业	0.2282	1	0.1702	2	0.1395	2	0.1840	3
信息传输、计算机服务和软件业	0.1585	4	0.0870	5	0.0755	8	0.2589	2
金融业	0.1445	5	0.1049	3	0.1352	3	0.1281	5
通信设备、计算机及其他电子设备制造业	0.1805	3	0.0926	4	0.0817	7	0.0327	12
建筑业	0.1211	6	0.0540	9	0.0863	6	0.0890	6
公共管理、社会保障和社会组织	0.0596	10	0.0798	6	0.1180	4	0.0775	7
批发和零售业	0.0437	12	0.0706	8	0.0660	11	0.0600	10
房地产业	0.0908	8	0.0423	10	0.0486	14	0.0304	13
交通运输及仓储业	0.0394	14	0.0316	13	0.0675	10	0.0628	9

3.产业波及效应

产业波及效应,即当某一产业的产量、技术等发生变化时,它会沿着产业关联方向引起与其直接相关部门的变化,并进一步通过这些与其直接相关部门的变化间接引起更多部门的变化。在此过程中,影响力是逐渐减弱的。对产业波及效应的衡量,主要包括影响力系数和感应度系数。

影响力系数一般记为 F_j，它反映了国民经济中某一部门增加一个单位的最终产品时，对其他部门造成的生产需求波及程度，其计算公式为：

$$F_j = \frac{\sum_{i=1}^{n} \overline{b_{ij}}}{\frac{1}{n} \sum_{i=1}^{n} \sum_{j=1}^{n} \overline{b_{ij}}}$$

感应度系数一般记为 S_i，它反映了国民经济中其他部门增加一个单位最终使用时，某一部门因此受到的需求感应程度，即该部门需要为其他部门的生产而提供的产出量，其计算公式为：

$$S_i = \frac{\sum_{j=1}^{n} \overline{b_{ij}}}{\frac{1}{n} \sum_{i=1}^{n} \sum_{j=1}^{n} \overline{b_{ij}}}$$

北京市文化产业的影响力系数和感应度系数及其在40个部门中的排名见表6。在影响力系数方面，北京市文化产业的影响力系数均小于1，表明文化产业对经济中其他部门的牵动作用低于社会平均水平，同时影响力系数呈逐年下降的趋势，表明文化产业与其他部门之间的后向关联效应越来越弱。在感应度系数方面，2002年，北京市文化产业的感应度系数大于1且处在较高水平，文化产业受其他部门的需求感应程度较高。而在2007年及以后，文化产业的感应度系数趋于稳定，在社会平均水平1处上下小幅波动，表明文化产业的发展进入了一段平稳期。此外，综合二者来看，北京市文化产业各年份的影响力系数均小于感应度系数，表明北京市文化产业属于易受其他产业带动发展而难以带动其他产业发展的产业，具有"中间产业"的特征。

表6 相关年份北京市文化产业影响力系数和感应度系数及其排名

指标	2002年		2007年		2012年		2017年	
	数值	排名	数值	排名	数值	排名	数值	排名
影响力系数	0.8755	31	0.8428	31	0.7375	33	0.7213	38
感应度系数	1.5751	7	1.0606	14	1.0359	11	0.9503	10

(三)社会网络分析

1. 网络密度分析

网络密度表示一个网络中各个节点之间联络的紧密程度。在单模网络，即无向图中，网络密度由网络中实际拥有的连线数与网络节点间最多可能存在的连线总数之比来表示，其计算公式为：

$$Density = \frac{2l}{n(n-1)}$$

其中，l 为网络中实际拥有的连线数，n 为网络规模，即网络中的节点数量，在本报告中网络节点为各个国民经济部门，节点数量为 40。

表 7 显示了相关年份北京市 40 个部门的网络密度与文化产业的中心度。整体而言，北京市各部门的网络密度比较稳定，呈略微下降趋势。从数值上来看，尽管全联通网络的密度为 1，但现实中不存在这样的网络，有学者提出现实中的最大网络密度为 0.5。[①] 而北京市各产业之间的网络密度均大于 0.3，因此北京市各产业之间的联系比较紧密，有利于降低交易成本和实现协同发展，但在面对风险时，各产业可能难以灵活应对。

表 7 相关年份北京市 40 个部门的网络密度与文化产业的中心度

年份	网络密度	点度中心度	社会平均水平	归一化后的接近中心度	社会平均水平	归一化后的中介中心度	社会平均水平
2002	0.345	18	13.450	0.629	0.597	0.137	0.140
2007	0.310	18	12.100	0.650	0.592	0.246	0.140
2012	0.324	15	12.650	0.619	0.601	0.098	0.135
2017	0.315	13	12.300	0.591	0.590	0.101	0.142

2. 网络中心度分析

在网络中心度方面，本报告主要计算了文化产业的点度中心度、接近中

[①] Mayhew, B. H., Levinger, R. L., "Size and the Density of Interaction in Human Aggregates", *American Journal of Sociology*, 1976, 82, pp. 86–110.

心度和中介中心度，以分析其在整体经济中的重要程度。点度中心度是衡量网络中某一节点与其他节点直接联系的指标。直接联系越紧密，点度中心度越高，该节点也就越接近整个网络的中心，点度中心度可以表示为：

$$C_{ADi} = \sum_j X_{ij}$$

其中，X_{ij}为0或1，代表节点i与节点j是否有直接联系。

接近中心度在点度中心度的基础上进一步将节点间的间接联系纳入衡量范围，并反映了该节点的相对独立程度。在无向图中，其计算公式为：

$$C_{APi}^{-1} = \sum_j d_{ij}$$

其中，d_{ij}为节点i与节点j之间的测地线，即二者之间的最短路径。表7中显示了归一化后的接近中心度。

中介中心度衡量了一个节点作为其他节点之间联系的媒介的能力。节点的中介中心度越高，对其他节点的控制能力越强。其计算公式为：

$$C_{ABi} = \sum_{j<k} \frac{g_{jk}(i)}{g_{jk}}$$

其中，$g_{jk}(i)$表示节点j与k之间存在的经过节点i的最短路径数，g_{jk}为节点j与k之间存在的最短路径数。同样，表7中的中介中心度也经过了归一化处理。

由表7可知，在点度中心度方面，北京市文化产业的点度中心度随时间的推移呈小幅下降趋势，表明与文化产业产生直接联系的部门数有所减少。而文化产业的点度中心度在数值上均高于社会平均水平，因此在整体经济中，北京市文化产业的地位比较重要。在接近中心度方面，文化产业的接近中心度相对稳定，且均略高于社会平均水平，故在同时考虑直接联系和间接联系的情况下，文化产业依然在北京市整个产业网络中居于相对核心的位置，且不易受其他产业发展状况的影响。在中介中心度方面，除2007年外，文化产业的中介中心度均低于社会平均水平，表明文化产业对其他产业的控制程度较低，即其他产业间的联系不易因文化产业的消失而中断，文化产业可以增强其他产业间的联系，但不是其他产业间联系的必需产业。

3. 凝聚子群分析与核心-边缘分析

在凝聚子群分析部分，本报告采用 ucinet 软件中的 CONCOR 法，它是一种迭代相关收敛法，其原理是如果对矩阵中各行或各列的相关系数进行重复计算，最终会产生一个仅由 1 和 -1 组成的相关系数矩阵，因此可以将要分析的项目分为两类。在社会网络分析中，这一方法被用来研究内部关系比较密切的"小团体"。在这一部分，出于时效性的考虑，本报告的分析对象为 2017 年二值化后的直接消耗系数矩阵。结果发现，北京市的 40 个部门可以被分成 8 类，其中文化产业与房地产业、食品和烟草业、住宿和餐饮业以及综合技术服务业属于同一大类，这表明它们之间的产业联系较为紧密，具有较高的内部协作性，因此要发展文化产业，除了直接的政策支持外，还可以从以上四个产业入手。

而对于核心-边缘分析，它能够将网络中的节点分为两个区域——核心区域和边缘区域，其特点是：处于核心区域的节点之间联系紧密，而处于边缘区域的节点之间联系较稀疏，但均有与核心节点建立关系的倾向。[1] 在对北京市 2017 年二值化的直接消耗系数矩阵进行分析后，将燃气生产和供应业，水的生产和供应业，信息传输、计算机服务和软件业以及卫生和社会工作业划分为边缘区域，将包括文化产业在内的 36 个部门划分为核心区域。经过计算得到文化产业的核心度为 0.133，在 40 个部门中排名 20，表明文化产业虽然属于产业网络的核心区域，但其核心度不高，与其他产业的联系仍有进一步深化和广化的空间。

四 结论与建议

本报告基于 21 世纪以来北京市 42 个部门的投入产出表数据，在将经济

---

[1] Borgatti, S. P., Everett, M. G., "Two Algorithms for Computing Regular Equivalence", *Social Networks*, 1993, 15, pp. 361-376.

部门中的"造纸印刷、文教体育用品产业""教育业""文化、体育和娱乐业"三个部门合并为文化产业后,得到40个部门的投入产出表,作为分析的原始数据,并对其进行投入产出分析,包括文化产业的后向关联效应、前向关联效应以及产业波及效应。同时,本报告还将由各年份投入产出表计算得出的直接消耗系数矩阵作为各产业间的相关系数矩阵,在对其进行二值化和对称化处理后进行了社会网络分析,以探究北京市文化产业在整个国民经济网络中的位置特征和重要程度。

在投入产出分析中,本报告发现,在产业关联效应方面,文化产业的特征是它与自身的前向、后向关联最强。结合实际情况来看,其原因可能在于:首先,文化产业内部存在大量在已有作品基础上进行二次创作的情况;其次,文化产业包含文化制造业,近年来以故宫周边产品为代表的各种具备文化内涵的周边产品广受大众青睐,文化IP逐渐成为文化用品的生产要素,即文化产业内部的文化服务业成为文化制造业的上游产业,增强了文化产业对自身的依赖。文化产业的发展具有"滚雪球效应",因此抓好文化产业当下的发展工作显得更加重要。

在文化产业与其他产业的关联方面,文化产业的三个主要上游产业为交通运输及仓储业、租赁和商务服务业以及电力、热力的生产和供应业,从发展趋势上看,文化产业与租赁和商务服务业的后向关联逐渐增强,尤其是在2012年后有了较大幅度的增长,与交通运输及仓储业的后向关联相对稳定,而与电力、热力的生产和供应业则表现出直接后向关联减弱、间接后向关联增强的趋势。另外,值得一提的是,文化产业与信息传输、计算机服务和软件业以及通信设备、计算机及其他电子设备制造业的后向关联在21世纪初处于较高水平,但随后呈急剧下降趋势,这表明计算机行业与更多其他产业的迅速融合发展大幅降低了其对文化产业的依赖性,目前文化产业已不再是计算机行业发展的主要依赖产业。在下游产业方面,与文化产业前向关联最强的三个产业为租赁和商务服务业,信息传输、计算机服务和软件业以及金融业,从发展趋势上看,文化产业与租赁和商务服务业的前向关联略有下降,与金融业的前向关联相对稳定,与信息传输、计算机服务和软件业的前向关联则呈先下降后上升的趋势，其中上升的部分发生在 2012 年以后。可见，近年来我国大力推进文化建设，提高了文化产业与租赁和商务服务业以及信息传输、计算机服务和软件业等第三产业的关联程度，使得文化产业的发展更好地推动了第三产业的发展。

在产业波及效应上，一方面，文化产业对经济中其他部门的牵动作用低于社会平均水平，且影响力系数呈逐年下降的趋势，整体上文化产业与其他部门之间的后向关联效应越来越弱。另一方面，整体上文化产业受其他部门发展的带动作用略高于社会平均水平，但呈下降趋势，并于 2017 年跌至社会平均水平以下，与其他部门之间的前向关联效应也越来越弱。因此，北京市文化产业属于易受其他产业带动发展而难以带动其他产业发展的产业，具有"中间产业"的特征，同时文化产业与其他产业的关联程度下降，逐步转变为依赖于自身发展的相对独立的产业。

在社会网络分析中，本报告发现，首先，北京市各产业之间的联系相对紧密，相互依赖程度较高，这有利于降低产业间的交易成本，助力协同发展，但在应对外部危机时的灵活性不足。其次，文化产业在北京市整个产业网络中居于相对核心的位置，受其他产业控制和对其他产业控制的程度均较低，这与产业波及效应分析中的结论大致相同，表明文化产业在产业协同发展中主要发挥"锦上添花"的作用。但文化产业的核心度不高，在所有部门中处于中游水平，与其他产业的联系仍有进一步深化和广化的空间。最后，目前文化产业与房地产业、食品和烟草业、住宿和餐饮业以及综合技术服务业的联系较为紧密，因此在大力发展文化产业的同时，应兼顾以上四个产业才能更好地实现文化产业的高质量发展。

综合上述结论，本报告提出以下政策建议。第一，要保证文化产业主要上游产业，即交通运输及仓储业、租赁和商务服务业以及电力、热力的生产和供应业的供给充足，为文化产业的发展提供足够的生产要素，同时兼顾下游的信息传输、计算机服务和软件业以及金融业，为文化产业提供发展动力。第二，整体上文化产业与其他产业的关联程度逐渐下降，其在整体产业网络中虽处于核心区域但核心度不高，这不利于文化产业与其他产业的协同发展，因此政府应鼓励文化产业与其他产业融合，如文化产业与信息传输、计算机服务和软件业，二者的直接后向关联呈下降趋势，而5G、VR等技术完全可以运用在文化作品的创作中。近期比较热门的数字艺术头像也是文化产业的一个发展点，文化产业与高新技术产业的融合能够使传统的文化作品在新时代焕发新的生机，也有利于文化创新。第三，文化产业的发展对自身有很高的依赖性，其应对外部危机的能力相对较弱，这就要求相关部门时刻注意文化产业的发展状况。同时，这也表明文化产业的相关产品可能存在低创作度甚至抄袭、盗版等现象，导致内部资源的浪费，所以政府应进一步完善相关法律法规，严厉打击文学艺术作品、数字游戏、电视电影等文化产品的拙劣模仿、抄袭行为，推动文化产业高质量、可持续发展。

B.10
2021年北京市文化产业投融资情况分析

刘德良 *

摘　要： 2021年，北京市继续密集出台文化产业投融资扶持政策，投融资环境向好，市场活力不断释放。全年北京文化产业社会融资活跃度提升，募资规模扩大，增速超过全国整体水平。其中，已上市企业、新三板挂牌企业融资活跃度上升，私募股权融资市场升温，债券、信托融资规模呈现不同幅度下滑态势。从未来发展情况看，私募股权融资趋于健康、良性发展，新三板市场改革红利不断释放，上市融资环境总体有利，债券市场环境宽松，文化产业资本市场投融资趋向更加利好。

关键词： 文化产业　投融资　私募股权融资　上市融资　债券融资

一　北京市文化产业规模持续发展壮大

2021年，统筹疫情防控和经济社会发展成效继续显现，北京市文化产业体系不断健全，文化产品供给质量稳步提升，文化市场主体活力进一步增强，文化产业规模持续壮大，产业结构不断优化。北京市统计局数据显示，2021年，北京市规模以上文化产业实现营业收入17563.8亿元，同比增长17.5%，占全国的比重为14.75%；实现利润总额1429.4亿元，同比增长

---

* 刘德良，北京新元文智信息技术有限公司总经理。

47.5%；吸纳从业人员64万人，同比增长4.8%。① 文化核心领域收入占北京市规模以上文化产业总营业收入的90%以上，优势行业主导地位凸显。文化核心领域收入合计15848.3亿元，同比增长17.8%。其中，文化娱乐休闲服务、内容创作生产两个领域的收入同比分别增长38.5%、30.8%，新闻信息服务、文化传播渠道两个领域的收入同比分别增长21.5%、12.5%，创意设计服务和文化投资运营对文化产业增长的贡献率分别为6.2%和11.1%。文化相关领域利润总额增幅明显，同比增长37.7%。其中，文化辅助生产和中介服务收入合计761.7亿元，同比增长11.4%；文化装备生产收入合计120.3亿元，同比增长8.3%；文化消费终端生产收入合计833.6亿元，同比增长18.4%。

另外，2021年北京市数字经济实现增加值16251.9亿元，比2020年增长13.1%（按现价计算），占北京市GDP的比重达到40.4%，比2020年提高0.4个百分点。其中，数字经济核心产业增加值为8918.1亿元，同比增长16.4%，占全市GDP的比重为22.1%，比上年提高0.8个百分点。② 在科技创新和变革的推动下，北京市新业态、新模式释放新活力，成为拉动文化产业发展的核心力量。

二 北京市文化产业投融资扶持政策不断加码

为完善文化产业投融资体系，深化文化与金融合作，促进文化产业高质量发展，2021年，北京市继续密集出台相关扶持规划和政策，如《"十四五"文化和旅游发展规划》《文化旅游领域"两区"建设工作方案》《关于促进"专精特新"中小企业高质量发展的若干措施》《北京市高精尖产业发

---

① 《规模以上文化产业情况》，北京市统计局、国家统计局北京调查总队网站，2022年2月7日，http://tjj.beijing.gov.cn/tjsj_31433/yjdsj_31440/wh/2021/202202/t20220207_2605342.html。

② 《首次发布！2021年北京数字经济实现增加值16251.9亿元》，百度百家号，2022年1月19日，https://baijiahao.baidu.com/s?id=1722337046113958 63 95&wfr=spider&for=pc。

展资金管理办法》等,深化金融供给侧结构性改革,推动文化金融体制机制及产品、服务等创新发展,促进文化与金融资源高效对接,进一步提升文化与金融合作层次,规范引导社会资本进入文化产业,更好地发挥金融支持文化产业发展的支撑作用及倍增功能。在政策引领下,北京市文化产业投融资环境向好,市场活力不断释放,对全国文化金融发展的表率及引领作用凸显。

三 北京市文化产业投融资市场优势明显

(一)社会融资市场升温明显,增幅远超全国

2021年以来,随着新冠肺炎疫情防控的常态化,文化产业社会融资市场逐渐升温。2021年,全国共发生2401起文化产业社会融资案例,涉及资金3754.68亿元(不含银行贷款,下同),同比分别增长35.04%、38.16%。其中,北京市相对应的指标分别增长40.48%、62.07%,均高于全国平均增幅。

从各省份文化产业融资能力来看,北京市作为全国文化中心,文化、金融资源集聚优势明显,为文化产业社会融资市场的发展提供了有力的保障。中国文化金融数据库(CCFD)数据显示,2021年北京市文化产业社会融资案例共计531起,融资规模达999.66亿元,在全国的占比分别为22.12%、26.62%,均居全国首位,区域领先优势明显(见表1)。

表1 2021年全国文化产业社会融资规模(TOP10)

排名	省份	融资规模(亿元)	数量(起)
1	北京	999.66	531
2	广东	810.57	461
3	上海	753.28	309
4	江苏	267.70	183
5	浙江	247.91	192

续表

排名	省份	融资规模（亿元）	数量（起）
6	山东	149.78	64
7	陕西	74.97	68
8	四川	73.13	65
9	湖南	66.23	25
10	安徽	62.60	21

注：社会融资统计渠道包括上市、新三板、私募股权、债券、信托、众筹等。其中，上市企业发债融资与债券渠道重合部分，仅统计一次，不重复计算。

资料来源：中国文化金融数据库。

（二）上市：首发融资规模大幅增长，已上市文化企业投融资活跃度提升

证券交易所是企业筹集发展资金的重要场所。企业首发上市融资，具有募集资金规模大、筹资永久性强、无偿还压力、资金使用限制相对宽松等优点，大量文化企业通过上市融资加速发展壮大。近年来，随着IPO审核加速、注册制不断落地、北京证券交易所成立、香港交易所改革实施等，北京市文化企业首发上市融资始终处于高位状态。2021年，北京市新增12家文化企业IPO上市，虽然同比下降14.29%，但其中不乏百度、快手等募资200亿港元以上的优质企业（2家企业在香港交易所上市，其中百度为二次上市），首发融资规模共计742.14亿元，同比增长99.14%。总体看，北京市文化企业上市首发募资情况良好，融资较为活跃，为产业发展提供了强大的资金支持。从分布看，12家首发融资企业来自5个细分领域。其中，互联网文化娱乐平台企业有3家，融资表现强劲，涉及资金436.66亿元，居各细分领域首位，占该渠道总融资规模的58.84%。互联网信息服务企业最多，达到4家，共融资272.12亿元，占比为36.67%。此外，工艺美术品销售、广告服务、数字内容服务企业分别有2家、2家、1家企业IPO上市（见图1）。

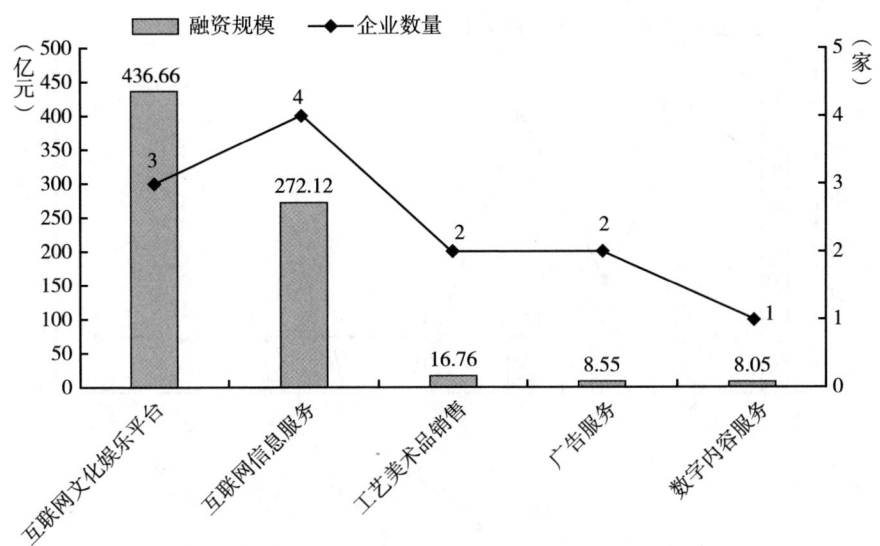

图 1　2021 年北京市新增上市文化企业首发融资行业分布

资料来源：中国文化金融数据库。

2021年，北京市已上市文化企业共发生21起融资事件，涉及定向增发、发行债券等方式，融资活跃度提升，融资事件数量同比增长31.25%；募集资金128.12亿元①，同比增长31.12%。总体看，2021年，北京市已上市文化企业融资升温。从分布看，上市企业融资主要集中在互联网信息服务、艺术表演、设计服务、广告服务、互联网文化娱乐平台五个领域，融资事件数量、融资规模合计占比分别为80.95%、94.63%。其中，互联网信息服务企业募资能力最强，以4起事件融资65.72亿元，占该渠道总融资规模的51.30%。艺术表演、广告服务企业融资相对活跃，涉及融资事件各5起，募集资金规模分别为18.00亿元、12.02亿元，占该渠道总融资规模的14.05%、9.38%。设计服务企业通过2起事件融资14.89亿元，融资规模占比为11.62%。此外，互联网文化娱乐平台企业融资10.61亿元，其他领域企业募集资金规模相对较低，均不超过6亿元（见图2）。

---

① 合计数据按照原始数据计算，与文中保留两位小数的数据计算结果略有偏差，下同。

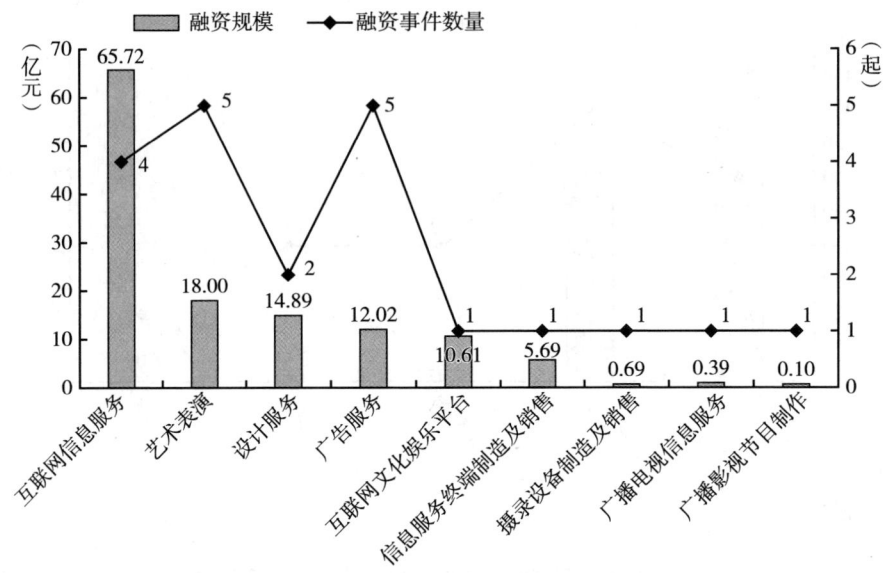

图 2　2021 年北京市已上市文化企业融资行业分布

资料来源：中国文化金融数据库。

在投资方面，随着疫情防控的有序推进，2021年，北京市已上市文化企业投资活跃度上升，共发生136起投资事件，同比增长47.83%；但投资更加谨慎，投入资金收紧，涉及资金93.77亿元，同比下降69.67%。从投资主体分布看，投资扩张主要集中在互联网信息服务、数字内容服务、互联网文化娱乐平台、广告服务四个领域。其中，互联网信息服务企业投资最为强劲，活跃度、资金规模均居各领域首位，共计以59起事件投资26.22亿元，分别占总投资事件数量、总投资规模的43.38%、27.96%。数字内容服务企业投资规模居其次，涉及资金22.66亿元，占总投资规模的24.17%。互联网文化娱乐平台企业较为活跃，共发生27起投资事件，仅低于互联网信息服务企业，投资规模为9.98亿元，居第三位，占总投资规模的10.64%。此外，广告服务企业以11起事件投资9.37亿元。其他领域企业投资相对较少，涉及事件均不超过5起，投资资金均不超过7亿元（见图3）。

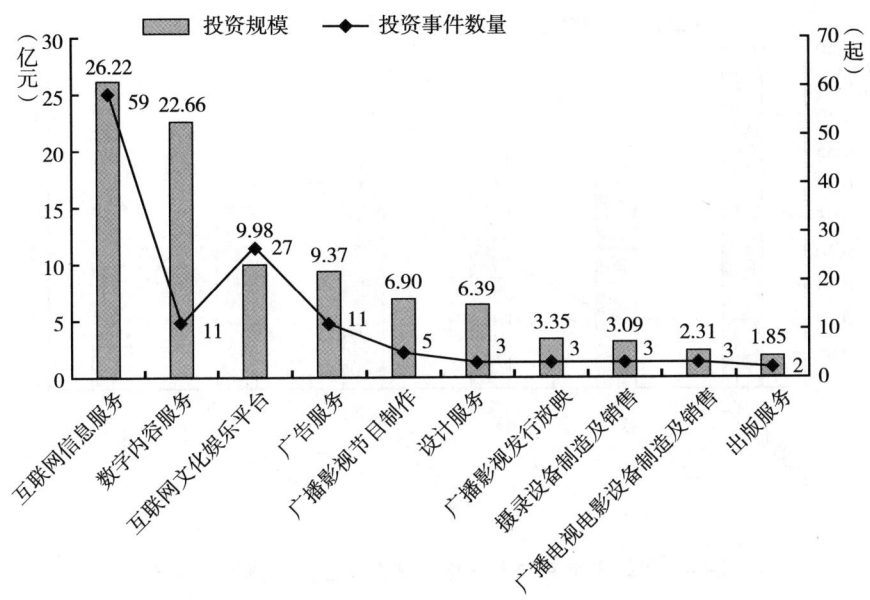

图 3　2021 年北京市已上市文化企业投资行业分布（TOP10）

资料来源：中国文化金融数据库。

（三）新三板：挂牌文化企业融资活跃度上升，投资收紧

新三板是中小微文化企业融资的主要市场。2021 年，北京市挂牌文化企业融资活跃度上升，共计发生 11 起融资事件，同比增长 37.50%；但融资规模反向下滑，募集资金 1.68 亿元，同比下降 42.15%。从融资行业分布看，11 起融资事件共涉及 6 个领域，包括印刷设备制造、会议展览服务、广告服务、广播影视节目制作、互联网信息服务、出版服务。其中，印刷设备制造、会议展览服务、广告服务企业融资规模相对领先，分别募集资金 0.47 亿元、0.31 亿元、0.30 亿元，占挂牌企业总融资规模的 27.86%、18.39%、18.02%①（见图 4）。

2021 年，北京市挂牌文化企业投资呈现收紧态势，共计发生 91 起投

---

① 占比数据按照原始数据计算，与文中保留两位小数的数据计算结果略有偏差，下同。

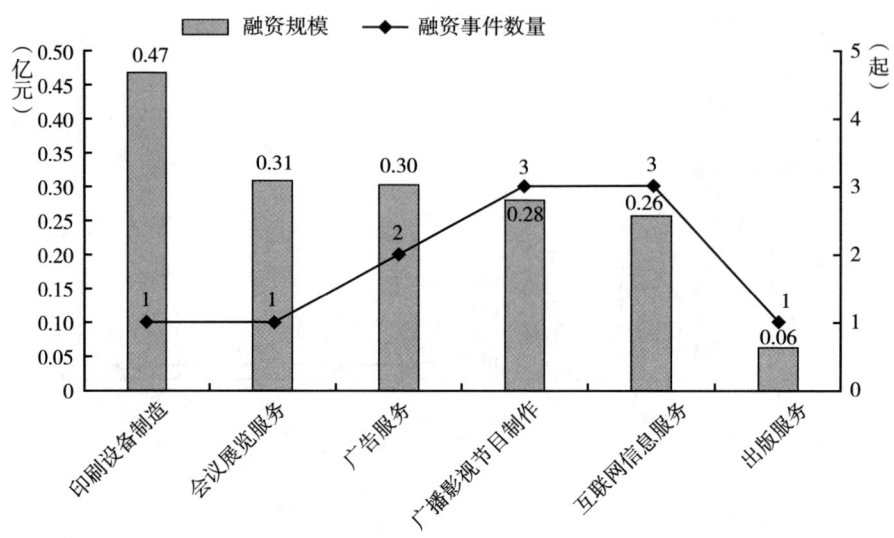

图 4　2021 年北京市新三板挂牌文化企业融资行业分布

资料来源：中国文化金融数据库。

资事件，同比下降 13.33%；投资资金为 5.66 亿元，同比下降 42.85%。从投资主体分布看，北京市挂牌数字内容服务企业投资力度最大，通过 15 起事件投资 1.45 亿元，资金规模居各领域首位，占总投资规模的 25.70%。广告服务企业最为活跃，共发生 34 起投资事件，占总投资事件数量的 37.36%；投资资金为 1.39 亿元，仅低于数字内容服务企业，占比为 24.54%。此外，版权服务企业投资规模达 0.99 亿元，占总投资规模的 17.51%。其他领域企业的投资规模相对较小，占总投资规模的比重均低于 10%（见图 5）。

（四）私募股权：市场明显升温，互联网新兴文化领域备受资本青睐

与 2020 年疫情下私募股权融资市场的低迷状态不同，2021 年以来，随着政府各项利好政策的实施，北京市文化产业私募股权融资市场的活跃度及融资能力均在稳步上升。据中国文化金融数据库统计，2021 年，北京市文

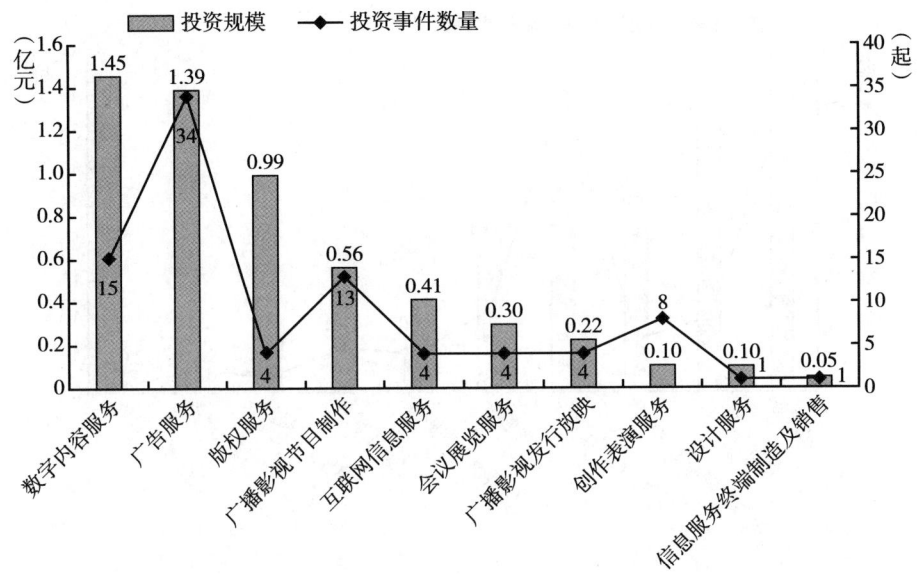

图 5　2021 年北京市新三板挂牌文化企业投资行业分布（TOP10）

资料来源：中国文化金融数据库。

化产业私募股权融资事件共计发生 154 起，涉及资金规模为 121.21 亿元，同比分别增长 43.93%、33.04%，市场整体回暖。

从融资资金走向看，2021 年，北京市文化产业私募股权融资主要集中在互联网信息服务、互联网文化娱乐平台、信息服务终端制造及销售、数字内容服务、广告服务五个领域，合计融资规模占该渠道融资总规模的 82.34%。其中，互联网信息服务企业融资能力最为突出，以 27.93 亿元的融资规模居各细分领域之首，占北京市文化产业私募股权融资总规模的比重达到 23.04%，但较上年同期下降了 13.53%。从融资频次看，互联网新兴文化领域融资更为活跃，数字内容服务、互联网信息服务企业分别发生融资案例 40 起、37 起，占该渠道融资案例总数的 25.97%、24.03%。其他细分领域的融资活跃度相对较低，占比均不足 10%（见图 6）。

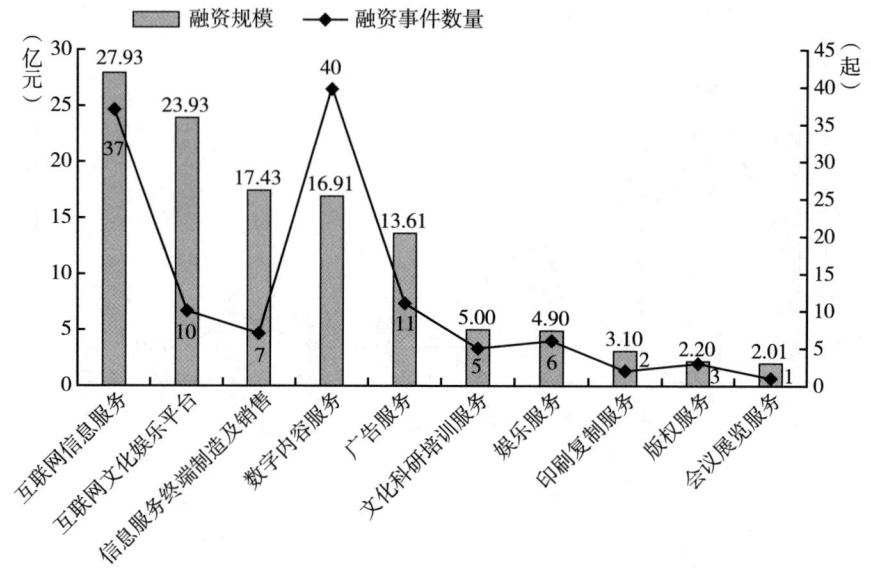

图6 2021年北京市文化产业私募股权融资行业分布（TOP10）

资料来源：中国文化金融数据库。

（五）债券：市场趋冷，互联网信息服务为融资高地

债券融资由于具有融资成本低、受资本限制较少、融资渠道更直接等优点，在新冠肺炎疫情期间成为众多文化企业融资的首选。进入2021年，随着疫情防控常态化，文化企业发债融资的紧迫性有所缓解，北京市文化产业债券融资规模出现小幅下滑，共计发生债券融资事件9起，涉及资金规模为84.01亿元，同比分别下降40.00%、10.42%，债券融资规模占各渠道总融资规模的比重也由上年同期的15.20%下降至8.40%。可见，随着疫情影响的减弱以及股权融资市场的回暖，文化产业对债券融资的依赖性有所回落。

从行业分布看，北京市文化产业债券融资市场的行业集中度相对较高。中国文化金融数据库数据显示，2021年，北京市文化产业债券融资主要涉及互联网信息服务、艺术表演、广告服务、广播电视信息服务四个细分领域，其中77.15%的融资集中在互联网信息服务行业，发债规模高达64.81亿元，涉及2起事件。近六成债券融资事件来自艺术表演行业，但该行业由于单笔发债规模略低，其总体债券融资能力要远低于互联网信息服务行业（见图7）。

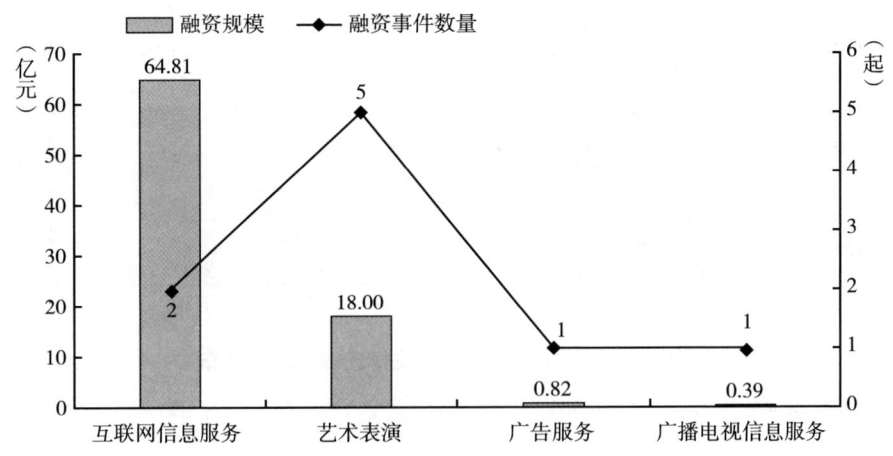

图7　2021年北京市文化产业债券融资行业分布

资料来源：中国文化金融数据库。

（六）信托：市场规模略有下降，文化产业投资与资产管理领域融资表现活跃

信托融资由于程序简单、审批环节少、对企业规模要求不高等特点，成为文化企业的一种重要融资方式。但同时信托融资成本也比较高，在北京市文化产业融资市场的地位仍然相对较低，与同为债权融资的债券融资存在较大差距。据中国文化金融数据库统计，2021年，北京市文化产业信托融资事件共计发生8起，涉及资金规模为5.86亿元，整体略有下降，较上年分别下降11.11%、7.24%。从行业分布看，北京市文化产业信托融资多集中在投资与资产管理领域，共有7起（占比为87.50%）信托融资事件发生在该领域，但单笔融资规模相对较小，共融资1.36亿元，占北京市文化产业信托融资总规模的23.21%。广播影视发行放映领域仅发生了1起信托融资事件，但融资规模较大，为4.50亿元（见图8）。

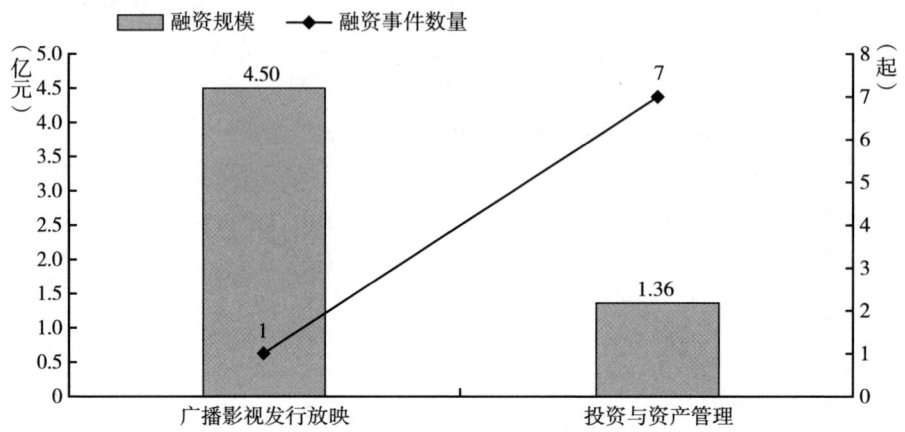

图8 2021年北京市文化产业信托融资行业分布

资料来源：中国文化金融数据库。

四 北京市文化产业投融资案例分析

（一）私募股权融资：中科深智完成B轮融资

2021年11月，北京中科深智科技有限公司（以下简称中科深智）宣布已完成晨山资本领投的B轮千万美元融资，老股东马来西亚MYEG Capital持续跟投，昭羽资本持续担任本轮独家财务顾问。① 本轮融资资金将用于中科深智核心技术迭代、产品研发和3D资产库建设等方面。

1. 融资方介绍

中科深智成立于2016年4月，是一家以AI+XR影像内容生产技术为核心的科技型公司，公司创始人成维忠先后就读于中国科学技术大学和复旦大学，是连续创业者，拥有丰富的管理经验。目前中科深智布局完成了多模态的动作驱动引擎，包括动捕传感器驱动、AI脚本驱动、语音驱动、摄像头

---

① 张麟：《36氪首发 | "中科深智"完成B轮融资，利用AI影像数据驱动技术打造元宇宙内容生产中台》，36氪网站，2021年11月2日，https：//36kr.com/p/1466286585 187335。

驱动等，正在推进元宇宙实时动画影像中台建设，为客户提供更加综合的虚拟现实交互能力。

2. 竞争优势

虚拟偶像、虚拟主播以及动漫 IP 孵化等产业在近年来获得了较快发展，通过带货、虚拟演唱会等形式，可以产生巨大的商业价值。同时，元宇宙概念的升温也使得虚拟数字人市场持续受到关注。

随着基础建设和技术引擎的发展完善，虚拟数字人将迎来更丰富的应用场景。中科深智正在通过 AI 技术、动捕算法及实时渲染引擎，构建覆盖泛内容形式的实时动画影像中台"MotionVerse"，打造针对多种商业场景的内容生产系统。中科深智已经在电商虚拟主播领域完成了标准化产品应用，业务布局重点将升维到实时动画影像中台所提供的"定制方案+标准产品"SaaS 模式，主要包括以下四个方面。

一是快速动画制作。中科深智面向快速动画内容生产，为用户提供快速动画全流程应用，并提供大量原创版权素材。在此业务领域，中科深智已经与腾讯等互联网巨头公司达成了合作。

二是动作捕捉和混合现实成像。中科深智的"创梦达""创梦加""DeepArt"产品可以解决单人多用途和多人大空间的实时动画与 LED 屏混合拍摄，主要面向有一定专业性要求的客户。"创梦达"和"创梦加"采用扫描光学动捕技术和 IK 动捕算法，相较于摄像头动捕有更高的动捕精度，同时没有固定光学动捕系统过于冗杂的定位元件，可实现优质的虚拟人与现场的实时互动效果，目前已经广泛应用于电竞直播、CJ、文娱展会等现场活动；而"DeepArt"则是结合了 LED 屏混合拍摄和实时动画技术的新一代虚拟制片系统，主要面向中小影像工作室，用于拍摄更加逼真的混合现实效果，适用于线上发布会、虚拟直播间和影视拍摄等。

三是虚拟直播。直播带货是近年来虚拟人市场较为火热的领域。中科深智在 2020 年陆续推出了"创梦易自动播""云小七"等产品，可在多个电商平台实现全天 AI 直播带货。

四是超大空间定位系统。2021 年 9 月，中科深智联合 HTC VIVE 推出多定位器大空间定位系统 LightingVerse。LightingVerse 是一套独立的、基于 LightHouse 的室内大空间光学定位系统,可以为 VR 仿真训练和 VR 娱乐体验提供性价比极高的大空间定位跟踪系统,基于该系统开发动作捕捉系统,可以为数字人实时驱动提供精确稳定的动作捕捉。

在赢利模式上,中科深智主要依靠实时动画系统销售费用及产品使用年费获利,目前已服务企业客户超过 2000 家,年盈利规模在数千万元级别。人员方面,中科深智目前有员工 120 余人,且仍在快速扩充。

(二)上市融资:掌阅科技非公开发行股票募资10.61亿元

2021 年 2 月 18 日,掌阅科技股份有限公司发布《非公开发行 A 股股票发行情况报告书》,宣布非公开发行事项已完成,本次共发行人民币普通股(A 股)37896835 股,发行对象总数为 20 名,募集资金总额为 10.61 亿元。①

1. 融资方介绍

掌阅科技股份有限公司成立于 2008 年 9 月,于 2017 年 9 月在上海证券交易所主板上市,是全球领先的数字阅读平台之一。主要产品及服务包括掌阅 App、掌阅文学、掌阅精选、掌阅课外书、掌阅 iReader 国际版、iReader 电子书阅读器等。

2. 盈利情况

2020 年,公司依托平台庞大的流量基础,在用户规模保持增长的同时,不断通过付费与免费相结合的运营模式提高精细化运营程度,深化数字阅读平台的商业化价值。2020 年,公司平均月活用户数达 1.6 亿人,实现营业收入 20.61 亿元,同比增长 9.47%②,实现归属母公司股东的净利润 2.64 亿元,同比大幅增长 64.07%。2021 年 1~9 月,公司整体运营情况良好,营业收入达 15.97 亿元,同比增长 6.81%,但净利润同比下降 10.46%(见表 2)。

---

① 《掌阅科技股份有限公司非公开发行 A 股股票发行情况报告书》,上海证券交易所网站,2021 年 2 月 18 日,http://static.sse.com.cn/disclosure/listedinfo/announcement/c/2021-02-18/603533_20210218_5.pdf。

② 同比增速数据按照原始数据计算,与文中保留两位小数的数据计算结果略有偏差,下同。

表 2 2018 年至 2021 年 9 月掌阅科技主要财务指标

单位：亿元

日期	营业收入	净利润
2018 年	19.03	1.39
2019 年	18.82	1.61
2020 年	20.61	2.64
2021 年 1~9 月	15.97	1.49

资料来源：新元文智整理。

3.融资分析

从财务方面来看，本次发行完成后，公司的总资产规模与净资产规模将有一定幅度的增加，公司的资产负债率和财务风险将进一步降低，抗风险能力进一步增强。同时，公司的流动比率和速动比率将进一步提高，短期偿债能力提升，公司的财务结构将进一步改善，资本实力得到增强。此外，融资对公司营业收入、利润总额等盈利指标的稳定增长有促进作用，整体赢利能力将得到提升。

从业务角度来看，本次非公开发行募集资金将用于数字版权资源升级建设项目和技术中心建设项目，进一步巩固公司移动阅读业务的核心竞争力，强化公司现有流量的商业化变现能力，有利于公司的健康可持续发展。同时，有利于进一步实现公司主营业务的升级优化，保障公司的核心业务能力以及业务扩张，助力公司实现业务目标，为实现公司战略布局奠定坚实基础。

（三）债券融资：保利文化集团股份有限公司发行2亿元超短期融资券

2021 年 7 月 8 日，保利文化发行了保利文化集团股份有限公司 2021 年度第一期超短期融资券，债券简称为 21 保利文化 SCP001，债券代码为 012102489，发行金额为 2 亿元，债券期限为 270 日，票面利率为 3.3000%。[①]

[①] 《债券全称：保利文化集团股份有限公司 2021 年度第一期超短期融资券》，中国货币网，https://www.chinamoney.com.cn/chinese/zqjc/?bond DefinedCode=ifgbjwb8q6。

本期超短期融资券所募资金用于归还有息负债。

1. 发行公司简介

保利文化集团股份有限公司隶属中国保利集团公司，是专业从事文化产业的大型央企，2014年在香港联交所主板上市。通过多年的发展，保利文化形成了演出与剧院管理、艺术品经营与拍卖、影院投资管理三项主业并举的文化产业格局。立足三项主业，保利文化积极开拓艺术教育、文化金融、文化旅游、文化资产运营管理等新业务，寻求产业升级，致力于打造中国文化领军企业，树立世界一流文化品牌。

2. 竞争优势

保利文化集团股份有限公司的艺术品拍卖与经营业务以及剧院经营管理业务保持行业领先地位，拥有很高的品牌影响力及竞争实力。2019年，公司艺术品拍卖成交额约为86.00亿元，继续领跑中国艺术品拍卖市场。截至2020年9月末，公司管理的剧院规模达到70家，成为国内最大的剧院演出平台、最大的剧院管理团队以及国内规模最大的剧院演出运营商。

3. 偿债能力分析

从短期偿债能力指标来看，2018～2020年末及2021年3月末，公司流动比率分别为1.87、1.56、1.40和1.41，速动比率分别为1.38、1.23、1.11和1.11。发行人债务结构以短期债务为主，2018～2020年末及2021年3月末，公司流动负债占负债总额的比重分别为79.17%、78.56%、84.91%和83.46%，公司流动负债占比较高，短期资金偿付压力较大。从长期偿债能力指标来看，2018～2020年末及2021年3月末，公司资产负债率分别为52.12%、63.80%、67.27%和67.84%，因公司业务发展，资产负债率总体呈现上升趋势。

五 北京市文化产业渠道融资发展更加利好

（一）私募股权融资趋于良性，机遇与挑战并存

2021年，北京文化产业私募股权融资发展上扬，融资事件数量同比增

长43.93%，融资规模同比增长33.04%，市场回暖。总体看，未来市场机遇与挑战并存。2021年，北京及全国出台多个政策文件，支持创新创业、专精特新中小企业发展，极利于推动资本投资以中小企业为主的文化产业（特别是数字文化产业）。在资金端，保险资金进行股权投资限制的放开，进一步丰富了市场的资本供给，文化领域的投资资金有望进一步增加。2020年末，北京率先开展股权投资和创业投资份额转让试点，推进一级市场流动性提升，拓宽了北京文化产业股权投资退出路径。注册制的不断落地实施进一步激发了投资活力，信息技术、互联网技术、智能制造等"文化+"领域拥有核心技术、创新发展动力强劲标的的价值更加凸显。股权市场监管更加严格，违法违规行为受到持续打击，规范水平进一步提升。同时，股权投资行业洗牌加速，投资机构优胜劣汰更加明显，其投资也将更加注重质量而非数量，即集中优势资源及投资经验，向专注的重点赛道、标的全方位赋能，进而被投企业将获得更大的发展契机，随之而来的是文化企业的资本争夺将更加激烈。据预测，随着经济的恢复、资本市场环境的优化以及政策的推动，北京文化产业私募股权融资将趋于良性，更加利好。

（二）新三板市场发展向好，融资有望复苏

截至2021年末，北京挂牌文化企业数量占全国的23.23%，居于首位。在新三板融资市场，北京文化企业资源优势明显，更多的文化企业提供了更大的融资可能性。虽然2021年北京文化产业新三板融资指标值较低，占各渠道的比重较小，但预计未来发展情况将有所改善。2021年，北京证券交易所成立，服务中小企业更具包容性、精准性，提高了文化企业上市融资的可能性，为推动文化企业挂牌发展，以及资本投资新三板文化企业营造了良好的环境。北京证券交易所与新三板联系紧密，比如其上市企业由创新层企业产生。北京拥有数量庞大的中小文化企业，优质企业挂牌热情将被进一步激发。同时，随着北京证券交易所的成立，相关政策措施将加速完善，在政策红利的刺激下，"反哺"新三板效应会逐步显现，北京已挂牌文化企业融资环境将更加乐观。同时，2021年新三板各层级调

低投资者准入的最低资产标准,更利于资本进入新三板,增强市场流动性,进而加大对文化企业的资本供给,促进更多北京优质挂牌文化企业融资发展。

(三)IPO上市、再融资环境总体有利,活跃性预估上行

2021年,在百度、快手的带动下,北京文化企业IPO首发融资规模处于高位,给下一年融资规模的增长带来极大压力。展望未来,北京文化企业IPO上市融资、上市后再融资环境利好,市场活跃度有望提升。一方面,北京证券交易所的成立为北京文化企业上市融资提供了新的"窗口"。在区位上,其重点服务于京津冀乃至北方地区,北京本土企业更容易获利;在定位上,其主要服务于创新型中小企业,制度设计更加灵活,可以较好地匹配文化企业的上市融资需求;在市场体系中,其进一步提升了上市融资的层次性及丰富性,北京证券交易所与新三板基础层、创新层形成层层递进的市场结构,又为沪深交易所的创业板、科创板搭建了转板桥梁,资本市场对文化企业的"覆盖面"扩大,有利于北京文化企业上市融资发展。另一方面,注册制改革成效逐步显现,文化企业已初步获益。在可以预见的将来,改革加速实施,全市场注册制将平稳落地,在利好信号以及IPO审核时间缩短的情况下,将有更多的文化企业积极上市。综上,尽管IPO审核趋严,但北京证券交易所的成立、"全面注册制"的实施给以中小企业为主的文化企业带来了更多的上市机会。北京文化资源丰富,达标企业相对较多,企业IPO数量有望进一步增加。在再融资方面,预计未来北京上市文化企业表现乐观,监管趋严作为"新常态"产生的消极影响将随着时间的推进渐渐消退,2020年版"再融资新规"的积极影响也将逐渐显现。同时,在大力发展直接融资的背景下,再融资将享有政策红利。

(四)债券市场环境趋向宽松,风险仍需警惕

预计未来北京文化产业债券融资环境向好,市场虽可能出现波动,但总体将更加有序、健康,下行压力较小。"完善民营企业债券融资支持机制"

被写入2022年政府工作报告，后期政策红利将不断释放，预计具有高新技术产业、战略性新兴产业等属性的民营文化企业债券融资将获得更大的支持。"全面注册制"将稳定落地，优质文化企业发行公司债将迎来利好，融资将更为顺畅。北京证券交易所的成立，进一步拓宽了债券融资路径，可转债等不断推行落地，有利于扩大债券融资规模。在整个信用债市场，2021年，监管部门积极完善违约处置机制，风险防控取得一定成效，虽然违约规模还较大，但相较于2020年，新增违约数量、违约金额均有所减少，较佳的环境有利于加大市场资金供给，提高流动性，有利于文化企业发债融资。但同时，新冠肺炎疫情的影响仍未消散，一些企业还存在较大的经营压力，存在"高杠杆"债务滚动模式的企业压力将进一步增大，债券市场仍存在一定风险。

技术应用篇
Technology Application Reports

B.11 大数据在文博文创产品开发中的应用研究

杨越明*

摘　要： 文博文创产品开发中的数据资源正逐步向数据资产转变。为提升文博资源市场开发利用的整体效率，应适时推进体现自身特色的大数据体系建设，将分布在供给端、流通端、需求端的资源大数据、行业大数据、消费大数据进行有效整合。大数据应用有利于解决现有文博资源开发协同力不足、授权定价机制不健全、文博文创从业人员能力不足等问题，进而推动文博文创产品高品质、个性化生产。

关键词： 大数据　文博文创　数字化

---

* 杨越明，北京师范大学文化创新与传播研究院副院长、教授。

习近平总书记多次强调，要"让收藏在博物馆里的文物、陈列在广阔大地上的遗产、书写在古籍里的文字都活起来"。越来越多的人意识到对文物、遗产的充分尊重并不是束之高阁的保护，而是通过创新活化，将它们所浸润的人文历史、艺术审美基因外显和表达出来。

从 2016 年《关于进一步加强文物工作的指导意见》提出"大力发展文博创意产业"，到 2021 年《"十四五"文物保护和科技创新规划》提出"大力推进让文物活起来"，不少文博单位在着力推进文博资源数字化建设的基础上，积极探索基于著作权、商标权的品牌授权机制，开发出许多堪称"爆款"的文博文创产品与服务，在孵化文博文创新业态与构筑文化消费新动能上体现出巨大的潜力。

但是，文博文创产业在高速发展的同时，也存在同质开发、仿冒侵权、搭车营销等诸多问题。造成这些问题的根本原因在于文博单位对自身馆藏资源的市场价值判断与开发能力不足，对授权机制及知识产权保护机制认识不充分。以侵权行为为例，由于其本身具有隐蔽性、不确定性和因果关系复杂性等特点，授权、确权与侵权认定均存在一定难度。一旦遭到侵权，文博单位作为维权方在搜集材料举证上会花费大量的时间和费用，但维权效果依然不佳。

上述问题存在的根本原因是影响文博文创长期高质量发展的关键性问题还没有找到答案。例如，文博资源数字化采集如何从一次性的数字资料收集到面向潜在的多用途市场开发？数字化的博物馆资源即数字资产，如何进行科学公允的市场价值评估？文博文创 IP 在对不同消费品市场进行授权时，如何确保利益相关方的权益？这些问题如果依靠文博单位或市场主体的主观经验来回答，难免出现误判。

考虑到在数字经济时代，数据已经成为各个领域的重要生产要素，笔者认为文博文创领域应适时推进体现自身特色的大数据体系建设，将分布在资源端、流通端、需求端的现有或潜在大数据资源进行有效整合，以大数据为抓手确保文博文创开发获得更精准的价值研判与市场预期。

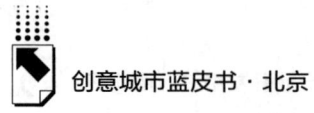

一 大数据赋能文博文创的现实基础分析

麦肯锡全球研究院在《分析时代：在数据驱动的世界中竞争》报告中指出，大数据是一种规模大到在获取、存储、管理、分析方面大大超出传统数据库软件工具能力范围的，具有海量的数据规模、快速的数据流转、多样的数据类型和价值密度低四大特征的数据集合。① 大数据技术本身的战略意义并不在于获取庞大的数据信息，而在于对这些数据信息进行专业化处理。

数字经济时代催生了以大数据为代表的新型生产要素。以往作为市场主体的企业经营决策大多依靠流程驱动，大多依赖经验主义，而今天越来越多的企业转向数据驱动型，即利用海量、多维度的数据建立起更加全面的评估体系，或是基于供需双方的精准匹配实现直接的业务创新增长，或是通过数据研判优化内部低效环节，以提升运营效率。主动拥抱大数据，无论是对于企业本身还是新兴行业来说，都是实现高质量发展的重要前提。

（一）文化大数据建设的政策机遇

当前，我国正在向数据大国和数据强国迈进。根据2019年科技部等六部门印发的《关于促进文化和科技深度融合的指导意见》，加强文化大数据体系建设是当前文化新基建的重点任务。

无论是中国文化遗产标本库建设、中华民族文化基因库建设、中华文化素材库建设，还是国家文化大数据云平台建设、数字化文化生产线建设等，都涉及公共文化资源的数字化采集、存储、传输和应用，旨在从供给侧着手，从生产端发力，打造良好的文化数据生产生态系统，实现文化数据资源到数据资产的转化，最大限度地激活文化资源的社会价值与市场价值。

---

① Mckinsey Global Institution (MGI), "The Age of Analytics: Competing in a Data-driven World", http://www.mckinsey.com.

（二）文博行业数字化建设逐步深入

从 20 世纪 80 年代起，文博领域就开始了对博物馆数字化建设的探索。在文物数字化标准方面，国家文物局组织编制、发布了《古建筑壁画数字化测绘技术规程》（WW/T 0082—2017）、《拓片元数据 著录规则》（WW/T 0093—2018）等行业标准，部署了《文物数字化保护标准体系框架指南》《数字化保护利用实施导则》等研究编制任务。

在文物数据资源存储方面，依托历次全国可移动文物、不可移动文物普查，以及智慧博物馆建设等工作，我国已经完成 76.7 万处不可移动文物和 1.08 亿件（套）可移动文物的数字化信息录入。目前已经开放 3500 家博物馆数字地图，公开 346 万件可移动文物数据信息，全国馆藏文物数据总量超过 140TB。[①] 但由于资金、人员、设备投入的局限性，文物数字化仍然存在采集标准不够细致全面、数据的后期应用性考虑不充分等问题。

（三）文博文创产业链日益完善

文博文创产业链的各个环节（设计、制造、传播和销售）只要利用到互联网和数字技术就会产生大量的数据。这些数据包括生产数据、流通数据和消费数据，共同构成了文博文创数据资产库。[②]

从产业发展的角度看文博文创工作，分析其中的大数据是如何产生，以及如何发挥作用的，应在文博文创产业运转的框架下进行。文博文创的产业链环节相对更多，各环节之间的协同更加复杂，这给大数据的应用带来了挑战与机遇。挑战在于，环节繁多复杂就会导致各环节之间的协同难度更大，对整个体系的运营管理能力要求更高；机遇则在于，环节多则产生数据的节

[①] 国家文物局第三次全国文物普查数据。

[②] 数据资产（Data Asset）本质上是指在信息经济和大数据技术发展背景下产生的不同于传统资产形态的一种资产形态。2019 年中国资产评估协会印发的《资产评估专家指引第 9 号——数据资产评估》中对数据资产的定义是："数据资产是由特定主体合法拥有或者控制，能持续发挥作用并且能带来直接或者间接经济利益的数据资源。"

点也多，为大数据发挥作用提供了更多的应用场景。

文博文创产业链的第一环节为文博资源梳理。针对可移动文物、不可移动文物、古籍书画、档案等所有有价值的文博资源进行数字化，以及分门别类地存储和管理，以更方便地调取使用。

文博文创产业链的第二环节为 IP 的创制和授权。在文博资源中提取更易于传播和更符合市场需要的文化元素，将其 IP 化，为进一步的产品化做好准备。例如，在猪年，可以调取馆藏与猪有关的文物信息，然后准备好相关的高清图片、二维扫描文件、历史文化信息的文档等，形成馆藏 IP。当文博单位允许一些品牌或者生产方就这些馆藏 IP 生产产品并且销售时，也就产生了文博 IP 授权的行为。

文博文创产业链的第三环节为设计。设计师基于馆藏 IP 的元素，进行延展设计和产品化设计。例如，基于某个带有猪视觉元素的藏品设计开发卡通猪的形象，赋予其更生动的外观、丰富的色彩、丰富的历史故事和内涵，再由设计师将这个卡通形象与一系列生活用品进行结合。

文博文创产业链的第四环节为生产。供应链工厂根据设计师的产品设计图、包装外观图进行打样，经过反复修改磨合，在工厂中生产出产品，并且通过物流进入仓储。

文博文创产业链的第五环节为销售和购买。在当下，销售大多发生在线上电商以及线下实体店两种场景内。消费者的购买行为、消费偏好以及消费者画像的数据都在销售环节逐渐积累。

（四）文博文创消费端的热度提升

从故宫文创到考古盲盒，从中央电视台的《国家宝藏》到河南卫视的《博物馆奇妙夜》系列节目，从"梦中上河"《清明上河图 3.0》到"遇见敦煌"光影艺术展，从敦煌研究院和腾讯联合开发的"云采丝巾"小程序到三星堆的 NFT 数字藏品，普通民众与文博文创的触点呈现多元化、个性化的特点。

文博文创爆款与热点背后折射出的是消费者对特定文博资源的情感偏好

与消费行为倾向。面对竞争态势，文博单位须判断哪些馆藏资源值得优先开发，生产企业须判断文博资源 IP 与特定产品类型的契合度，营销企业须判断不同渠道对应的文博文创传播效果，这些都需要在现有消费数据及案例的基础上完成文博文创消费者画像，进而确保对文博资源的市场开发更高效、更精准。

二 文博文创大数据的构成分析

考虑到文博资源的创造性转化和应用关系到文博资源保护与文博资产保值等关键问题，而文博文创产品作为新生事物，关系到文博知识产权开发与不同行业商品市场开发的对接问题，因此，无论是文化文物单位还是市场主体，对基于文博资源的文创产品开发均存在知识盲区。大数据的应用，有助于解决多方协同存在的盲区与隐患等问题。

从文博文创产品及服务的全链条来思考，笔者将文博文创大数据拆解为资源大数据、行业大数据与消费大数据三大类别。资源大数据即以数据格式呈现的文博单位馆藏资源；行业大数据是文博文创产品生产过程中生成的数据；消费大数据则是文博文创产品在销售过程中生成的数据。

（一）文博文创资源大数据

文博文创资源大数据是指文博单位在对馆藏资源进行数字化采集的基础上，对数字图片背后相关联的图像信息与文本信息进行精细标签化。一方面，可以从更多元的角度对单个文博藏品进行认知与解读；另一方面，不同文博藏品之间通过标签建立了多维度的关系，当我们要开发同一系列（同一调性、同一话题）的文博文创产品时，可以随时调取并利用相关性进行创新。

在文物数字化和应用开发方面，敦煌研究院处于先进水平。20 世纪 90 年代初，敦煌研究院在国内文博界率先开展文物数字化工作，在之后近 30 年的探索实践中形成了一套科学的敦煌壁画数字化工作规范，制定了文物数字化保护标准体系。据敦煌研究院相关负责人介绍，截至2020年6月，已经完成了230多个洞窟的数据采集、145个洞窟的图像拼接、160多个洞窟的虚拟漫游以及42身彩塑的三维重建。目前数字化成果已经运用到了考古测绘、美术临摹、文物保护、展览展示、文化弘扬等多个领域。

故宫博物院的数字化建设起步于1998年。"数字故宫"建设工作覆盖四个板块——硬件层面的网络建设和设备运维、软件层面的信息系统建设和运维、数据层面的资源采集加工及利用、应用层面的数字展示和公众服务，需对馆藏文博资源大数据的采集和管理形成有效的工作机制。目前故宫博物院数字文物库①已经上线，分门别类地展示了52558件（套）文物的数字信息，也通过标签化实现了模糊搜索、聚类搜索等功能。

在文博资源数据化采集的基础上，借助人工智能、虚拟现实等新兴技术，通过创意设计、创新应用，文博资源大数据可转变为更加直观的形态。以敦煌研究院和腾讯共同开发的"云游敦煌"数字小程序为例，其创新应用的底层逻辑即在进行敦煌壁画的数据化采集过程中，将局部的文化符号或特色元素等进行多维度的标签化处理，继而通过游戏化动作设置充分显现趣味性，从而激发民众的广泛参与。

（二）文博文创行业大数据

文博文创行业大数据就是以文博文创文化资源为核心，在供给侧进行的系统性文化生产与文化服务活动，并在此过程中产生的可作为生产要素进行文化再生产，或者对文化再生产具有意义和价值的文化数据。

无论是以经济增值为目的的文博文创商品还是以公共文化服务为目的的文博公共产品，都可归结为文博资源的生产转化。通常我们可以从实体商品、内容产品和公共文化产品三个产品类型来划分数据类型。

实体商品制造数据是通过对特定文博IP的提炼，以文化附加值的形式附着于实体商品生产中。在产业分类中，主要体现为文博IP资源在文具、

---

① https：//digicol.dpm.org.cn/.

家居、饰品、食品等领域的应用。

内容产品生产数据是通过对文博资源背后的视听元素、故事元素等进行创意再造，转化为内容产品生产数据，如出版物、演出、影视、广告等。在产业分类中，主要体现在文化产业的核心圈层。

公共文化产品生产数据是在将文博文物资源创意转化为公共文化产品或服务过程中产生的数据。随着博物馆从1.0参观式形态逐渐升级为2.0参与式形态，以体验感、沉浸感为主要特点的新型公共文化产品或服务日益增多。受数字公共文化产品生产的交互性影响，此类产品的生产数据既来自体验产品或服务的创意生产过程中，也来自博物馆各类活动的实际进程中。

除了上述根据转化产品类型划分的文博文创行业大数据外，还可以从文博文创外部支撑行业来获取关键大数据，如文博文创涉及的文化金融大数据、IP授权行业大数据、出口贸易大数据等。

（三）文博文创消费大数据

文博文创消费大数据是围绕文博文创领域消费者而生成的海量、非结构性数据。用好文博文创消费大数据，将有助于文博文创单位及相关供应端市场主体更好地判断受众对文博文创产品的认知、情感倾向与行为偏好，进而实现文博文创产品的优化供给。同时，消费端的文博文创大数据分析也将有助于C2M（用户直连制造商模式）在文博文创领域的应用推广。

文博文创消费大数据由认知与行为两个方面构成。首先是文博文创消费认知大数据，即根据消费者浏览文博信息、关注文博话题、参与文博互动等的频次，了解消费者对文博单位的认知兴趣，以及对特定文博资源的注意力和话题热度。

其次是文博文创销售大数据，即在电商平台、直播平台以及线下门店等复合销售渠道获取的与文博文创产品实际销售品类、实际销售额相关的大数据。透过文博文创销售大数据，相关数据信息可有效传导至文博文创产业链上游。不仅可以让文博资源端更好地判断哪些IP比较有可能获得消费者的青睐，哪些IP目前属于开发初期，哪些IP已经出现同质化现象；而且可以让文博供应端更好地判断市面上哪些品类的文博文创产品需求量较大、消费者对文博文创产品的价格敏感值浮动区间，以及究竟是博物馆自营产品还是联合品牌产品更受市场青睐。

三 大数据在文博文创领域的应用难题剖析

（一）文博资源数字化采集与管理系统标准不统一，与文博文创产业应用需求不匹配

尽管国家文物局等部门已颁布文物数字化采集与管理的相关标准，也有大量博物馆建设了信息管理平台，但是信息采集、信息上传与信息管理存在跨部门协同的困难，也受限于博物馆自身实物藏品归类、管理的既有机制，导致大量博物馆无法按照统一标准进行数据采集、存储与管理，不同博物馆采集、管理水平也参差不齐。一些水平较高的博物馆会根据自身情况完成标准规范的编制，如苏州博物馆在三维数字化采集与处理流程标准规范、书画文物数字化采集流程标准规范方面取得了显著成果。而大量中小博物馆的文物数字化水平仍停留在一张高清图片加时代、材质等属性标签的粗颗粒数据状态。

要充分发挥文博资源大数据在文博文创产业化应用中的效能，须以产品生产需求反推馆藏数字化采集和管理形式。但博物馆数字信息专业人员对文博文创产业应用的需求不了解，常常导致数据资源与产业应用不匹配，致使效率降低。以文化遗产类公园为例，出于传播的需要，这些公园往往能够提供高清的大全景风光照片，而产品开发方所需的数据资源往往是某件文物细节的二维、三维甚至矢量图，从而导致许多数字资源无法真正满足产品开发的实际需求，造成了前期采集工作的浪费。

（二）文博文创大数据应用的信息孤岛依然存在，文博文创业务推进层面协同力不足

博物馆的智慧化转型和传统业务部门业务范围的脱节，导致文博单位数

字化信息部门和文博文创相关业务部门在业务推进上联动不足，甚至产生部门冲突，直接影响文博文创产品开发前端的数字化建设，难以实现高质量的文博信息化展示。

首先，智慧博物馆的内部数据管理面临无序化和信息孤岛两大问题。一是博物馆信息化建设多点开花，文博数据被大量生产，但存在无序化、接口和标准不统一等问题，业务生产数据有条无块，"数"与"据"认知混乱；二是存在数据孤岛，文博文创相关业务系统数据不通、传递共享不够，缺乏顶层设计、数据共享、跨部门协同，文博大数据难以通过数据分析为文博发展提供决策支撑。需要打破部门隔阂，整合条块数据信息，促进高质量数字资源的持续生产。

其次，文物的数字化展示难以打通"研究之墙"，缺乏权威的文化艺术价值阐释。文博文创的 IP 筛选和文化内涵的提炼均离不开文物资源的信息处理。一个高质量的文物信息展示既包含高质量的图片信息，也包含高质量的文化价值信息。文博文创产品开发前端的数字化建设需要博物馆的文创部门、文物研究部门、信息化部门之间合作完成。信息化部门将文物资源进行数字化处理并上传至博物馆网站，文物研究部门提供权威的文物研究性信息，诸如艺术价值、文化价值的相关内容信息。相关文物信息不公开，导致大量有价值的文博文创内容信息被封锁在文物研究部门，无法转化为藏品数字化信息的文化价值信息，也无法作用于设计端，进而转化为设计参考的重要信息。

（三）原创开发力度不够，产品联合开发、品牌联合营销并未出现化合反应

文博文创的联名款开发，无论是市场规模还是产品跨界种类数量，都可谓一片红火。以故宫为例，其文创产品数量已突破 1 万种，年销售额在 2017 年就已经达到 15 亿元，在行业领域中独领风骚。借助 IP 授权联名的方式，故宫文创已形成一个规模庞大的"故宫 IP 超级阵营"，而故宫模式也成为其他博物馆纷纷效仿的行业范本。

但是在这一片红火背后，则隐藏着文博文创产业的危机。缺乏IP精耕与内涵挖掘的文博文创，仅仅依靠品牌联名与营销炒作，重事件营销，轻前端原创开发。对文博文创产品进行符号价值的拼贴，最终损害的不仅是文博文创产品自身的文物价值，从长远来看，对参与联名的企业品牌也是弊大于利。

文博文创以特色文物为开发根基，本应具有天然的市场蓝海优势。但IP联名款的产业化发展思路让文博文创的路子越走越窄，整个行业陷入红海竞争之中，典型的案例如故宫口红和颐和园口红上演的"口红界宫斗大戏"。很多文创产品在成为"网红"的同时，也不得不面对被"快餐化"消费的市场宿命。

这些问题背后的深层原因在于，当前我国文博文创的发展仍停留在美学创新的浅表层面，对文化文物历史资源的梳理、精耕、挖掘、提炼远远不够，却将更多的精力放在了商业营销模式的创新与风格形式的拼凑上。文博文创产业的美学创新应始终坚守文化基因的时代创新——既要在传统文化土壤中汲取精华、吸收养分，亦不能离开当下所处的文化背景和时代环境。

缺乏IP内容创新与设计开发的联名款，是对文博文创市场价值的巨大浪费与历史文化价值的极大稀释，亦是当前文博文创产业中的最大泡沫。可以预见，随着市场上堆砌的IP概念与噱头文创产品越来越多，消费者终将遭遇审美疲劳，文博文创产业也将丧失市场生命力，最终受到损害的不仅仅是IP形象本身，被消费的还有民众日益觉醒的对中华优秀传统文化的热情。

（四）文博文创的授权机制和版税定价缺乏公允的评估机制，导致授权方与被授权方的交易风险提升

在文博文创产业链各环节中，文化文物单位作为文博IP的拥有方，向被授权品牌或文创产品收取授权版税。IP作为无形资产，其商业价值的评估与版税定价需要成熟的市场机制和行业流通大数据作为支撑。从全球范围来看，授权行业兴起于20世纪70年代的美国，最早发端于娱乐行业，随后迅速扩大至商业品牌、高校、音乐、时尚、艺术、体育、出版等领域，现已

发展成为全球产业。1985 年，国际授权业协会在美国成立，作为一个行业自治机构，其重要功能之一就是获取和分析授权行业的行业大数据，并且进行年度行业趋势分析的发布，为各类 IP 授权方和被授权方的业务提供依据。

从国内环境来看，文博授权行业兴起不过短短几年，大量文化文物单位作为 IP 方，不仅在判断自身的 IP 价格方面缺乏经验和能力，而且在 IP 代理方的对接和被授权品牌的拓展方面缺乏资源。鉴于博物馆品牌影响力和 IP 传播覆盖率本身存在巨大差异，授权版税标准缺失已是定论。行业信息不对等以及相关人员不具备专业能力等导致授权机制与授权版税定价成为高风险行为，如颐和园在与其 IP 代理方的合作中对一套美术作品的著作权产生纠纷，造成了不良的社会影响。其背后的原因在于当下国内文博文创行业在授权机制与办税定价方面缺乏有效的评估机制，导致大量文博单位困惑于"收取多少版税较为合理"的问题，或者担心被代理方欺骗，不愿意踏出第一步。

（五）文博文创行业相关利益方对文博文创市场的认知与判断能力不足，严重掣肘文博文创产业的内涵式发展

内涵式发展是文博文创产业发展的必然之路，它强调以原始性创新为驱动，是一种以产业的内部因素作为主动力和核心资源来系统开发发展的模式。具体而言，文博文创产业是通过对文博文物资源的深耕与精研，围绕文博文创产品的独特 IP 价值来进行系统的生产供给与商业开发。因此，这也是文博文创产业与其他产业发展的一个关键区别。故而，文博文创产业中主体的知识能力、人力资本要素对文博文创产业的内涵式发展影响巨大。

当前，文博文创产业相关从业人员的多元知识能力缺失与缺位，是制约和掣肘文博文创产业发展的一个重要问题。由于文博文创产业是一个从内容生产设计到加工制造再到市场营销服务，纵跨传统三次产业，同时又与各类新兴产业关联密切的产业，因此文博文创产业的内涵式发展对产业链各相关从业者的能力与审美素养的要求是比较高的。上游价值链环节从业主体的知识能力缺位，会给其下游的价值承接带来价值磨损，给文博文创产业的价值

总量提升带来影响。

文博文物单位往往注重文博文物的文化价值、社会价值、历史价值，对市场价值不甚了解，而市场开发人员又对文博文物所具有的文化价值、社会价值、历史价值不甚了解。这些知识能力的缺位，是掣肘当前文博文创产业发展的一个非常突出的问题。

四 进一步推动文博文创领域大数据应用的建议

（一）制定符合博物馆高质量发展的数字资源采集标准

进一步转变目前以档案保存、文物信息普查为主的数据采集现状，数据采集精细化程度与用途导向更明确。鉴于不同博物馆馆藏资源数量与质量的客观差异，实现所有文物资源高清晰度采集的可能性不大，各博物馆至少须将镇馆之宝或公众关注度最高的藏品进行高清三维图像采集，并转为矢量图供进一步开发使用。

（二）激发博物馆研究人员参与文博文创工作的积极性

一个成功的文博文创产品，不仅需要设计创新，更需要讲好文博资源背后的故事。因此，博物馆的文博文创工作并不能完全依托第三方机构完成产品开发，还须通过体制机制的优化，激发博物馆内部人员参与文博文创信息整合工作，为单一化的图片素材资源提供更为丰富且生动的文本支持，使得文博文创产业端与消费端对文博 IP 的理解与认识更加深入。

（三）通过创新技术应用提升文博文创供应链的适配性

文博文创行业各环节（设计、生产、销售、传播）市场主体之间对文博文创产品开发的行业信息，通过区块链等技术解决数据孤岛问题，实现互信机制，降低文博文创产品在生产环节中的盲目性。同时，将区块链技术应用于文创供应链，也有助于解决文博文创产品盗版或创意抄袭等市场顽疾。

（四）围绕文博 IP 授权建立相关利益方共同议事机制

由文博文创 IP 所有方（即授权方）、文博文创被授权方、文博文创供应链相关主体、文博文创平台企业以及第三方价值评估机构形成共同议事机制，尽可能确保授权金的合理性，不片面损害授权方与被授权方的利益，同时也让作为事业单位的博物馆独自承担授权定价可能滋生的国有资产流失等风险。

（五）以 C2M 模式推动文博文创高品质、个性化生产

突破"以产促销"式的粗放式经营模式，将 C2M 模式引入文博文创高品质、个性化开发应用领域，通过消费侧的需求获取，形成快速应对消费市场变化、满足特定人群消费需求的生产体系，逐步解决供需不匹配等造成的文博文创产品同质化生产及滞销问题，进而带动文博文创产品的迭代升级。

结　语

在大数据思维之下，博物馆数字资源的共享将打破实体机构的边界，让原来相互独立甚至孤立的信息或数据互联互通，从而产生更大的社会效益。伴随更为庞大的智慧化资源和更加丰富的互联网生态，大数据在博物馆发展中的应用，无论是侧重文物保护的数字化资源采集，还是侧重文化资源活化的文博文创产品开发，其最终目的是更好地满足公众对高品质文博内容与全时空文博服务的需求。

参考文献

陈娜：《打破博物馆的围墙——数字媒体与人工智能的变革》，经济管理出版社，2022。

戴昀：《博物馆文物数字化影像元数据的研究与应用》，《博物馆管理》2020年第4期。

齐越、沈旭昆：《博物馆数字资源的管理与展示》，上海科学技术出版社，2008。

许志勇、刘宗慧、彭芸：《中小企业资产、价值、大数据与平台融资》，《中国软科学》2021年第12期。

王春法、王飞跃、鲁越、李华飙、郭超：《平行博物馆：新时代博物馆运营的智能管理与控制》，《智能科学与技术学报》2021年第2期。

〔英〕维克托·迈尔-舍恩伯格、〔英〕肯尼思·库克耶：《大数据时代：生活、工作与思维的大变革》，盛杨燕、周涛译，浙江人民出版社，2013。

McKinsey Global Institution（MGI），"The Age of Analytics：Competing in a Data-driven World"，http：//www.mckinsey.com。

B.12 新技术在京杭大运河北京段的应用与展望*

康方萌 蒋丁溪 谢帆 戴俊骋**

摘 要: 当前人工智能、区块链、云计算、大数据、5G、VR等新技术成果层出不穷,文化产业数字化、网络化、智能化、移动化的进程不断加快,文化科技融合程度不断加深。京杭大运河北京段催生并承载了独特的运河文化,是认识北京城市历史的载体,也是了解新北京的重要窗口。大运河文化带建设是北京全国文化中心建设的重点工作之一。京杭大运河北京段利用最新技术成果,正变得"活起来""亮起来""畅起来""美起来",但新技术的应用仍然存在大运河沿岸新型基础设施建设有待加强、依托大运河的文化科技产业链缺乏深层次融合、科技场景和产品的文化内涵亟待提升、大运河不同河段缺乏文化科技资源联动等问题。应促进大运河沿线资源协同发展,加强以5G技术为牵引的新型数字基础设施建设,打造大运河元宇宙场景示范区,持续推动大运河各类文化数字场景落地,加快发行大运河数字藏品。

关键词: 文化科技 京杭大运河北京段 新技术

---

* 本报告系国家自然科学基金(42071194)、教育部人文社会科学基金(20YJC760013)和北京市社会科学基金(19YTC039、21ZDA07、21JCB014)的阶段性成果。

** 康方萌、蒋丁溪、谢帆,中央财经大学文化与传媒学院硕士研究生,主要研究方向为文化经济;戴俊骋,博士,中央财经大学文化与传媒学院、文化经济研究院教授,主要研究方向为文化经济和文化地理。

放眼世界，文化与科技融合发展的态势已经日趋明显。从大数据的应用到云平台的搭建，从3D打印的推广到VR、AR技术的应用探索，文化科技的融合创新已经成为文化产业发展的核心支撑。数字技术和网络信息技术掀起了一波又一波的高科技浪潮，提升了传统文化产业业态，催生出新兴文化业态。① 中国大运河是世界文化遗产，更是中华民族的血脉，是自带光环的"超级文化符号"。作为中华民族伟大精神的传神写照，大运河是文化科技深度融合应用的重要落地场景。如何通过最新技术手段将大运河蕴含的中华文化基因进行创造性转化和创新性发展，对深入贯彻落实习近平总书记关于大运河保护传承利用的重要指示精神、促进中华优秀传统文化的传承利用和创新发展具有重要意义。《"十四五"文化和旅游科技创新规划》提出，应开展包括大运河在内的国家文化公园遥感遥测、资源普查、特色文化资源汇聚的支撑技术研究，研发规划与综合利用的相关技术、方法、系统工具和平台，新技术在大运河文化保护传承利用中的应用已经成为国家战略和政策落地的现实命题。

京杭大运河北京段在城市发展史上扮演着重要角色。2014年6月，大运河项目被列入《世界遗产名录》。2019年12月，北京市政府正式发布《北京市大运河文化保护传承利用实施规划》，对大运河文化保护传承利用的中长期目标进行了安排，涉及文物、生态、旅游、景观、协同等多个方面。2020年4月，北京市政府又发布了《北京市推进全国文化中心建设中长期规划（2019年—2035年）》，针对京杭大运河北京段，提出要构建"一河两道三区"的大运河文化带发展格局，并要求用好5G、VR、短视频等最新技术，创新传播方式，增强新颖性、互动性，提高吸引力、感染力，统筹推进大运河、长城、西山三大文化带建设，凸显北京历史文化整体价值。京杭大运河北京段不断加强文化科技成果的应用转化，在大运河文化遗产保护传承、河道水系资源条件改善、绿色生态建设以及文旅融合等方面开

---

① 《文化科技引领文化产业未来》，中国轻工业信息网，2016年5月16日，http://www.clii.com.cn/zhhylm/zhhylmHangYeZiXun/201605/t20160516_3891381.html。

展广泛应用,并取得了一系列成果,但仍有较大的提升空间。对此,本报告对新技术在大运河的总体应用进行了梳理,重点结合京杭大运河北京段文化科技落地应用实践现状和存在的问题进行分析,有别于以往单纯基于历史文化端的决策参考,以期为下一步京杭大运河北京段的创新保护利用和发展提供科技动能,用新的技术手段为大运河赋能,真正打造一条文化与生态融合发展、人与自然和谐共生的河流。

一 科技赋能大运河文化传承创新的路径模式

(一)数字科技赋能大运河资源整合提升

大运河是活态的、流动的文化遗产,保护大运河,就要保护好大运河沿岸的文物和文化资源。通过数字化技术和手段,整合大运河沿岸的文物和文化资源,不仅有利于对大运河及其沿岸资源进行全方位的主题展示,而且有利于传承大运河文化。大运河的数字化保护涉及资源管理、监测预警、生态保护、规划执行、公共服务等业务,应多管齐下,全方位提升大运河遗产数字化的保护水平。利用数字化采集技术、数据迁移和管理技术,将文化遗产进行分类处理,继而进行传输和整合。从底层基础结构上将分散、混乱、重叠的数据进行有序整理、妥当保存和科学管理。

大运河遗产保护以遗产数字化监测为重要技术手段,将保护与管理任务相结合,以促进大运河遗产科学保护、合理利用和有效管理。在实践层面颇具示范意义的是江苏省大运河世界文化遗产监测管理平台。该平台是全国首个省级大运河遗产监测管理平台,通过与省文物局综合信息平台、智慧文旅平台的数据互联互通,实现了全省大运河遗产保护管理情况的数据采集、统计分析及监测预警。[①] 杭州市也充分利用数字化技术手段进行大运河遗产保

---

① 《全国首个省级大运河遗产监测管理平台在江苏试运行》,国家发展和改革委员会网站,2021年7月30日,https://www.ndrc.gov.cn/xwdt/ztzl/dyhwhbhczly/gzdt/202107/t20210730_1292458.html?code=&state=123。

护，涉及遗产信息数字化调查测绘、数字技术巡查和专项监测、监测预警平台数字化提升、运河水环境信息管理数字化平台建设、遗产数字档案建设、运河遗产三维数字化、遗产数字化资源活化利用等方面。通过数字化技术手段，探索出了一套科技与管理相结合、科技为保护服务的新举措，促使大运河文化资源进一步整合和提升。

数字科技整合了大运河沿线资源，推进大运河相关文化产业创新发展。作为大运河主题的国家级重点项目——大运河国家文化公园数字云平台，利用倾斜摄影、三维建模、VR、GIS、大数据、5G等数字技术，重点呈现了大运河历史沿革、文化资源分类与空间布局、文物与文化资源点古今风貌、沿线重点地段720°全景、景区虚拟漫游等，突破了传统线下展示和体验的时空局限，打造了一条线上数字运河，以全新方式全方位、立体化地展示了大运河的历史文化。[①] 通过数字云平台的建设，打通了大运河沿线文物、文化、生态、产业的链路，构筑了大运河文化产业生态圈，打造了世界级运河文化品牌。

数字科技还实现了大运河从文化资源向资产的盘活提升。无锡市应用数字技术，整合大运河周边资源，在盘活资源的基础上，搭建了无锡古运河的"泛资产管理平台"，实现了古运河资产数字化管理。通过数字技术对大运河文化资源进行数字备份与管理，在先进的媒体展示和传播技术的支撑下，大运河资源的保护、利用、传承和传播更加高效，传统的大运河文化产业得到进一步开发。

（二）文化科技融合发展赋能运河文旅业态创新

近年来，数字技术、三维建模、VR、AR和5G等新技术在旅游领域的深度渗透，催生了旅游、科技、文化相互融合的新兴业态，如"博物馆旅游+科技""剧本杀+旅游+数字化"等。大运河沿线城市也积极利用文化科

---

① 《大运河国家文化公园数字云平台（一期）正式上线运行》，搜狐网，2022年4月14日，http：//news.sohu.com/a/537796813_120991886。

技融合手段激活大运河文化和旅游资源，创新文化和旅游业态。以扬州中国大运河博物馆为例，其以科技手段活化文物，改变传统藏品的观光展示模式，利用数字资源和数字技术，构建线上线下一体化的展示方式，同时加强网络数字化，创新博物馆文化传播和体验模式。重塑了大型沉浸式古代场景，设计了"知识展示+密室逃脱"的互动体验模式，打造了360°多媒体循环剧场，并结合多个原创古风二次元IP角色和解密卷宗，运用AR、全域投影实时渲染等当代媒体技术，呈现古代历史文化。文化科技融合下的博物馆在发挥传统宣传教育功能的同时，完美融入娱乐互动性体验，让观众感受到现代博物馆的新奇与魅力。

常州大运河工业遗产展览馆以大运河意象之带融通连接整个空间，寓意龙城工业发展延续的千年文脉。馆内以常州丰富的工业遗产为核心要素，以生动鲜活的厂志、厂址、生产车间、机器、产品等影像和物件，以及催人奋进的感人事迹为展示内容，通过立体化、系统化和形象化的展览展示形式，打造了大运河工业遗产文旅沉浸式体验空间。

扬州中国大运河博物馆通过创新概念设计、前沿技术运用和可持续运营的参观模式打造，让观众在沉浸式体验的互动中了解大运河文化，实现了新时代科技与文化融合下扬州中国大运河博物馆对历史传承和文化创新的要求。

（三）智慧科技赋能大运河文化服务新模式

大数据、人工智能等技术与大运河文化资源深度融合，开拓出智慧化、便捷化的旅游服务新模式。文化和旅游业相互碰撞、融合，通过发展大运河旅游，让更多人体会到大运河之美。新冠肺炎疫情下的旅游服务对安全性和质量有了更高的要求，文化科技服务的智慧化和数字化水平直接影响着旅游的安全性和服务质量。疫情期间，众多旅游服务从"线下"走向"线上"，出现了预约系统、非接触式购买、自助签到等智慧服务方式。

智慧旅游平台作为综合性的旅游服务平台，以现代科学技术为基础，整合多种旅游资源和要素，为政府部门、旅游企业和旅游者等提供服务。按照国家数字运河建设要求，苏州市运用大运河遗产"空天地"科技网络，对内打造了苏州大运河（遗产监测管理）软件平台，融入多维度综合智能分析、大数据、云计算等多元化技术监测成果，形成以监测、研究、管理、展示、公众参与为核心的"五位一体"保护新模式，让"三位一体"遗产监测体系与"五位一体"管理体系有机结合。对外建立了大运河文化保护传承利用综合大数据平台，集成全市运河资源数据，建设综合信息平台、运河展示平台、宣传普及平台三大平台，分别通过"运河概况、建设工作、遗产保护、国家文化公园、苏州运河十景、文旅融合"六个板块，全方位地向游客展示运河的历史文化与独特景观，并采用智能推送手段，保障游客的吃、住、行、游、购、娱等旅游活动体系。依托云计算和大数据等技术，创新文化旅游服务模式，为游客、企业和政府搭建共建、共享、共促、共发展的智慧旅游服务平台，做到了服务"一键通"、监管"无盲区"、沟通"无阻碍"，推动大运河文化旅游服务集成化和智能化。

（四）VR技术赋能大运河文化传承与传播

当前AR、VR技术在大运河文化遗产数字化保护和传承中应用广泛。AR、VR技术通过模拟生成一个三维虚拟世界，让大众以最简洁直观的方式享有"身临其境"之感。先进的VR交互技术为大运河文化历史古迹保护与传承模式朝新型泛艺术形式方向发展提供了实践支撑。[①] 通过AR、VR技术可以丰富历史文化旅游模式，突破现实旅游的时空限制，将真实的动态化旅游场景在虚拟空间里输出和反馈给旅游者，为旅游者创造一种"沉浸式"旅游体验，实现虚拟与现实的交互。尤其是在新冠肺炎疫情期间，民众出行受到一定限制，"云旅游"让人们实现了足不出户欣赏大运河美景的愿望，VR技术让"云旅游"成为实地旅游的有效补充。

大运河沿线文化遗产的数字修复与再现也广泛应用了VR技术，技术团

---

① 张煜鑫：《VR技术让大运河历史古迹"活起来"初探——以安徽段大运河为例》，《科技传播》2019年第22期。

队利用相关研究数据模拟未发掘或消失的遗址，借助网络平台并结合移动终端，对这些资源进行整合展示和传播。例如，在大运河淮安段运河遗产的数字化保护中，项目组通过拍摄清江大闸、双金闸和总督漕运部院三个水利工程及相关文化遗产遗址的数字纪录片，建立双金闸和总督漕运部院的新三维模型，并结合Unity3D引擎开发了具有良好第一人称行走交互功能的VR展示系统。在此基础上，辅以真实图片，以景区虚拟游的形式，给用户带来了现实中没有的虚拟旅游体验。

在元宇宙概念风潮下，VR技术在大运河沿线城市文旅场景落地和文化产业业态创新方面有了更深入的应用。南京博物院图书信息部组织制作的《大运河》三维虚拟电影，从大运河的开凿历史、水利工程、漕运作用、城市发展等角度反映了大运河在中国古代历史中发挥的巨大作用。该项目荣获第25届国际博物馆协会（ICOM）会员大会国际视听多媒体艺术节（F@IMP2.0）授予的全球博物馆短片最高荣誉。① 在2020年9月举办的京津冀非遗联展上，186个京津冀非遗项目在线上和线下同步开放。联展利用VR技术的全景展示功能，通过线上寻访、云上展览等栏目，引导观众深入参观非遗文化原址，实现了非遗云旅游，充分迎合了文化与旅游交融发展的新趋势。针对新媒体环境下大众对数字艺术"碎片化阅读"和"微阅读"的特点，以VR全景制作的形式与兼容的移动互联网平台进行互动，更符合当下年轻人对娱乐性、交互性应用的接受偏好，使丰富多元的大运河文化具备了更强的传播力和影响力。

二 新技术在京杭大运河北京段的应用现状

与上述大运河沿线其他城市一样，北京也不断通过最新科技手段，让京杭大运河北京段不断"活起来""亮起来""畅起来""美起来"。京杭大运

---

① 《〈大运河〉荣获国际博协第25届大会视听多媒体艺术节金奖》，《东南文化》2019年第5期。

河北京段沿线遗址公园建设顺利推进，文物保护修缮工程有了重大进展，大运河文化带建设工作取得阶段性成果。

（一）VR技术让大运河历史古迹"活起来"

VR全景制作可以通过更直观、体验感更强的方式向大众展示京杭大运河及沿岸建筑遗产的独特风貌，从而使这份世界文化遗产为更多人所熟知。人教数字出版有限公司联合红色地标（北京）文化科技有限公司申报的"千年长河——京杭大运河上的文化地标VR"项目，经中宣部、教育部批准，被列入2018年文化产业发展专项资金重大项目。该项目在国内首次采用VR技术对接波澜壮阔的京杭大运河文化带，并采用人工智能深度算法、三维环境感知等技术，真实还原了通州运河之畔的地标性建筑——通州燃灯塔，在VR中再现"郡城塔景落波尖"的美景。在"通州运河"单元场景中，因漕粮转运而繁忙的石坝、土坝，结构精巧、运转灵活的大通闸、庆丰闸、平津上闸、平津下闸、普济闸等"五闸"，以及供验粮官员工作与休息的大光楼（或称验粮楼、石坝楼）等遗址、遗迹、建筑都栩栩如生，借助VR技术，能够以数字化的方式保存仓储建筑等文化遗产，通过人机交互反映京杭大运河北京段地域文化的活态特征，让用户回望大运河历史上的漕运盛况，体验漕运仓储制度下的历史与社会。VR技术的应用，以京杭大运河北京段为主线，连接通州张家湾码头、大通桥、南新仓等节点，将京杭大运河文化地标以点、线、面的形式进行体系化、单元化、时尚化呈现，以更便捷、更科学的承载方式，形成了文化与科技的融合，让古老大运河文化"活起来"。

（二）照明科技赋能大运河千古遗韵"亮起来"

照明科技在城市文旅场景中的应用，主要是用灯光营造城市夜晚的人文环境，为城市的变化、色彩和灯光建立了美好的环境秩序。[①] 北京市利用最

---

① 赵海天、袁磊：《城市灯光环境的灯光规划体系及实践——结合海口市灯光环境总体规划研究》，《城市规划》2004年第9期。

新的照明科技,对大运河沿岸进行了夜间景观规划和灯光设计,组织各种灯光,处理好见光与不见光的拓扑关系,利用不同的灯具造型、灯光色彩组合来表现运河空间的静与动,使沿岸的灯光序列体现出独特韵律。北京市通州区依托大运河,以桥为点、以岸串点,配上重要河段的灯光秀表演,打造整体夜景照明系统,展现通州夜运河的独特景观。通州大运河沿岸夜景照明提升工程自五河源头起,至甘棠闸终,全长 11.4 公里。其中,最具特色的北运河大桥灯光秀采用高科技水幕全息技术,打造中国最大宽度的大桥水幕。在 170 米长的水幕上,22 台激光投影仪通过华影融合技术投射出整个"大运通州"多媒体水幕秀,演绎了京杭大运河北京段沿线历史文化、通州八景、新通州等特色水幕灯光项目。夜幕下,大运河两岸灯饰经过调试后,冷暖色调交错、火树银花、流光溢彩、美轮美奂。

北京在照明科技上的创新不仅要"面子"的风光,更要"里子"的环保节能。在灯具的选择上,传统的城市夜景照明通常采用高压钠灯,这种灯能耗较高。与之相比,通州运河照明工程多采用 LED 灯具,不仅光照视角大、可视距离远、照明效果好,而且能耗低、寿命长。在环保问题上,夜景照明面临的主要困境为光污染。对此,京杭大运河北京段也做了相应的设计改造,在建筑立面矩形发光框架外加装大角度棱镜,使其发光方向由线性转为色散,以降低灰度,在相对较低的灰度下达到最佳混光效果,可有效防止光污染对公众的干扰。大运河亮灯工程使得灯光表现与城市景观融为一体,用大运河灯光秀及其他景观亮化、点亮通州,促进美丽通州建设,提升通州的文化内涵。

(三)人工智能助力大运河全线通航"畅起来"

北京不断推进京杭大运河北京段应用场景建设,借助"互联网+"与人工智能相结合的现代科技手段,保障大运河的全线通航。2021 年,全长 40 公里的京杭大运河北京段实现全线旅游通航,通航段之所以能够顺利通航是因为使用了可以调节河道高度差的自动船闸和智能化航道系统等最新科技。闸门内设监控系统、视频广播系统和过闸引导系统,保障了船舶和游客安全过闸。过闸智慧引导系统利用多线激光雷达探测、视频识别技术、导引光带和数字泊位指示标志装置等，在船舶进闸、候闸、入闸、出闸的全过程中，实时检测船舶位置和速度，自动识别和匹配调度信息，自动完成闸室泊位分配，灯光导引指示辅助过闸，实现了智能过闸和全过程的"无人船闸"模式。船闸运行指挥调度中心的工作人员可以通过全景界面实时控制上下游引航和闸室船舶过闸的全过程。这要归功于智能航标系统的遥控遥测技术——一种基于物联网技术的内河航道智能航标系统。① 目前，大运河通州段40公里航道已设置了200多座航标，其中试用的新型太阳能一体化航标灯的灯光视距是传统航标灯的2倍以上，且更小、更轻、更环保，也更智能。遥测监控系统类似于航标管理的"千里眼"，能够识别出特定的标志、声音、灯光、信号等信息，帮助确定船舶的位置、航向，保证船舶和游客安全。智能通航技术在大运河通州段航道上的应用，实现了运调全过程的智能化、船闸运行全过程的自动化、运控数据的一体化、过闸服务的现代化。

（四）水质生物进化技术让运河"美起来"

"绿水青山就是金山银山"，大运河文化旅游产业在助推北京经济发展的同时，应当保持与生态环境之间的精细平衡，坚持生态优先、绿色发展。河流水质环境的改善，对全流域生态系统的改善、大运河的全面通航、美丽北京的建设都具有重要意义。从2018年开始，京杭大运河北京段就实施了综合治理工程。北京市水务局利用大运河北源头五河汇流处的蓄水能力，实施"人工涌浪""潮汐式"等置换水体，营造复杂的生境，水体的生态和自净能力不断恢复和提高。② 同时，通过种植水生植物，建设水下森林和生态护堤6万多平方米。如今，岸边有芦苇、菖蒲、鸢尾，河底有菹草、苦草等沉水植物，通过人工促进水生态系统重构等技术手段，河道河水变得清澈，

---

① 宋庭新、王垒、朱清波：《内河航道智能航标系统研究与设计》，《中国水运》（下半月）2018年第11期。
② 田炜、沙洪利、沈晓强、邵靖、杜峻、林瑞峰：《潮汐式调度对北运河北关分洪枢纽下游水质影响研究》，《水利技术监督》2022年第1期。

河岸绿意盎然，助力大运河水质提升、景观营造。

此外，针对沿线的污水排放、河岸硬化、季节性水流滞缓等问题，京杭大运河北京段采取了独特的河床生态综合修复方法。该方法首先对河床泥底做物理和化学的双重修复，再对河床底泥进行造型，加速河道湍流的生态恢复，然后在河道中引流通水，根据河道所处地区水生植物种群类别，在河床上种植相适应的水生植物，并投放底栖生物。河床生态综合修复方法具有整体可塑性，底泥为柔性立体板块结构，可以设计各类造型；修复工艺简洁、快速，见效快。① 研发立体生态河床修复技术集成，建成京杭大运河北京段立体生态河床净化集成技术的示范河段，使水质优于地表水Ⅴ类标准，对实现自然生态、促进京杭大运河北京段流域经济社会的可持续发展具有重要意义。

三 当前新技术在京杭大运河北京段的应用瓶颈

（一）大运河沿岸新型基础设施建设有待加强

新基建是提供数字转型、智能升级、融合创新等服务的"催化剂"，更是当前文化与科技融合发展的重要支撑。大运河的运营管理，正从原来单纯依靠人工的传统管理模式，转型为集成云计算、物联网、人工智能等新一代信息技术的智慧管理模式。然而，当前京杭大运河北京段的转型升级仍不充分。一方面，数字化、网络化管理的基础尚未夯实，实际工作中重新建、重整治，轻管理、轻展示、轻维护、轻研究的问题犹存。另一方面，各级认定的大运河遗产还没有纳入文物数字化保护体系，与江苏、浙江等大运河数字化建设先进地区相比仍有一定的差距。

---

① 刘晨阳、李绍飞、董立新、余萍、孙书洪：《北运河城区段水生植物水质净化效果研究》，《中国农村水利水电》2021年第2期。

（二）依托大运河的文化科技产业链缺乏深层次融合

京杭大运河北京段在文化科技产业链联动和融合发展方面仍有较大提升空间。当前，从文化科技的融合程度及层次来看，主要停留在新技术在大运河的场景落地层面，更多地集中在消费端。一是缺乏真正意义上的通过改造传统文化业态，助力现有文化产业升级的创新业态。二是新技术在大运河沿岸公共文化资源效能释放方面的着力还不够。三是大运河众多文化遗产资源尚未实现大规模的创造性转化和创新性发展，未能将大运河文化遗产真正融入当代生活。

（三）科技场景和产品的文化内涵亟待提升

目前对京杭大运河北京段的主题内容发掘不够充分，与运河带其他段存在同质化现象，设置的沉浸式体验馆因缺乏个性化色彩而流于同质化，相关体验产品仍停滞在花哨的技术炫技层面，对大运河的历史文化内涵缺乏有深度的呈现。全息影像、VR和智能交互等技术带给游客的感官刺激能够轻易地达到"震惊"效果，但没有文化内核的"震惊"是意义匮乏的，也难以满足游客更深层次的文化需求，无法促进游客对运河文化的理解。京杭大运河北京段的科技场景和产品在历史文化价值挖掘、体现与内化上仍有待继续深耕。

（四）大运河不同河段缺乏文化科技资源联动

大运河沿岸各个城市不断推动新技术在大运河文化保护传承利用中的应用，但是目前各个河段间缺乏联动，相关协调发展机制尚未完善，跨河段的资源整合还不充分。这一方面导致整个大运河沿线无法形成相对统一的科技落地应用市场；另一方面导致重复建设、同质化体验的问题。各地文化科技场景缺乏互知互认机制，亟待搭建相对统一的文化科技融合场景创新平台。

四 京杭大运河北京段未来技术应用展望

（一）促进大运河沿线资源协同发展

建议由北京市牵头制定《大运河文化科技发展规划》，跳出各区域的"一亩三分地"，以更大格局优化大运河文化科技总体布局，统筹文化科技融合产业链，在一些核心落地场景和公共领域，共建一批产业融合节点上的关键项目、重大项目，促进形成更广大、更系统的资源调用机制和态势。支持围绕大运河发展文化技术经纪、IP战略咨询、运营服务平台等"中间市场"业态。鼓励文化企业在科研机构、高等院校设立研发中心，举办大运河文化科技融合创新论坛。

（二）加强以5G技术为牵引的新型数字基础设施建设

继续加大力度布局5G、人工智能、大数据等"新基建"，为大运河IP在新时期赋能。从供给方角度看，京杭大运河北京段可以继续深化5G商用布局，推出"5G+AI"机器人、5G无人驾驶游览车、5G无人机等应用，结合沿岸景观，推出5G智能游路线，打造全新的运河旅游体验，并在一定程度上解放人力、降低成本。此外，还可以基于5G技术引入无人讲解的慢直播模式，为线上观众展现亲切、生动的大运河风光，促进大运河文化进一步发扬传播。从需求方角度看，可以进一步加强大数据技术应用，为游客的消费决策、企事业单位的管理运营决策提供更加精准的依据。北京市应进一步完善和升级京杭大运河北京段的数字基础设施建设，强化5G核心技术储备，做数字技术赋能大运河文旅发展的先行者。

（三）打造大运河元宇宙场景示范区

"十四五"时期，北京市领跑布局副中心元宇宙产业，"1个创新中心+

N个特色主题园区"已纳入规划,京杭大运河北京段建设大运河元宇宙场景示范区正当时。京杭大运河北京段应利用政策支持的优势,积极开展元宇宙产业建设,打造元宇宙示范景区。从本质上来看,元宇宙是现实映射出的虚拟数字世界,它包含大量对现实世界内容的数字化解构与创新式再造。基于此,京杭大运河北京段可以重点探索元宇宙与文创产业融合模式,构建"元宇宙+运河特色旅游"试点应用场景,推动数字技术与城市发展深度融合,打造"元宇宙+运河治理"综合应用样板。

(四)持续推动大运河各类文化数字场景落地

一是打造大运河数字文旅消费体验新场景,以5G技术为手段,打通大运河线上线下文旅消费链路,打造集吃、住、行、游、购、娱于一体的运河数字文旅消费空间。二是呈现大运河数字人文历史场景,依托大运河的史实史料内容,利用VR、AR、数字建模等技术,构筑VR交汇的新型游览路线,让千古运河焕发新貌。三是推动京杭大运河北京段智能运营场景建设,对大运河文化带的自然、文化、社会等元素进行实时监测,为提高京杭大运河北京段科学治理能力和治理效率提供决策支持。

(五)加快发行大运河数字藏品

京杭大运河北京段发行数字藏品可以起到提高非营收、实现线上获客的作用。建议京杭大运河北京段通过线上渠道售卖数字藏品,由于数字藏品的成本低、交易便利,这种数字交易方式可给大运河带来可观的营收,如可推出"北运河——千年传奇"系列数字藏品,内容重点包括京杭大运河北京段在不同朝代、不同地点的变迁与更迭,这样不仅能取得经济收益,而且能促进传统文化传播、提升大运河景区知名度。京杭大运河北京段通过线上售卖数字藏品,还可以提高游客对大运河景区的认知度和认可度,激发游客的线下出游意愿,实现"线上获客、线下消费",进而提高大运河的影响力。

综上,文化与科技的融合协同,是数字化时代文旅产业发展的必然要求。应将云平台、大数据、人工智能等互联网新技术应用到文化产业中，借助科技力量传播传统文化、历史风貌，推动文化遗产的保护与传承。古往今来，大运河像一条舞动的彩练镶嵌在古老的神州大地上，以生生不息的流动生命力书写神州大地上的绿色史诗，是中华文化多元一体的象征。岁月变迁，尽管曾经璀璨的文化光芒和遗产已经部分消失或正在消逝，但新技术帮助我们让时间"凝固"，让大运河文化永流传。

B.13
从典型场景化应用透视虚拟数字人商业模式建构

陈 端*

摘　要： 2021年以来，虚拟主播、虚拟记者等虚拟数字人应用开始引发关注，2022年北京冬奥会上近30位虚拟数字人的集群式展示风姿更是成为一道亮丽景观。作为感知交互的新型终端，虚拟数字人既是未来重要的新型流量入口，也是以人格化特质承载人们情感寄托的重要载体，并且依托IP运营、流量运营和粉丝运营越来越多地介入社会文化关系建构之中，产业化前景被广为看好，但目前由于商业模式不明晰，难以形成产业层面的规模化、集约化效应。未来虚拟人运营在价值主张定位上要依托技术进步在虚拟人与自然人之间相通点与相异点的发掘上做足功课，在人与"人"之间的情感化联结与差异化体验两个维度上持续优化，围绕目标人群在特定场景下的需求痛点设计功能落点；在赢利模式方面，要把C端人群聚合与B端服务深化有机结合，把虚拟人的IP价值与功能价值有机协同，尽可能拓展多元化循环回报收入端口。

关键词： 虚拟数字人　应用场景　商业模式

---

* 陈端，中央财经大学数字经济融合创新发展中心主任兼新闻系副主任，中国人民大学传媒经济学博士，副教授，硕士生导师，主要研究方向为传媒经济、互联网经济。

一 引言

2022年北京冬奥会上，近30位虚拟数字人群像式登场，从运动员谷爱凌的数字分身Meet GU、AI手语主持人，到奥林匹克公益宣传大使热爱REAI、虚拟气象主持人冯小殊、虚拟人航天员，再到新华社数字记者小净，虚拟数字人活跃于北京冬奥会场内外，在冬奥运动推广、现场报道、周边服务等领域大展身手，虚拟歌手洛天依在"相约北京"奥林匹克文化节开幕式上献唱"Time to Shine"，作为第一位登上奥运舞台的中国虚拟歌手，更是带动众多粉丝关注转发，虚拟数字人借助北京冬奥会这一超级事件营销平台，引发了众多社会关注。

据艾媒咨询的数据，虚拟数字人产业保持稳定增长的态势。2021年，中国虚拟数字人带动市场规模和核心市场规模分别达到1074.9亿元和62.2亿元，预计2025年将达到6402.7亿元和480.6亿元（见图1）。

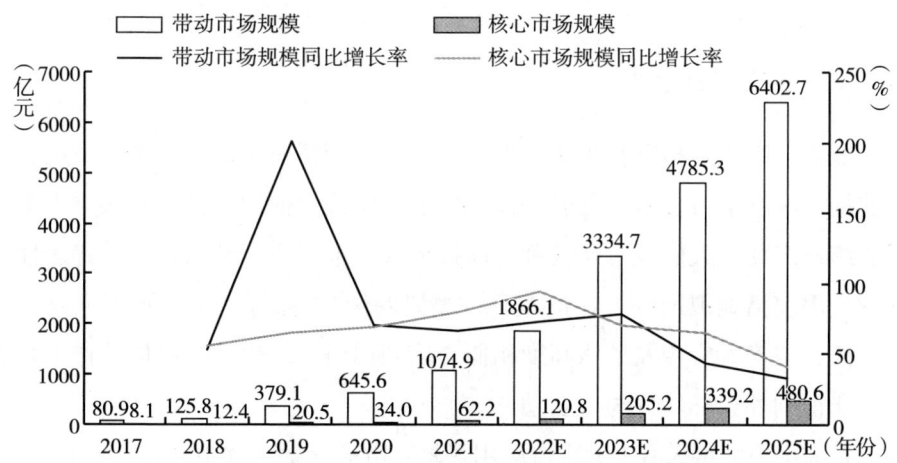

图1 2017~2025年中国虚拟数字人带动市场规模和核心市场规模及其同比增长率

注：2022~2025年为预测值。
资料来源：艾媒咨询。

虚拟数字人既是未来重要的流量入口，也是以人格化特质承载人们情感寄托的重要载体，同时作为具有"类人"属性的主体越来越多地凝聚了Z世代的注意力和心智资源，一些虚拟数字人通过广告代言、虚拟演出和其他活动已经成为人类社交关系和社群关系建构的重要纽带乃至主体，虚拟数字人与一些场景的结合带来了超出该场景的商业收益。目前，虚拟数字人的场景化应用已经有不少实践，如数字营销、直播带货、虚拟主播等领域，特别是面向Z世代年轻人群展现出其独特的属性吸引力，其与影视、文旅、时尚等垂类赛道的场景化结合及商业模式建构也成为引领未来行业发展的焦点议题。但总体而言，当下中国虚拟数字人场景化应用尚处于早期探索阶段，存在场景化体验度有局限、场景化价值开发不充分、商业路径不明晰等问题，本报告通过对文旅酒店行业与虚拟数字人结合的商业模式分析，为虚拟数字人的场景化实践及其商业模式建构提供借鉴。

二 关键概念与相关研究概述

（一）虚拟数字人

虚拟数字人是指存在于非物理世界中，由计算机图形学、图形渲染、动作捕捉、深度学习、语音合成等计算机手段创造及使用，并具有多重人类特征的综合产物。人们也常将其称为虚拟形象、虚拟人、数字人等，代表性的细分应用包括虚拟助手、虚拟客服、虚拟偶像/主播等。虚拟数字人具备三大特征：与真人容貌及性格高度相似；能利用语言、表情或肢体动作进行表达；能识别外界环境并与人互动。

目前虚拟数字人有五大主流应用场景：电商直播、虚拟偶像、品牌营销、新闻播报和动画游戏。虚拟数字人在电商直播中的应用是品牌方在技术支持下对内容和营销的创新，品牌方利用虚拟形象做直播、短视频，可以更好地提升企业的品牌价值，留住粉丝，进而创造利润。虚拟偶像其实在国内已经发展了很多年，现在越来越多的品牌方会选择虚拟偶像作为自己的代言人。

具有虚拟数字人 IP 的品牌营销在即时互动下有更多的传播方式和传播效果，更能让产品得到用户的关注，引起情感上的共鸣。虚拟数字人在新闻播报中的应用主要体现在虚拟主持人上，如央视网数字主持人小 C，为用户提供了全新的互动体验。虚拟数字人在动画游戏中的应用主要体现在制作上，利用动捕技术实时驱动角色，在降低生产成本的同时也能极大地提高动画的质量。

（二）商业模式的概念及模型构建

商业模式是指一个组织创造、传递以及获得价值的基本原理。合理可行的商业模式是产品和业态创新的基础支撑。学者们从不同角度对商业模式进行定义，但万变不离其宗，它是包含一系列要素及其关系的概念性工具，用以阐明一个经营性主体以怎样的模式为目标客户创造价值、创造何种价值，以及价值实现路径、价值交付方式和所需资源支撑体系，是一个系统性的概念。亚历山大·奥斯特瓦德和伊夫·皮尼厄在《商业模式新生代》一书中提出了商业模式九要素模型，即客户细分、价值主张、渠道通路、客户关系、收入来源、核心资源、关键业务、重要伙伴和成本结构，通过对九大要素及其相关构成要素之间关系的探讨，得出商业模式应该应对的四个问题：企业如何判定目标用户并提供相应服务？怎样得到实现目标所需的能力和资源？如何把产品或服务传递给目标客户并得到相应反馈？怎样确定以上活动的成本和盈利？[①]

商业模式九要素模型以简明的方式把企业通过提供产品和服务以创造价值并获取回报的核心要素点及其关系描摹出来，便于我们快速把握商业模式创新的本质与关键。具体包括：①客户细分是商业模式的核心，需要基于明确的客户画像和需求判断差异化地设计相应的商业模式；②价值主张是指通过迎合细分客户群体的独特偏好与需求来创造价值，它是客户选择某个产品的根本原因，解决了客户的痛点、痒点并制造爽点；③渠道通路是指怎样与客户产生联系、帮助客户购买特定的产品和服务并提供良好的售后服务支

---

① 〔瑞士〕亚历山大·奥斯特瓦德、〔比利时〕伊夫·皮尼厄：《商业模式新生代》，黄涛、郁婧译，机械工业出版社，2016。

持；④客户关系是指产品提供者需明确与每个客户细分群体建立的关系类型，即个人助理型、自助服务型和共同创作型；⑤收入来源是指从每个客户群体中获取的现金收入，分为一次性收入和循环收入两种基本类型；⑥核心资源是指为了提供上述价值所必须拥有的资源，核心资源要具备稀缺性、不可模仿、不可替代以及能够被长期持有的特点；⑦关键业务是指商业运作中必要的具体业务，一般而言，关键业务可以分为制造产品、解决问题和构建平台三种基本模式；⑧重要伙伴是指通过联盟或其他商业网络提供战略支持以优化其商业模式、降低风险和获取资源的人或机构；⑨成本结构是指需要在各项目中付出的成本及其细分构成。

（三）相关研究文献概述

国内对虚拟数字人的研究主要集中在最近几年，从领域看，主要聚焦数字记忆、网络视听和人机交互三个方面。夏翠娟等从虚拟数字人的社会价值和文化价值入手，探讨"记忆数字人"模型在元宇宙中对身份认同和价值体系构建的作用，认为"记忆数字人"可以在提供公共文化服务、协助身份认同和价值体系构建等方面发挥作用，促进社会文化研究。① 李伟良在互联网的背景下分析虚拟人的演变，并从虚拟主播、虚拟歌手、虚拟代言人三个方面分析虚拟数字人对网络视听行业的赋能，认为当下同虚拟数字人结合的网络视听的发展存在技术不稳定、品质把控不良、联结的受众不确定和行业泡沫显现等产业运营风险。② 黄慎泽和王俊贤以虚拟偶像为研究对象，从人机交互技术的动态捕捉技术、语音合成技术和全息投影技术角度分析其设计以及与粉丝互动的过程，认为虚拟数字人是未来人机交互技术的基础形态，虚拟与现实的界限将会逐渐消失，人机交互将赋能元宇宙的搭建。③

---

① 夏翠娟、铁钟、黄薇：《元宇宙中的数字记忆："虚拟数字人"的数字记忆概念模型及其应用场景》，《图书馆论坛》，2022。
② 李伟良：《广播电视和网络视听行业"次元偶像"现况探究》，《广播电视信息》2022年第5期。
③ 黄慎泽、王俊贤：《人机交互技术在虚拟偶像中的应用研究》，《传媒》2021年第16期。

目前学术研究偏重于虚拟数字人基于技术的社会人文属性特征和具体应用场景的模式优化，由于虚拟数字人行业整体仍处于萌芽时期，短期内技术与场景的结合不够成熟，制作和运维成本偏高，在使用价值的大众化、普惠化方面还存在很多不同，场景化功能定位和商业模式构建方面也处于探索之中。北京冬奥宣推官数字人冬冬的应用定位其实是记者，但从实际工作职能来看更像是一名虚拟带货主播，展现出使用场景和角色定位上的摇移。如何深度发掘面向特定目标人群的虚拟数字人基于技术和场景融合创新的稀缺性价值以带动其商业价值的延展与开发仍是个值得探讨的问题。

三 虚拟数字人的发展历程与产业价值链构成

（一）虚拟数字人的发展历程

虚拟人赛道的兴起并非一时，经过数十年的技术积累，其应用场景不断拓宽。早在20世纪80年代，创作者就开始尝试打造具有人格的数字形象。但由于技术限制，当时的虚拟人以2D手绘为主，应用非常有限。而在21世纪初，CG（电脑生成动画）、动作捕捉、人声合成等技术逐步成熟，虚拟人开始快速发展，CG技术产生的虚拟数字人在电影中普遍运用。在近5年，得益于人工智能技术的突破，虚拟人的制作得以简化，可交互性更强，进入了发展的快车道。当前，在建模的精细度、动作捕捉和AI交互方面更是不断提升，虚拟人已达到写实级逼真程度，且具备情感表达和沟通交流的能力（见图2）。

（二）虚拟数字人产业链构成与变现模式

1. 虚拟数字人的产业链构成

虚拟数字人的"诞生"，需要在上游立足"技术+内容"的输入来打造下游面向不同应用场景、具备不同功能属性的虚拟数字人，而不同类型的虚拟数字人在变现模式上也呈现差异。

虚拟数字人产业链上游是内容制作类、工具类和IP策划类公司，包括

时间阶段	20世纪80年代 萌芽阶段	21世纪初 探索阶段	近5年 初级阶段	当前 成长阶段
进展	开始尝试将虚拟人物引入现实世界 技术以手绘为主	传统手绘正逐渐被CG、动作捕捉等计算机技术颠覆突破 技术革新却造价不菲	深度学习算法取得突破，数字人制作过程得以简化 AI成为不可分割的工具	朝着智能化、便捷化、精细化、多样化方向发展 AI成为不可分割的工具
典型事件	1982年，世界上第一位虚拟偶像林明美出现 1984年，英国人George Stone创造出一个名为Max Headroom的虚拟人物，并参演电影、拍摄多部广告	2001年，《指环王》中的角色咕噜由CG技术和动作捕捉技术产生 2007年，日本出现了第一个被广泛认可的虚拟偶像初音未来	2018年，搜狗与新华社联合发布了全球首个全仿真AI主持人 2019年，浦发银行和百度共同合作开发了银行业首个数字员工"小浦"	2019年，数字王国研发负责人Doug Roble带着自己的虚拟形象DigiDoug登上TED舞台 2021年，国内诞生了以AYAYI为代表的一批虚拟偶像

图 2 虚拟人发展历程

资料来源：国盛证券。

硬件制作商和软件制作商。在硬件方面，显示设备是数字人载体，既包括手机、电视、投影、LED显示等2D显示设备，也包括裸眼立体、AR、VR等3D显示设备；光学机器主要用于视觉传感器、用户显示器制作；传感器用于数字人原始数据及用户数据采集；芯片用于传感器数据预处理和数字人模型渲染与AI计算。

虚拟数字人产业链中游是虚拟数字人厂商、综合类/互联网技术厂商、专场类AI厂商、CG厂商和XR厂商，包括软硬件系统、生产技术服务平台和AI能力平台，为虚拟数字人制作及开发提供技术能力。

虚拟数字人产业链下游主要是企业服务、文娱等公司，为虚拟数字人技术结合实际应用场景领域，包括传媒、游戏、影视、金融、文旅等行业，提供行业整体解决方案，赋能各领域发展。尤其是传统领域，虚拟数字人技术、产品与不同行业相结合，其规模化、可定制化、可复制化的能力有利于推动传统环节流程的改善，大幅提升业务效率，增强用户体验。在文旅领域，如博物馆、科技馆、主题乐园等，虚拟数字人也有应用，包括虚拟剧场、虚拟导游、虚拟讲解员等，致力于提升用户体验。

2. 虚拟数字人的产业价值

基于应用场景的不同，虚拟数字人可以划分为身份型虚拟数字人和服务型虚拟数字人，两者的核心功能、产出定位、代表应用、产业价值均明显不同。

身份型虚拟数字人强调本身身份，主要用于娱乐或者社交。身份型虚拟数字人主要分为两种形式：一种是在现实世界里，具有独立人设，能够通过照片、视频、广告、演唱会、直播等方式进行活动并变现的虚拟 IP 和虚拟偶像；另一种是未来在元宇宙中人们创造的第二虚拟身份，是与虚拟世界交互的手段。它的产业价值一方面体现在可以为未来的虚拟世界提供人的核心交互中介，在增量市场创造新价值增长点；另一方面体现在可以降低虚拟内容的制作门槛，未来社交平台上会出现很多身份型虚拟偶像。

服务型虚拟数字人以服务为主，单个服务型虚拟数字人产生的经济效益相比身份型虚拟数字人要小，但作为虚拟世界的基础要素，可以创造出非常可观的市场空间。根据其核心服务功能以及底层技术的差别可分为替代真人服务和多模态 AI 助手。其产出定位主要是现实中的主持人、导游、购物主播等服务型角色的虚拟化，以及具有关怀感和真实感的 AI 助手。它的产业价值一方面体现在降低已有服务型产业的成本，为存量市场降本增效；另一方面体现在提升 AI 助手的交互效果，扩展其接受度与使用场景。

四 虚拟数字人在文旅场景下的应用示例

虚拟数字人与文旅产业的合作，主要通过虚拟数字人的 IP 打造和文旅现场场景亲和力的营造，作为线上线下注意力导流和体验优化的工具，带动文旅景区和景区内其他关联衍生品的营销，并助力个性化地方文旅品牌的提升。

新冠肺炎疫情发生以来，线下文旅消费场景萎缩，"云游"模式快速崛起。所谓虚拟旅游，是指以 VR 为主的多种技术在旅游业中的应用，将现实中不存在的旅游场景通过互联网或者其他载体构筑成虚拟旅游环境呈现在人们面前，人们可根据自己的意愿选择游览路线、速度及视点，足不出户即可获得身临其境的感受。① 虚拟数字人介入虚拟文旅的整体生态完善，在智能技术加持下，人与"人"的互动和共情带动了沉浸式文旅消费的场景优化与体验提升。

（一）虚拟偶像IP赋能城市文旅案例

虚拟偶像是指通过绘画、动画、CG等方式，在网络虚拟场景或显示场景进行演绎活动，但其自身并不一定有实体的人物形象，而是根据具体的商业、文化需求进行制作与培养②，具有参与性强、基本无负面信息、生命周期长、商业衍生能力强等特点。

腾讯游戏QQ炫舞于2021年5月推出"东方星世界"计划，该计划将中国传统城市文化与游戏相结合，让炫舞虚拟偶像"星瞳"以民族音乐和舞蹈为媒介，带领玩家深入了解中国不同城市的传统文化。"东方星世界"计划首站落地长沙，2021年5月14日，QQ炫舞X长沙文旅合作发布仪式在长沙市非物质文化遗产展示馆戏园举办，QQ炫舞虚拟偶像"星瞳"闪亮登场，在服饰上植入湘绣元素，妆面则采用MUFE定制妆容，集长沙非遗特色与炫舞时尚内核于一身，在活动现场被授予"长沙非遗文旅推广大使"称号。③

从细分客户定位看，这次活动拓展了长沙传统非遗文化面向的传播人群。湘绣作为一项传统技艺在老一辈心目中或许具有特殊意义，但对于年轻人而言则比较陌生，"星瞳"作为虚拟偶像，把自带IP热度和粉丝直接导流至年轻人群体；从客户关系看，"星瞳"被授予"长沙非遗文旅推广大使"，打造了一个虚拟偶像与地域文化资源融合创新的长效平台，无论是依托游戏设置故事情节植入长沙元素，还是依托湘绣技法编出新的"星瞳"

---

① 匡红云、谢五届：《基于虚拟旅游体验的文旅企业线上线下融合发展路径》，《企业经济》2021年第6期。
② 刘馨蔚：《虚拟偶像大众化 跨次元时代来临》，《中国对外贸易》2021年第9期。
③ 黄能：《长沙文旅携手QQ炫舞，"星瞳"成虚拟非遗推广大使》，长沙晚报社"掌上长沙"，2021年5月。

舞蹈，以多元的融合结合游戏特有的高频链接与互动特点，将大大增强目标人群的黏性。

从价值主张看，以"星瞳"为动感虚拟偶像依托既有粉丝和流量资源为长沙非遗资源导流，既满足了用户的追星意愿和情感诉求，也通过非遗元素与"星瞳"舞蹈和服饰的结合营造出独具特色的新体验价值点。"星瞳"用手足代替画笔，以光代替绣线，勾勒出长沙特色地标，将湘绣特色作品"狮虎""鹿""杜鹃"等依次呈现，用光绣交织出各色主题的城市地标画面。这不是简单的技术叠加，它充满了人文气息。"星瞳"不只是一个会跳舞的偶像，它还承载了深厚的文化内核。

QQ炫舞X长沙文旅合作项目既有线下仪式，又有各种线上宣传，并与QQ炫舞游戏联动，以"星瞳"的虚拟IP赋能有效提升了景区的吸引力、品牌价值和商业价值。当然，目前合作双方在模式层面的探索诉求以及立足事件营销的品牌传播诉求可能大于实际的盈利诉求。虚拟数字人的平台运营和管理成本、营销费用、服务器维护等综合费用不低，虚拟偶像每次出场和服饰妆发都需要高昂的技术成本，也需要投入同真实艺人一样的宣发费用。从腾讯方看，将"星瞳"与长沙的合作模式拓展到更多城市，以其IP打造、传播和多出口变现的网络协同效应与不同城市文化元素之间的链接共振来提升综合经济社会价值回报，是后续活动策划中需要重点考量的问题。

（二）虚拟数字员工赋能酒店文旅案例

在偶像型虚拟数字人之外，虚拟数字员工近年来也快速崛起，成为企业对外展示品牌形象的桥梁，通过相对标准、智能化的客户服务给目标人群带来不一样的互动体验。

2022年1月7日，尚美生活发布酒店行业首个数字虚拟员工"尚小美"。尚小美除作为尚美生活集团品牌大使之外，还将以"首席数字主理人"的员工身份为酒店客户提供良好的互动体验。

作为长期专注Z世代年轻消费群体的"酒店下沉市场之王"，尚美生活一直在探索年轻消费者的独特审美品位，洞悉他们的消费需求，以此实现品牌与年轻消费者的深度耦合，尚小美的问世正是对此最好的诠释。拥有"赤橙家族"科技DNA的尚小美采用最先进的3D渲染、四维动作扫描捕捉技术及数据可视化手段，结合大数据建模将虚拟和现实进行了超精细化的结合，无论是在肤质、发质还是面部细微表情方面都与真人无异，还可在不同光影、环境下呈现高度还原的自然光泽。除了超高的颜值外，尚小美还有着丰富有趣的人设特征——懂得占星与助眠术，爱好潮玩与时尚设计，爱探索、爱冒险，由这样一位美丽、时尚、有趣、有温度感的数字员工来传递"让所有人在任何时空都能住上好酒店"的美好目标，为尚美生活圈粉无数。

尚小美作为酒店行业的数字员工，立足酒店关键业务，强化服务职能，在酒店事务详询方面提供服务，帮助客户提前认知酒店特色并做出选择，将进一步助力下沉市场消费者实现住宿的"科技"和"审美"双提升，为用户提供更优质的体验，同时也以数字员工为载体，开启了尚美生活在虚拟现实时代的跨界探索尝试。

与QQ炫舞X长沙文旅的合作不同，企业虚拟员工属于企业自有的数字资产，虚拟员工一方面为优化企业产品和服务的营销与体验提供助力，该数字资产自身通过长期的运营也可以获得IP价值的提升，以自身IP价值与外部平台链接合作，产生更丰富的商业价值。2022年3月，尚美生活集团在官方公众号推出了尚小美2022年虎年限定潮玩盲盒，以"酒店+潮玩"的模式，面向Z世代年轻人群打造集产品和通路于一体的新型链接，让尚美生活借势盲盒文化进一步出圈拓展。

就成本结构而言，数字员工的成本主要是前期的技术支持和指令设定，之后的服务偏流水线，因而长期成本会低于人工成本，主要付费聚集在宣传、平台维护等方面。在收入来源上，用户因对数字员工的喜爱而增加的对产品的消费即数字员工的商业价值，同时数字员工还可以在各个平台上带货、担任虚拟品牌官、参与小视频互动等活动，不断拓展额外收入来源，相对于普通员工而言更具多样性。

（三）虚拟数字人赋能文旅酒店行业的比较优势

或依托成名的虚拟偶像流量效应，或打造专属的虚拟导游和酒店数字员工，虚拟数字人的加持让文旅酒店等行业的人性化温度和沉浸式体验更加鲜活。从技术上看，3D 建模技术的成熟使文旅场景下虚拟人物的真实感更强，不仅可以进一步提升虚拟数字人背后的故事感和渲染力，而且把单向度的文旅观景体验升级为双向度的互动共情体验。

虚拟数字人与不同场景和文化之间具有很大的适配弹性，可以根据不同的场景搭配不同的服饰，最大限度地还原特定的风土人情和文化特色。虚拟数字人既可以出现在漫画、海报之中，也可以走进现实，参与综艺、晚会录制，甚至留下相片和专辑，让各地的游客感觉这个人仿佛就在自己身边，增强了游玩的真实感。一些地域文化资源通过技术加持与虚拟数字人之间形成了良好的互动链接和流量导流关系，有助于地方文化资源以多种形式的线上样态面向年轻人群进行产品化开发和 IP 化运营，让沉睡的地域文旅资源通过线上的网络化传播获得更为广泛的受众关注和运营开发机会。

五 虚拟数字人商业模式构建与优化

依托商业模式九要素模型构建出虚拟数字人商业模式画布，以直观的视角展现虚拟数字人适用的商业模式（见表1）。

在客户细分上，虚拟数字人作为一个产品品类，应将客户区分为 B 端和 C 端。B 端用户是品牌方、银行、企业等需要应用虚拟数字人实现特定目标的商家；C 端用户主要是 Z 世代消费者，发挥其"类人"的主体性优势，凝聚新生代人群的注意力和心智资源。在客户关系上，需要结合 B 端与 C 端各自的需求，通过与 C 端人群的关系强化和社群运营助力 B 端商家诉求的满足。在价值主张上，充分发挥虚拟数字人在沉浸式服务、情感陪伴等方面的优越性，根据目标用户的偏好定制形象，并启动多渠道通路强化形象传播与情感联结。在收入来源上，同样可以从 B 端和 C 端两方面拓展。其中，

表1 虚拟数字人商业模式画布

重要伙伴	关键业务	价值主张	客户关系	客户细分
虚拟数字人制作软硬件设施提供方；虚拟数字人制作技术支持方；文娱等应用平台	形象代言、偶像、日常服务	创新：虚拟数字人提供沉浸式服务、情感陪伴 定制：可捏脸设计 成本：长期成本低 便利性：服务便利，操作简单	与B端客户：与品牌方等协作，共同创造 与C端客户：可建立社群、设置自助服务	B端用户：品牌方、银行、企业等需要有自己的虚拟偶像、数字员工和虚拟主播的商家 C端：主要集中在Z世代群体等年轻消费者中
	核心资源 虚拟数字人制作技术		渠道通路 自有渠道：内部销售团队、网站 合作方渠道：合作方网站、营销等	

成本结构	收入来源
虚拟数字人制作成本 平台经营和维护成本 宣发费用 团队费用	B端：虚拟数字人的许可使用费、广告费、租赁费等 C端：虚拟数字人相关功能的使用费、相关产品的直接购买费用、会员费等

资料来源：作者自制。

B端的收入来源主要是虚拟数字人的许可使用费、广告费和租赁费等，C端的收入来源主要是虚拟数字人相关功能的使用费、相关产品的直接购买费用和会员费等。

尽管目前虚拟数字人的发展整体情况还处于起步阶段，但随着技术的进步和市场价值的释放，其前景将被更多人看好，商业模式的优化是实现良好前景的基础。商业模式九要素也并非彼此孤立的，有效打通九要素之间的内在联合，形成内化的多点支撑才是关键。

对于虚拟数字人的场景化应用与产业化发展而言，由于当前仍处于概念和产品导入期，目标人群定位宜先锁定以Z世代为代表的数字原住居民为佳，这是伴随移动互联成长起来的一代，他们对新锐数码产品接受能力强，社交网络使用频次较高。可与Z世代已有的数字文化消费习惯有机衔接，让他们成为虚拟数字人未来市场渗透与拓展的"种子用户"或许是更好的策略。

在价值主张定位上，要依托技术进步深化迭代能力，在虚拟人与自然人之间相通点与相异点的发掘上做足功课，在人与"人"之间的情感化联结与差异化体验两个维度上持续优化，围绕目标人群在特定场景下的需求痛点设计功能落点，把特定功能落点做到极致，并通过线上线下多渠道通路和口碑传播扩散出去。要将某个虚拟数字人成功推向市场，问世之初的 IP 认知、导流蓄能是最关键也是最具挑战性的一步，IP 的设定既要考量行业属性特征、目标客群偏好特征，又要于共性中追求差异化、辨识度，还要与推出时间节点上的社会情绪温度形成同频共振，若能借助一些外部大事件进行事件营销，与既有的大 IP 或垂类头部 IP 绑定出道，则可以收到事半功倍的效果。

在赢利模式方面，要把 C 端人群聚合与 B 端服务深化有机结合，把虚拟数字人的 IP 价值与功能价值有机协同，尽可能拓展多元化循环回报收入端口。可以从垂类赛道和垂类场景入手，以垂类赛道的极致化头部 IP 为目标，待有一定基础后，通过与外部战略合作伙伴的链接协同实现功能伸张和收入来源拓展。

尤其值得一提的是，虚拟数字人的崛起不是单一因素支撑的结果，其后续发展也需要与生态化的产业环境配套结合起来，元宇宙、虚拟人、NFT 是面向未来数实融合世界的三大重要支撑，NFT 领域的创新与虚拟数字人赢利模式的拓展将是一个协同进化的过程。以人格化的虚拟数字人带动"万物皆可 NFT"时代数字资产的共识定价、流转交易是未来方向，虚拟数字人商业模式的完善也是一个伴随技术进步和元宇宙生态体系演化历久弥新的话题。

参考文献

艾媒大文娱产业研究中心：《2022年中国虚拟人产业商业化研究报告》，2022年4月。

陈婷、温梦华：《2022新数智·消费趋势报告丨Z世代，"内外兼修"的虚拟人能许你一个未来吗？》，每日经济新闻，2022年3月15日，https：//m.nbd.com.cn/articles/2022-03-15/2166593.html。

曹舒勤：《2021年虚拟数字人行业概览系列报告（一）：虚拟数字人应用技术与发展路径》，头豹研究院，2021年9月。

曹舒勤：《2021年虚拟数字人行业概览系列报告（二）：虚拟数字人市场需求与发展前景》，头豹研究院，2021年12月。

陈筱、李芊澜：《元宇宙应用或加速，虚拟人需求望提升——元宇宙系列报告之二》，国泰君安证券，2021年11月。

焦娟：《元宇宙之中国优势：虚拟数字人，分发与流通环节的新战场》，安信证券，2021年11月。

蒋晶津、王琼：《全球时尚虚拟人物研究报告2021》，华丽智库，2021年7月。

卢翌：《虚拟人行业深度研究报告：乘元宇宙之风，虚拟人产业发展加速》，中银证券，2022年4月。

刘嘉慧：《新经济背景下企业市场营销战略分析》，《全国流通经济》2018年第18期。

曲忠芳、李正豪：《从洛天依到华智冰 "虚拟数字人"还需探索商业模式》，《中国经营报》2021年6月25日。

宋嘉吉、金郁欣：《元宇宙（七）：虚拟人的"灵魂"是什么？》，《国盛证券》2021年12月21日。

王娜、王志浩：《平台企业商业模式：基于双边市场理论的分析》，《上海商学院学报》2019年第5期。

王钰祺：《探索前沿媒介技术，虚拟制片工作坊走入校园》，《国际品牌观察》2021年第35期。

徐素宁、韦中亚、杨景春：《虚拟现实技术在虚拟旅游中的应用》，《地理学与国土研究》2001年第3期。

中国人工智能产业发展联盟总体组、中关村数智人工智能产业联盟数字人工作委员会：《2020年虚拟数字人发展白皮书》，2020年12月。

案例篇
Case Reports

B.14 北京旅游休闲街区研究
——以前门大街为例

郭嘉　刘俊俊　秦瑞*

摘　要： 城市旅游休闲街区承载着旅游、休闲的功能，是城市文化旅游和文化创意产业中不可或缺的一环。北京的旅游休闲街区开发较早、类型多样、发展完善、运营成功。因此，前门大街在街区定位、主体、格局、文脉四个方面都存在一些问题，应考虑古今共融的文化定位、丰富多样的文化体验、层次分明的文化肌理、清晰立体的文化脉络等方面的未来发展导向。未来，北京旅游休闲街区将进行转型升级以提升服务管理水平，推动业态高质量发展，塑造特色品牌，促进数智化转型。

---

* 郭嘉，首都师范大学文化产业系主任、副教授，北京观恒文化发展研究院副院长，主要研究方向为文化产业及政策、数字创意传播；刘俊俊、秦瑞，首都师范大学文化产业系硕士研究生，主要研究方向为文化产业及政策。

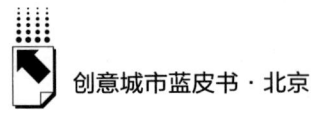

关键词： 旅游休闲街区　前门大街　街区更新　北京

随着我国城市经济的不断发展，居民生活水平显著提高，生活方式发生了天翻地覆的变化。人们已经不再满足于基本的物质需求，而是开始更多地追求休闲与生活品质，我国正逐渐进入休闲经济时代。在居民与旅游者的需求导向下，城市街区成为重要的休闲旅游空间。[1] 打造业态丰富、品质优良的旅游休闲街区，既可以满足当地居民与外来游客的旅游和交往需求，丰富旅游业态，拉动经济增长，又可以极大地增强城市综合竞争力，提升城市形象。

改革开放以来，我国不断加大对城市基础设施的投入，推进城镇化快速发展。但随着人民群众对美好生活需求的增长，建设宜居城市成为新时期的重要目标，在这一庞大的系统工程中，休闲街区恰恰发挥着不可忽视的作用。旅游休闲功能的完善可以显著提高城市居民的生活宜居度，彰显城市品质，推进以人为本的新型城镇化建设，我国的休闲街区正是在这一过程中逐渐发展成熟起来的。政府在完善城市公共服务、人文景观、生态环境等提升生活宜居度方面采取的举措，也为打造旅游休闲街区奠定了坚实基础。[2]

21世纪以来，随着北京文化创意产业发展规模的扩大和效益的提升，北京在坚持文创产业规范化、国际化、现代化建设的同时，突出强调特色化、品牌化建设。作为北京文创产业发展的关键环节，旅游休闲街区建设应予以重点关注。经过10余年的发展建设，北京已初步形成以12条市级旅游休闲街区为代表，市、区（县）两级特色旅游休闲街区有序发展，历史文化体验、潮流文化消费两类旅游休闲街区协同发展的特色街区建设格局。

---

[1] 李慧：《城市历史文化街区休闲旅游开发模式研究——以北京大栅栏为例》，北京第二外国语学院硕士学位论文，2009。

[2] 徐紫嫣：《探索休闲街区助力建设高品质宜居城市的路径研究》，《价格理论与实践》2021年第9期。

一　北京旅游休闲街区概况

（一）北京旅游休闲街区发展过程

1. 发展背景

"十四五"时期，为实现我国打造旅游强国的目标，也为迎接城市建设面临的全新挑战，旅游休闲街区建设已经上升为国家层面部署的一项重点工作，并开始颁布相关政策以推进旅游休闲街区的改造。2021年1月，文化和旅游部发布《旅游休闲街区等级划分》（LB/T082—2021）作为行业遵循，并明确了旅游休闲街区的定义——具有鲜明的文化主题和地域特色，具备旅游休闲、文化体验和公共服务等功能，融合观光、餐饮、娱乐、购物、住宿、休闲等业态，能够满足游客和本地居民游览、休闲等需求的城镇内街区。这一定义要求文化和旅游业深度融合，同时也强调了旅游休闲街区的复合功能。2021年3月，《中华人民共和国国民经济和社会发展第十四个五年规划和2035年远景目标纲要》明确指出，要打造一批文化特色鲜明的国家级旅游休闲城市和街区。2021年4月，文化和旅游部办公厅、国家发展改革委办公厅联合印发《关于开展旅游休闲街区有关工作的通知》，提出建设国家级旅游休闲街区、打造旅游休闲街区品牌等内容。2022年1月，国务院印发《"十四五"旅游业发展规划》，提出要科学布局旅游休闲街区。

2. 发展现状

近年来，在新冠肺炎疫情的影响下，我国整个旅游业遭遇严重冲击。但为进一步刺激消费、拉动国民经济增长，疫情之下的旅游业也在逐渐有序地恢复运营，城市休闲街区游恰恰是在疫情防控常态化下有望开展的旅游形式之一。例如，北京前门大街、三里屯太古里等地在科学防控的前提下恢复经营，游客降低跨省出游频率，在自家门口就可以满足休闲娱乐的需求。对旅游休闲街区的开发有望在疫情防控和居民需求之间找到平衡点，同时也丰富了城市休闲旅游新模式，刺激了国内旅游消费潜力。

为落实国家政策的要求，北京市目前已认定首批12家"北京市级旅游休闲街区"。北京的休闲产业一直走在全国前列，已步入快速发展阶段。前门大街、三里屯等特色街区本身就是北京的标志性旅游街区，长期以来起着刺激消费、满足居民和游客休闲娱乐需求的作用。在"旅游休闲街区"建设的要求下，北京依据政策标准对入选街区进行科学改造，致力于体验性、参与性、休闲性的全方位升级，实现旅游产业要素的聚集，成功吸引了众多游客。但在进一步改造过程中，要思考如何平衡居民与游客的关系。旅游休闲街区一方面是当地居民闲暇之余的休闲场所，甚至本身就是居住场所；另一方面是外地游客前来参观、体验的旅游休闲区。因此，旅游休闲街区兼具生活空间与游憩空间的双重属性，必然要进行妥善平衡。此外，对文化底蕴挖掘不够、街区建设严重同质化、缺乏特色等，都是北京旅游休闲街区亟待解决的问题。

打造特色示范街区，是促进文旅融合与消费升级的重要举措。如今在国家提出大力发展"旅游休闲街区"的背景下，北京市被认定的旅游休闲街区在未来会弥补短板，并根据政策要求更加规范地发展。

3. 优势基础

目前国内旅游休闲街区发展较好的城市主要有北京、西安、南京等地。北京之所以走在发展前列，主要得益于其丰富的历史文化资源和雄厚的经济实力。北京作为首都，旅游市场广阔且政策环境好，因而旅游产业体系相对较为成熟，旅游休闲街区开发也较早，规划相对完善。[①]

首先，作为"六朝古都"，北京的历史文化资源独特丰厚。北京建城历史长达3000多年，其中建都历史达800多年，共拥有4个5A级景区、54个4A级景区、107个3A级（含）以下景区、42个国家级文物保护单位、222个市级文物保护单位。长城、故宫、运河等众多文化遗存吸引了广大国内外游客，在游客总人数、旅游总收入等方面，北京始终占据绝对优势地位。如今，游客的价值观念已悄然发生改变，更青睐于文化底蕴深厚的文化

---

① 杨萍芳、曾祥添：《城市旅游休闲街区业态研究》，《三明学院学报》2015年第3期。

体验游。而北京得天独厚的文化资源优势,恰恰为城市文旅提供了新的探索空间,为旅游休闲街区的开发提供了丰厚的文化资源依托,以体现古都风韵,打造街区特色。

其次,北京拥有雄厚的经济实力,居民的消费水平自然也较高。旅游消费是一种非必要性消费,只有当居民可支配收入增多时,旅游在消费支出中的占比才会越来越大。北京居民的消费能力普遍较强,不仅会给旅游休闲街区带来人流量、创造极大的营收利润,而且会促进新的旅游项目的开发建设,保障旅游休闲街区的良好运营。

此外,2005年国务院批复的《北京城市总体规划(2004年—2020年)》中首次提出要把北京建成世界著名的"宜居城市",自此北京市政府一直以该理念为目标,致力于满足人民群众对美好生活的追求。而打造旅游休闲街区正是建设宜居城市的必由之路。针对北京市游客的问卷调查显示,81.5%的游客无法满足于传统的观光式旅游,开始追求休闲放松、增长阅历等精神层次的旅游服务。旅游休闲街区兼具公共服务、文化体验、旅游休闲等多种功能,可同时满足当地居民的休闲需求和各地游客的观光需求。因此,北京市非常重视旅游休闲街区的建设,各旅游街区一直在不断创新与升级的过程中。北京的政策基础和发展理念皆为旅游休闲街区提供了发展优势。

(二)北京市级旅游休闲街区介绍

根据《旅游休闲街区等级划分》(LB/T082—2021)标准,北京市目前已认定首批12家"北京市级旅游休闲街区",分别是前门大街、三里屯太古里休闲街区、八达岭长城旅游休闲街区、751D·PARK北京时尚设计广场、石景山郎园park、华熙LIVE·五棵松、二七厂1897科创城文化创意旅游休闲街区、中粮·祥云小镇、乐多港假日广场、房山-长阳首创奥莱旅游休闲街区、海淀悦界主题街区、南宫旅游休闲街区。

以上12家入选街区在可进入性、文旅特色、环境特色、服务设施、业态布局、综合服务、卫生、安全、管理等必要条件和一般条件上皆符合旅休闲街区的认定要求，并具有以下共同点。

1. 文旅特色——坚持文旅融合发展，突出文化特色

《旅游休闲街区等级划分》（LB/T082—2021）标准中要求旅游休闲街区具备文旅特色，特色化发展是其核心导向。街区是一个城市的血肉，而文化则是城市的灵魂。12家街区善于保护利用和整合优化各自的文化资源，注重文明传承，提升了文化和旅游的吸引力。如前门大街是最具代表性的北京老字号商业聚集区，依托非遗文化彰显北京传统文化特色；八达岭长城旅游休闲街区依托历史资源，沿街开放长城文创店、詹天佑纪念馆、八达岭长城博物馆等特色店铺，向游客展示博大精深的长城文化，并对青少年进行爱国主义教育；二七厂1897科创城文化创意旅游休闲街区依托红色文化和工业遗产文化，慈禧太后龙车房、法式别墅等近代建筑遗存极具文化特色。

2. 业态布局——培育多元业态，刺激消费需求

《旅游休闲街区等级划分》（LB/T082—2021）标准中要求旅游休闲街区培育多元业态，丰富休闲娱乐功能，提供的消费产品要兼具现代化、个性化、多元化特点，并且强调夜间文娱活动的重要性。12家街区合理规划业态布局，以高质量产品和服务刺激了居民的消费需求，增强了居民的获得感与幸福感。如石景山郎园park涵盖休闲娱乐、文化艺术、生活美学、格调餐饮、亲子美育、城市公共文化服务等多种业态，是体现生活与美的文化艺术园区；华熙LIVE·五棵松集吃、喝、玩、乐、购于一体，汇聚篮球馆、互动实景娱乐街区、商业中心、文化广场等多元业态，同时注重夜间文娱业态发展；乐多港假日广场拥有万豪酒店、万达广场品牌大道、奇幻乐园三个业态，集吃、住、游、乐、购于一体，业态数量充足；房山-长阳首创奥莱旅游休闲街区形成集旅游、休闲、生活、购物于一体的"城市微度假"消费创新模式；南宫旅游休闲街区拥有住宿、温泉度假、农业广告、文化市集等业态，每周固定时间举办文化夜市。

3. 环境特色、服务设施——坚持科学规划、合理建设

《旅游休闲街区等级划分》（LB/T082—2021）标准中要求旅游休闲街区保留街区的完整性和真实性，在空间更新改造过程中避免大拆大建，保持文化遗产的可持续发展。在环境设计上要注重有特色的建筑、宜人的氛围、良好的路面状况、合理的游览路线等，在服务设施上要基于不同年龄与不同层次人群的需求，提供差异化、人性化的设施，提升服务品质。12家街区皆做到了科学规划，致力于打造主客共享的旅游休闲空间。在设计理念上，注重打造独特的景观魅力，如海淀悦界主题街区中水系、绿植、原木交融，在森系自然街区中打造山谷美学空间；重视街区夜景，如南宫旅游休闲街区、华熙LIVE·五棵松等采用声、光、电等技术烘托夜景氛围；完善旅居结合的配套设施，如乐多港假日广场、南宫旅游休闲街区等集旅游、休闲、住宿、购物于一体。此外，在空间设计上，注重在不同节点合理设置休息空间，并针对不同人群设置不同的休憩节点；不追求直线步行街道，而是具体结合当地地势进行设计；街区设计沿用当地建筑风格，打造主题性的独特地标，如中粮·祥云小镇以"花园式购物体验中心"为理念打造户外商业空间，建设风格以自然、绿色生态为主。

根据文化和旅游部办公厅、国家发展改革委办公厅发布的《关于开展国家级旅游休闲街区认定工作的通知》，北京市只有前门大街、三里屯太古里休闲街区入选首批国家级旅游休闲街区名单。作为首批被评定为"国家级"的旅游休闲街区，这两个街区在一定意义上起着标杆作用，将进一步助力城市更新，推动旅游休闲产业的发展。

其中，前门大街极具代表性。前门大街又名"天街"，位于京城中轴线，拥有市中心的地理位置优势。它是北京最大的古城保护区，是天安门广场周边唯一规划的商业街区，也是北京最具代表性的老字号商业聚集区。前门大街充满古都特色，是北京传统文化的根脉所在，沉淀了几代老北京人的城市记忆。前门大街承担着旅游、休闲、文化、商业的多重功能，文化与商业的双重属性使其有别于其他商业街，有着自身的特殊性。前门大街在历史迭代中找准自身定位，成功改造成一条以非遗文化为内核、特色鲜明的旅游休闲街区。

下面以前门大街为例进行分析，为旅游休闲街区的建设提供借鉴。前门大街是"国家级"旅游休闲街区，要不断总结经验，以创新的理念和优质的服务维持街区美誉度，弘扬传统文化，提升城市形象。

二 前门大街发展现状及存在的问题

(一) 前门大街建设的过程和经验

1. 前门大街概况

前门大街全长约840米,坐落在北京的中轴线上,南北纵横,起自前门月亮湾,终至天桥路口。位于皇城脚下的前门大街,素来以繁荣昌盛名扬京城,是久负盛名的商业街,曾被乾隆皇帝称为"丽日和风调玉律,彩幡花胜耀天街"。[①] 清代文人俞清源也以极其精炼、形象的语言描述出当时前门大街的热闹繁华:"珠市口当正阳门之冲,前后左右计二三里,皆殷商巨贾,设市开廛。凡金银珠宝以及食货如山积,酒榭歌楼,欢呼酣饮,恒日暮不休。"历经600多年悠悠岁月的前门大街,至今仍旧保存着较为完整的街巷肌理、空间样态、历史建筑,具有较高的历史文化价值,是京城民俗文化、商业文化、会馆文化和建筑文化的荟萃之地。

2. 前门大街的历史发展

前门大街的历史发展过程伴随朝代的更替,从元代开始兴起,经历明朝和清代,一直发展至今。元代时期的前门大街还只是雏形,当时只是作为元大都南城垣丽正门通往郊区的道路,是皇帝出巡和文武百官出游必经之地。明朝时期,这条大道由于车马往来、人群熙攘逐渐成为一条可供交易的商业街,并出现了鲜鱼口、珠市口等集市和各地的会馆,更加热闹非凡。清代的前门大街开始真正成为一条商业街,形成很多专业集市并且涌现出许多老字号,如全聚德、永安堂、都一处等,并有夜市出现。民国时期,前门火车站和京奉火车站的建立给前门大街带来了更多的客流量,街道空间开始变得拥挤。为了缓解交通压力,前门大街建设了有轨电车轨道,铛铛车开始出现。此时的前门大街达到了历史上的鼎盛时期,但随着民国首都的南迁,生意开

[①] 孟丹:《北京大栅栏商业街与前门大街景观演变的启示》,北京服装学院硕士学位论文,2017。

始冷落。新中国成立后，前门大街已不复往日的繁华，特别是改革开放后，越来越跟不上北京快速发展的进程。①

随着人们对历史街区保护开发意识的逐渐提升，前门大街作为具有极高历史价值和商业价值的街区开始受到关注。2003年，北京市政府批准《前门地区修缮整治总体规划方案》，开始着手改善前门大街的衰败样貌，发挥其原有的功能作用。经过长达几年的修整工作，前门大街于2008年奥运会前夕以全新的样貌亮相于世人面前。此次大型修葺活动主要复建了前门大街长816米、宽2.925米的御路，并按照原规制铺设了青白石条，同时还复原了留在老北京人记忆中的五牌楼和铛铛车。2009年9月28日，前门大街全面开市，共有103家商户开张；2010年，前门大街所在区域开始实施最全面、最彻底的修缮整治工程，累计投入130多亿元，搬迁居民近1.7万户、企业534家。自此以后，前门大街作为"中国著名商业街"的称号逐渐响亮，并于2010年成功举办了第一届前门历史文化节重大文化活动，使得古都文化得以传承，前门大街的商业活力也逐渐恢复。② 2006~2015年的10年时间，前门地区历经10次居民搬迁与腾退，包括各种四合院、名人故居以及会馆等具有历史价值的建筑，长巷三条1号、安徽会馆、中山会馆等具有保护意义的空间得以腾退并得到更新，这对城市更新和历史街区保护意义重大。

近年来，前门大街所在的东城区政府开始推动前门商圈进行转型升级，从传统的商业街转变为拥有地道京味的老字号聚集地和具有潮流气息的网红打卡地。2021年，前门大街入选首批12家"北京市级旅游休闲街区"名单；2022年1月，根据文化和旅游部办公厅、国家发展改革委办公厅发布的《关于开展国家级旅游休闲街区认定工作的通知》，前门大街入选首批国家级旅游休闲街区公示名单。如今的前门大街俨然成为"首都文化中心区、世界城市窗口区"的重要组成部分，承担着宣扬古都文化、开展旅游休闲活动、提升城市文化形象的多重责任。

---

① 孟丹：《北京大栅栏商业街与前门大街景观演变的启示》，北京服装学院硕士学位论文，2017。
② 朱凤荣：《北京的前门大街》，《北京档案》2012年第5期。

（二）前门大街建设的问题剖析

前门大街作为历史上北京最为繁华的商圈，随着20世纪80年代其他商业中心包括西单、王府井等地的崛起，加上自身区域一些老字号的相继出走，其商业活力不再，开始呈现衰败态势。后期经过政府和相关组织机构的努力，前门大街得到了全方位的更新，但在经营方式、管理模式、街区定位以及历史文化梳理等方面仍旧存在不小的问题，无法与其固有的历史声誉和地位相匹配。

1.街区定位不清晰，文化与经济脱节

前门大街经历修缮整治重新开市以后的10多年来，经历了多次更新转型与商业改造开发。开街之前负责前门项目的SOHO中国曾称要将前门大街打造成中国的"香榭丽舍名品街"，但正式开市后主要引入的只有老字号和一批聚焦中端消费水平的国际快时尚品牌。由于各种原因，包括房租、地界问题，大部分快时尚品牌逐步撤出前门大街。2013年管理方又提出向"文化体验街区"转型，引入了杜莎夫人蜡像馆、故宫冰窖餐厅、故宫文创馆等项目。但2018年初几家老字号也陆续撤离前门大街，新入驻的大部分是打着"非遗"旗号的店面。经过连续几轮的撤店潮之后，现今的前门大街空置店铺近三成，甚至有些空置店铺的招牌都落满了灰尘。

为了迎合现代消费者的需求，前门大街一开始引入了许多国内外著名的时尚品牌，包括优衣库、ZARA、HM、美特斯邦威等。相较于获得大街主要视野占位的"洋品牌"，一些老字号品牌却零散分布在大街的各个角落，大大削弱了前门大街本应具备的京味气息和历史底蕴。除此之外，前门大街的开发者SOHO中国还着重给消费者带来皇城贵族体验，引入了小众顶级餐饮，让顾客可以边品味咖啡边欣赏天安门广场胜景。这样的做法虽然迎合了一部分消费者的心理，但忽视了前门大街本身具有的市井文化底色，商业定位一再改变，到最后也未能确定主要发展方向，导致前门大街的历史文化功能与商业经济功能严重脱节。

2.改造与管理主体不统一,商业活力缺失

近年来,前门大街的商业运营一直走下坡路,商业业态的组成与管理方面存在很大的问题:一方面是仅有个别著名老字号仍然维持正常的经营水平,如全聚德、月盛斋等;另一方面是许多商家的服务水平和质量低下,甚至有很多假冒伪劣产品混入其中。这些问题与前门大街的管理模式有很大关系。前门大街的改造项目属于政府引导企业开发的模式,原本是由政府成立的国有单位北京天街置业发展有限公司(以下简称天街公司)作为改造主体,但由于高昂的改造费用,天街公司引入SOHO中国,并让SOHO中国拥有49%的公司股份。本来利用SOHO中国的资本优势可以很好地发展前门大街,但由于SOHO中国过度考虑商业价值的开发而忽视了政府所倡导的历史文化保护原则,最终不得不退出前门大街改造项目。此时前门大街的开发权仍旧掌握在以天街公司为代表的政府手中,但后期的管理主体发生了变化。SOHO中国推出改造项目后,通过购买一部分物业产权的方式转身成为前门大街部分物业的业主。但由于SOHO中国所持有的店铺租金高昂,一些商家入不敷出,只能黯然离场。目前前门大街除了一些著名老字号的店面产权属于自身外,其他店面产权都归属天街公司和SOHO中国两家公司。主要问题就在于两家公司的管理宗旨和目标存在差异:一方面,天街公司代表的是政府,强调历史文化的传承与保护;另一方面,以追逐利益为目标的企业,根本不了解前门大街真正的文化底色。这样的割裂直接影响了前门大街的商业效应,从而影响了商业街的活力。

3.街区空间格局较为单一,人气无法凝聚

前门大街在经过改造后主要供行人步行通过,从实际的人流量来看,人群主要聚集在大街的北段,中段和南段则人流稀少,造成这种两极分化现象的主要原因在于大部分来此的游客主要分散在大栅栏商业街和鲜鱼口美食街,很少有人往前门大街的南端游览。出现这种现象的原因主要是前门大街的空间格局较为单一,难以凝聚人气。一是在街区道路景观方面,形态单一、尺度庞大,具有一定的疏离感;道路铺装也较为单一,植物绿化虽丰富但没有层次感,而且缺乏供游客休息的绿荫空间。二是在街区建筑界面方

面,建筑风格、建筑材料虽然丰富但过于现代,建筑色彩的色调统一但过于呆板。三是在街区活动行为方面,人流动线及人流密度都不如毗邻的大栅栏商业街,显得较为冷清。

此外,前门大街的街道长度也是造成人气无法凝聚的原因。相关学者研究成果表明,步行距离一般控制在300~500米较为适宜。而全长800多米的前门大街,如果一直走下来很容易让人感到疲惫,再加上毗邻的大栅栏商业街和鲜鱼口美食街的商业吸引力比较强,游客很容易就被引流到这两条街道上,这就导致前门大街上人烟稀少,空有招牌叫卖声。主要原因在于前门大街改造成步行街后,其空间设计围合感较弱、回流性较差、互动性不强,人气自然无法凝聚起来。

4. 历史文化脉络未梳理清楚,城市记忆逐渐消失

在大规模旧城改造、城市更新的过程中,以前门大街为代表的历史文化街区没有得到有效保护,加上过度商业化运作,其原有的历史文化空间、传统文化肌理以及文化脉络遭到破坏,导致城市记忆逐渐消失。前门大街的历史文化可以从物质文化与非物质文化两个方面谈起。物质文化主要是指前门大街上的建筑文化。但如今修整一新的前门大街,早已不复明清时期的原真历史风貌,其建筑风格中西混合,不相统一。街道的前段是经过专家论证复原的民国风格建筑,中段却是民国风格与现代风格的混合,后段就完全是现代风格了。明清与民国时期留下的建筑早已在历史中湮没,如今呈现在世人面前的前门建筑,给人一种严重的割裂感,不复留存在老北京人记忆中的那种精气神了,根本没有太多具有文化内涵的东西。

前门大街的非物质文化包括市井文化与京剧文化。市井文化主要是指原汁原味的、具有生活原真性的老北京文化,这种市井气息是需要有人气、有生活的,但前门大街的改造项目将许多老建筑、老胡同拆除了,一些老北京人也不得不迁出此地。甚至当时的开发商即五合国际建筑设计集团将此地东部地区打造成为"中式豪华高科技别墅"区,一味强调精英化、贵族化,丢失了前门大街最珍贵的市井文化,人们在历史街区中再也听不到纯正的京腔,看不到闲来遛弯的老北京人,只有白天熙熙攘攘的游客和夜晚空空荡荡的大街。京剧文化同样在前门大街的改造中逐渐消失了,曾经的前门大街戏院云集,但如今只剩下"中和戏院""广和楼"的牌坊,街内也再无展现京剧文化的店铺。

(三)前门大街未来发展导向

前门大街自古以来就是文化和商业经济紧密结合的产物,虽然它在城市快速现代化的进程中发展有些停滞,但被称为"天街"的它仍旧体现了人们对其文化魅力的向往和憧憬,以及对其历史底蕴的赞叹。在如今历史街区更新转型升级的背景下,人们也对其未来抱有一份更大的期待。因此,从历史街区更新的文化视角来看待前门大街的未来发展,可以通过古今共融的文化定位、丰富多样的文化体验、层次分明的文化肌理以及清晰立体的文化脉络四个方面进一步阐述。

1. 古今共融的文化定位

前门大街内遗存的非物质文化遗产有许多,包括老字号以及各种风格的建筑。一方面,出于对历史文化的保护,在胡同和建筑的改造上应该尽量保留其原有风貌,增加老北京的生活烙印,凸显前门大街本身具有的文化特色;另一方面,为适应现代人的审美与需求,可以适当添加现代化的时尚元素,在保证前门大街文脉得到传承发展的同时,吸引更多年轻群体来访。因此,在未来针对前门大街的规划设计定位上,可以从以下几个方面推进。

一是前门大街首先作为一条百年商业街,重在体现其商业性质和功能;二是前门大街内部的建筑形式与风格是随着朝代更迭不断发展变化的,在改造过程中可以不拘泥于过去某一年代,但要做到风格大致统一;三是前门大街作为国家级的商业街,对其进行改造设计应该把眼光视野放得更长远一点。一方面是前门大街地处北京这样的国际大都市和历史文化名城,另一方面是前门大街自身作为历史上三大商业中心的定位[1],前门大街应该集中展

---

[1] 韩炳越、崔杰、赵之枫:《盛世天街——北京前门大街环境规划设计》,《中国园林》2006年第4期。

现它这两个方面的身份特质，按照古今共融的文化定位和业态布局战略进行招商引店。同时，还需要注意以下几点：首先，招商过程需要明确商家需求，以防后续配套服务与其需求脱节，进而导致商家撤店；其次，对于招商的商家类型，在做到多样化的同时，需要多引入具有老北京传统文化意蕴的老字号类店铺或原创文化品牌，它们可以发挥前门大街"主力店"的效用，通过其品牌的辐射力和影响力吸引更多的人流，增强前门大街的商业活力；最后，对于引入商家的档次，也需要做到高、中、低皆有，秉持"贵贱同台"的原则，兼顾消费者多方面的需求，以满足大众休闲娱乐的体验。

2. 丰富多样的文化体验

目前前门大街逐渐转向体验服务型的商业街，而游客要想从中获得全方位的沉浸式体验，需要深刻理解历史街区的文化内涵乃至所在城市的历史文化，这就要求前门大街深度挖掘其内在的文化资源，运用各种文化符号来储存文化、传播文化甚至创造全新的文化。但像前门大街这样处于商业街向旅游休闲景区转型的地方，对本地人已不再具有很大的购物吸引力。而且由于前门大街在改造过程中忽视了对老北京原汁原味精神文化的保存，外地游客追寻老北京文化的需求得不到充分满足，自然会造成大街上人流越来越少。因此，前门大街一方面需要进一步发现和提炼自身的文化内涵，吸引本地人的回归；另一方面需要通过丰富多样的文化体验活动，多方面展现老北京的文化特色。

在如今体验经济时代，为了让游客获得更加丰富多样的文化体验，前门大街可以从以下几个方面做出努力。一是举办节事活动，传播街区文化。举办符合当地习俗的传统文化活动，营造传统氛围，得到原住居民及当地市民的认可。通过节事活动的刺激，激发更多艺术和文化产业，从而提升街区的活力与知名度。二是用优质声音烘托历史文化氛围。对于某些商店仍旧使用传统广播、喇叭进行叫卖造成声音混杂的问题，可以通过增加优质声音的播放来解决，如具有老北京特色的叫卖声或者当地民俗歌曲等，这样可以充分体现地方文化特色，吸引游客的注意力。三是在保留原有特色的基础上，遵循多样性原则进行景观改造。要想实现丰富多样的文化体验，需要街道提供足够大的空间来承载各种活动，这就需要削减部分重复的商业业态，减少同质化的景观设计，为更多文化体验型的商业内容提供空间进行展示交流。例如，可以将部分重复的快时尚品牌撤掉，转而增加具有传统风貌的茶馆、酒肆等，营造老北京休闲舒适的气氛；也可以增加晚间经营的商业娱乐设施，恢复前门大街繁荣的夜间经济，并形成一种经营特色。[①]

3.层次分明的文化肌理

历史街区的文化肌理主要由隐藏在其中的大大小小的街巷组成，它们是人们日常生活的场所，是物质物理方面的载体，更是人们生活和记忆的载体。在对历史街区进行改造时，应注重保存并设计出层次分明的文化肌理，通过保留人性化的街巷空间以及梳理拆解过大的空间，打造舒适宜人的街巷肌理。具体而言，可以通过"化大为小"的手法将庞大空间拆解为各个小的精致空间，设计出"大中见小"的尺度效果。目前前门大街整体的空间格局较为单一，缺乏供游人休憩的公共空间。[②]

由此，可以通过增加街区的空间节点、设置部分院落，打造街区中心的会客厅。街道的空间发展主要包括前导、发展、高潮和结尾四个部分，而节点是其中的高潮部分，把设计重心放在节点的设置上，可以打破单一乏味的街道布局，消除行人对街道空间千篇一律的感觉。在具体的环境处理上，可以采取增加绿化、设置雕塑小品以及增加艺术装置等方式，也可以通过增设针对道路的铺装与陈设，进而烘托街区的历史文化氛围，彰显商业街的个性特色。其中，雕塑小品的设置可以再现历史场景，引发游客的联想，加深游客的文化体验度。此外，前门大街需要丰富道路上的绿色景观。相较于传统空间狭小的街道，前门大街目前的宽度足以设置层次更加丰富的绿化空间，

---

① 马晓龙、吴必虎：《历史街区持续发展的旅游业协同——以北京大栅栏为例》，《城市规划》2005年第9期。
② 孟丹：《北京大栅栏商业街与前门大街景观演变的启示》，北京服装学院硕士学位论文，2017。

与街道上的商业业态空间交相辉映,甚至起到招揽顾客的作用,产生强大的文化和商业感染力。

4. 清晰立体的文化脉络

历史街区的灵魂体现在其承载的文化内涵上,正是其独特文化的存在,才使得历史街区在发展过程中始终保有活力,否则很容易失去作为旅游功能的核心吸引力,甚至造成"千街一面"的同质化问题。要想体现前门大街内在的文化底蕴,塑造清晰立体的文化脉络,可以从以下两个方面入手。

一是突出文化脉络的多根性与功能性,融合前门大街特色文化,形成具有鉴别性的文化形象。在具体的街道设计中,要注意提升空间使用者与游览者的主观感受,在恢复和继承原有历史风貌、体现在地文化特色的同时,讲述好新的时代故事。同时,要以人为本,充分考虑原住居民的因素,保证原住居民原有的生活习惯和行为需求,进一步凸显地方传统的生活方式和民俗风情,丰富街道的人文景观。此外,以前门大街为代表的历史街区是传统手工艺及其产品蕴藏最丰富的地方,可以通过对其深入的收集梳理,建立传统手工艺的集中展示区和产品售卖区,这不仅可以复兴具有历史文化价值的手工艺,而且可以为地方传统手工业者创造就业机会,提高其生活质量,进一步促进当地旅游商业与经济的发展。

二是尊重前门历史,保护历史遗存,体现前门历史文脉。在历史街区的更新建设中,一方面,要充分考虑历史遗存的不可再生性及其原真性与完整性保护。街区管理者要更加重视历史遗存和自然资源的保护,并进一步制定标准和准则,以达到环境与经济保护系统的可持续、科学发展规划目标。另一方面,全面高效的行政管理部门对以旅游业为导向的历史街区的可持续振兴具有重要意义。历史遗存和旅游管理是一个庞大且复杂的系统的组成部分,需要各个部门参与形成一个行政管理机构。建立一个专门的街区旅游管理部门,对于历史街区的环境、文化、遗产、社区参与等都是必要的。社区参与是可持续旅游的重要目标,因此管理员应考虑如何将当地居民从依赖物业租金转向参与与旅游有关的工作。更重要的是,要平衡不同利益相关者的感知。增强居民对邻里历史和建成环境的自豪感,可以提高居民对该地区未来的信心。①

三 发展北京旅游休闲街区的建议

(一)完善基础设施建设,提升服务管理水平

不断推进旅游休闲街区基础设施建设与升级。基础设施是旅游产业的依托和保障,支撑旅游产业的发展。要协调街区内交通出行,科学规划交通路网,建立地下智能停车系统,也可以在业态连续性较差的街区适当建造人行天桥,以缓解交通压力,保障居民和游客便利出行。完善公厕、游客中心、餐饮、娱乐、住宿等配套设施的建设,提升游客旅游体验。增加解说系统的相关设施,在每一个功能区和演出地点设置标牌,解说方位、功能、节目时间与特点等内容,提供观赏便利性。

不断提升公共服务与运营管理水平。旅游休闲街区的管理规划需要政策引领,要在尊重市场规律的基础上,发挥好政府作用,特别是要加大对休闲街区的财政扶持力度,如运用项目补贴、股权投资、贷款贴息等方式,吸引社会资本投入休闲街区的建设。此外,大多旅游休闲街区兼具文化遗产地、旅游景点、居民生活区的多重属性,因此要创新监管模式,协调好居民与游客的关系。对休闲街区的商铺、业态布局等采取统一管理、分户经营的方式,统筹规划街区管理、历史文化保护、基础设施建设、居民安置等工作,加强对大型娱乐设施、节日活动等重点环节的日常监管,提前做好应急预案准备,强化旅游服务功能和安全保障,推进公共服务体系建设。

---

① 朱鹤、王竟如、张希月:《旅游为导向的历史街区复兴综合性评价:以北京前门地区为例》(英文),《资源与生态学报》(英文版)2019年第5期。

（二）优化业态布局，推动业态高质量发展

科学规划业态类型。一是增加文化类业态的数量。文化类业态最能彰显整个街区的文化特点，因此要丰富文化类业态，如增设博物馆、书店、非遗体验馆等场所。二是增加休闲娱乐类业态的数量。为满足居民与游客的休闲需求，可增设文化酒吧、咖啡厅、茶馆等休闲场所。[1] 三是增加体验性业态的数量。体验性业态更能吸引游客的参与和体验，为其留下更加深刻的印象。因此，可增加密室逃脱、VR体验馆等极受年轻人欢迎的沉浸式体验业态，加深游客的旅游记忆。

优化业态空间布局。针对景观空间分布不均的现象，适当进行商业本土化改造，如增加具有当地特色、符合街区文化主题的娱乐项目和餐饮购物商店，保证街区景观的协调性。针对白天和夜间游客数量不均的现象，街区应合理布局适合不同时间段的业态，对白天和夜间的规划予以同等重视。白天可通过打卡景点、娱乐项目吸引游客，夜间也要利用景区资源发展夜间文化，如结合灯光技术打造美丽夜景，延长游客的观光时间。

致力于业态的高质量发展。首先，要完善相关法律规范，约束开发者与经营者的行为，鼓励其合理开发、正当经营。其次，在制定城市规划时要对相应的休闲街区提出发展导向，科学规划业态比例，并在运营过程中提升文化类相关的业态比例，引导产业高质量发展。同时，要基于街区的文化特色确立主题定位。此外，要健全文化产业链，集文化生产、流通、消费于一体，优化产业结构，促进休闲街区的经济可持续发展。[2]

（三）塑造特色化旅游休闲街区品牌

我国旅游休闲街区的一大短板在于未形成特色鲜明、富有影响力的文化

---

[1] 赵克苏、刘敏：《业态视角下旅游休闲街区的优化提升研究——以大唐不夜城为例》，《旅游纵览》2022年第4期。

[2] 郑憩：《我国历史街区旅游休闲发展现状、问题及建议》，《中国经贸导刊》2021年第21期。

品牌。挖掘文化特色并打造优质的旅游休闲街区是形成品牌的关键，对增强街区吸引力、提升城市形象至关重要。首先，要提高品牌意识。文化是旅游商品的最大内涵，只有深挖街区的文化内涵，将文化要素、文化记忆、文化符号等资源转化为易被游客感知且印象深刻的产品，并形成文化品牌，才能提升该旅游休闲街区的知名度和影响力。其次，要提高品牌营销水平。综合运用线上线下营销渠道，结合街区的定位与特色制订科学的营销方案。如举办创意产品大赛、开展休闲娱乐活动，提供既具有地方特色又满足居民与游客休闲需求的产品和服务，推出旅游休闲街区品牌系列，通过营销提升旅游休闲街区的品牌影响力。

塑造文化品牌必须因地制宜，发挥特色优势，活化应用。例如，以自然景观为特色的旅游休闲街区，应依托各自的植物园、森林、山脉等自然生态景观，推出自然景观旅游线路，并强化对文化内涵的挖掘，让游客在领略风景名胜的同时，也能领会到其背后蕴含的文化。又如，以历史遗迹为特色的旅游休闲街区，应依托丰富的历史资源，将其文化设计贯穿于整个旅游过程中，如推出历史文化类旅游线路，巧妙连接各类遗迹旧址与名人故居等景点，提升游客参与体验感。

（四）推动旅游休闲街区数智化转型

数字技术为旅游产业注入了新动能，要加快旅游休闲街区的数字化、信息化、智慧化转型升级，提高数智化服务管理水平。首先，数智化为管理端赋能。利用物联网、大数据等技术整合各类资源数据，建立动态数据监管体系，逐渐形成高效智能的新型治理模式。例如，建立文化遗产数据库，采用技术手段为遗产保护、监测和维修提供支持；建立综合指挥管理平台，有效提升各部门信息收集和工作处理效率，提升应急指挥能力；建立人流量疏导系统，对街区的游客数量进行实时监测，以便在高峰期及时启动预案，进行人流疏导，保障游客的出行便利。其次，数智化为游客端提供智慧服务。例如，推广智慧支付，打造线上线下综合平台，游客可采取刷脸、扫码等多种支付方式；建立综合管理服务中心，为游客提供"一站式"服务；游客通过手机平台的吃、住、行、游、购、娱等板块全方位满足需求。

（五）推动旅游休闲街区和宜居城市融合发展

《中华人民共和国国民经济和社会发展第十四个五年规划和2035年远景目标纲要》中专门提到"全面提升城市品质"，诸如"建设宜居、创新、智慧、绿色、人文、韧性城市""保护和延续城市文脉，杜绝大拆大建，让城市留下记忆、让居民记住乡愁"等建设宜居城市的表述，都与旅游休闲街区建设有着密切关联。对于普通民众来说，休闲旅游正逐渐成为刚需，打造旅游休闲街区将推动宜居城市的建设。特色鲜明、业态丰富的旅游休闲街区，一方面可以满足当地居民与游客旅游、休闲、购物、交往的需求，刺激消费并带动本地经济增长；另一方面可以提高居民满意度，提升城市品质与吸引力，助力宜居城市建设。因此，应推动旅游休闲街区与宜居城市融合发展，并在建设时着眼于二者的共通性，其中文化、科技便是很好的结合点。① 旅游休闲街区有赖于文化与科技的支持，具有丰富的文化底蕴并形成独具特色的文化品牌才能保障旅游休闲街区的可持续发展，以浓郁的地方文化特色为载体，辅以公共服务、旅游休闲、活动体验等功能，为居民和游客打造更加舒适的休闲空间。而科技是当今时代为旅游业赋能的最佳技术手段，各界积极倡导"科技+旅游"，注入科技力量，打造多元融合的场景，创新旅游休闲街区业态，使其焕发生机，给游客带来全新的游览体验。而宜居城市的建设同样离不开文化与科技的支持，文化是最鲜明的城市名片，一座城市正是具有了文化符号才形成独具一格的城市魅力。科技也会为城市赋能，推动宜居城市和活力城市的建设，让城市更加"活"起来。总之，打造旅游休闲街区和建设宜居城市相得益彰，应创新策略推动二者融合发展。

---

① 徐紫嫣：《探索休闲街区助力建设高品质宜居城市的路径研究》，《价格理论与实践》2021年第9期。

B.15 "乡愁"在历史文化街区品牌塑造中的价值及策略研究

——以模式口大街为例

于隽 孙毓泽[*]

摘 要： 历史文化街区对城市风貌和集体记忆的留存具有重要意义，为避免同质化或被大量现代元素所填充，其改造发展就需要增强品牌特性，保留古街特有的生活气息与民俗风尚。模式口历史文化街区经规划建设后于2021年重新开街，以模式口历史文化为中心，进行了以历史古迹、建筑表现、特色商铺、文创活动设计为主的文旅资源开发。利用原有古建筑群打造了"五景七院三十铺"，并引入文化、餐饮等各式商家入驻，形成复合业态。同时，模式口历史文化街区也面临深入挖掘"乡愁"内涵、增强"乡愁"场景建设、打造特色文化仪式等一系列开发问题。

关键词： 历史文化街区 "乡愁" 品牌塑造 模式口

历史文化街区是许多城市经济文化发展的"金名片"，它是一个城市的历史融入现代生活的重要手段，也是城市文化传播的立体途径。北京作为有着千年文明的古都，历史文化资源多元、丰富，北京的南锣鼓巷、前门大街、马连道茶叶街等都是著名的历史文化街区。文化创意产业在北京的历史

---

[*] 于隽，北方工业大学文法学院副教授，主要研究方向为文学与传媒艺术、文化创意产业；孙毓泽，中国传媒大学人文学院硕士研究生。

文化街区发展中扮演了重要的角色，特色的文化店铺、精致的创意空间都让北京的历史文化街区焕发出了传承历史、畅想未来的生机和活力。

然而，随着经济和文化的发展，广大消费者对消费场景和消费体验的追求更加内涵化、互动化、体验化和娱乐化。传统的消费场景已经不能满足消费者的需求，为了避免同质化，历史文化街区在品牌塑造时就需要从地方元素中去寻找和挖掘差异。习近平总书记2019年在北京老城前门东区看望慰问基层干部群众时提出："让城市留住记忆，让人们记住乡愁。""乡愁"是既具有景观意义又具有情感深度的一个词语，以"乡愁"为创意，将最大化保留历史文化街区原有的文化底蕴，并以独特的景致、氛围树立品牌，赋能城市区域经济发展。模式口历史文化街区在改造升级中走出了延续文脉、承载乡愁的品牌路径。

一 "乡愁"在历史文化街区品牌塑造中的意义

（一）"乡愁"的内涵及其文化意义

在西方，"乡愁"一词最早在17世纪提出。从17世纪至今，"乡愁"的含义由"精神上远离家乡的剧烈痛苦、身体上的萎靡不振"演变为"心理或精神上的某种家园情结的匮缺"。[①] 对于中国人而言，乡愁是中国人对故土、山水、人文的悠长眷恋。《现代汉语词典》对"乡愁"的释义为"深切思念家乡的忧伤的心情"。自古以来，中国人的生活依靠定居的耕种农业，中国文化也是以农业社会为基础发展的文明系统。人们"靠山吃山，靠水吃水"，造就了人与自然亲密共处的关系。费孝通先生在《乡土中国》中写道："直接靠农业来谋生的人是黏着在土地上的。"每个人都如同农作物一般扎根于这片土壤，在经年累月的生长中，浸透了所有的养分，熟悉每

---

① 谢彦君、于佳、王丹平、陈枫：《作为景观的乡愁：旅游体验中的乡愁意象及其表征》，《旅游科学》2021年第1期。

"乡愁"在历史文化街区品牌塑造中的价值及策略研究

一寸泥土、每一个人。一代又一代中国人对故乡的依恋融入血脉之中，无论身处何地，"故乡"二字总是让人魂牵梦萦。中国古代众多的文人雅士、迁客游子写下诗文抒发自己无处言说、无可奈何远离家乡的情感，如"独在异乡为异客，每逢佳节倍思亲""夕阳西下，断肠人在天涯""聒碎乡心梦不成，故园无此声"等。

"乡愁"的内涵不仅有原乡人对故乡的怀恋，更有人对故土、对历史文化的深爱，扩大为一种家国情怀与对祖国浓浓的关切之心。追溯到中国古代，文人士大夫受到儒家思想的影响，践行"修身、齐家、治国、平天下"的理想抱负，个人的际遇前途与国家的命运紧密相连，审时度势，忧国忧民。目光转回当下，极为快速的现代化进程带来了通信的便捷、交通的发达，让人们不再为因空间和时间的距离无法回乡而发愁。但也因为现代化的迅猛推进，"乡愁"的"愁"变成了人们对精神故乡的"愁"。日新月异、天翻地覆的变化，使得曾经的街道、建筑、习俗等渐渐消失。在生活节奏越来越快的今天，人们也愈加需要寻找稳定的精神家园寄托自己的心灵。而故乡中熟悉的人和物，给予人们最本真、最质朴的经验。这对于在精神上无可归依的人来说是一剂强心针，在面对现实困境时能够增强人的精神力量。穿越古今，"乡愁"在每个中国人的心中从未远离。

（二）"乡愁"与历史文化街区的存留和复兴

"乡愁"是历史文化街区得以存留的根由。历史文化是一条古街存留的根基，是古街本身乃至整座城市发展的风韵文脉，也是一代又一代人乡愁的集体记忆。从物质文化的角度来说，历史文化街区把抽象的乡愁具象化，以街道、建筑为载体，凝聚了当地衣食住行的经验，与百姓的物质生活息息相关。百姓也在对时间和空间的记忆、情感依附中形成"乡愁"。宏大的历史背景与生动的人间日常交融碰撞、相互作用，形成每一条独具特色的古街。一桩桩历史事件的发生，产生了"乡愁"的经济、社会等价值，塑造了"乡愁"的地域内涵。古街里的各式商铺、餐馆不仅存留着物质记忆，而且留下了前辈们操持有道、含仁怀义的精神智慧，这些智慧赋予了古街历史文化底蕴和人文精神。历史人物的形象气质、为人处世传递着精神力量，滋养每一个人在所处时代焕发生机。历史文化街区不仅演绎着城市中古老别样的景致，而且传承和守护着人们的精神气质，增强了对故乡的向心力与认同感，更是增添了一份深刻的依恋，让"乡愁"历久弥新。

"乡愁"也是历史文化街区复兴的依据。党的十八大以来，习近平总书记多次提到"文化自信"，党和国家把发展文化事业和产业放在工作的重要位置上。文化自信集中表达了中国人的价值追求和文化脉络，它是历史进程中形成的思想观念与生活方式的精神支撑。

一些历史文化街区如南锣鼓巷、前门大栅栏等都有"怀旧"的商铺陈置，主打"童年回忆"，让人感受城市往昔和生活特质。怀旧商铺售卖各式各样的玩具和零食，大多是70后至00后童年和青少年时期的美好回忆。商铺里多样的元素串联起不同的时空，固定的空间召唤人们对时间感、历史感的回溯，引发人们内心对"乡愁"的呼唤，将中国人精神上的传统"乡愁"文化融入当代历史文化街区的开发与保护中，向全世界传递中国人民热爱家乡、热爱生活的印象图景。历史文化街区为人们提供了在繁忙的工作和学习之余呼吸的氧气，激起了旧时的欢乐，感受与时俱进的活力，满足了人民日益增长的精神生活需求。

二 模式口历史文化街区中的"乡愁"及其呈现

模式口原名磨石口，地处北京市石景山区，是一条具有悠久历史的古老街道。此地自古便为京西重镇，西山的煤炭、木石均由此处入京。模式口村古迹甚多，较重要的有法海寺、龙泉寺、承恩寺、慈祥庵、田义墓、海藏寺和第四纪冰川擦痕等。2021年9月，历经整饬修缮和文化创意改造后的千年古道正式开街。

（一）模式口历史文化街区主题意义中的"乡愁"

模式口历史文化街区依托其历史上的主题意义作为现今发展的核心脉

络。以龙形古道的历史为根基,以文学艺术结晶与现代化科技成果为区域符号,构建出整体的"乡愁"意境。

1. 模式口龙形古道历史发展主题意义中的"乡愁"

与一般的旧城街区不同,模式口具有"京西首驿"的独特历史文化价值。这里连接城与乡,连接市井繁盛与商旅沧桑,因而具有特殊的主题意蕴。

模式口,此地从宋朝开始采掘磨刀石,由此闻名遐迩。模式口村子地势西高东低,古人利用此优势修建古道,古道盘踞于山麓,酷似龙形,由此得名。它连接京城和塞外,成为一条军事要道。明英宗朱祁镇出征、李自成撤离北京等都经过模式口。模式口建有过街楼,除了通常保证行人安全和起到行人路过参拜神像的作用外,模式口的过街楼还设有守军。由于两边的山脉陡峭,此处只能从过街楼通过,因此可以第一时间发现敌军。此外,这条古道还是商贸通道,古时众多商贾熙来攘往。在当时,完成长途运输的主要是骆驼,一匹匹骆驼排成长队,景象蔚为壮观。

驼铃声远去,古道凝视着无数匆匆过客,把握时空意义上当下与永恒的瞬间统一。在时间消磨似乎无解的悲剧性中留住时间,是人类本能的对生生不息的向往。古道静静地迎来送往着回乡人和离乡人,站在这里回望记忆,审视着被过去时空所塑造的个体与群体。"乡愁"在某种程度上建立了一种共识,牵引人们在多元化的选择和现实处境下连接起来,浮现出人们内心深处被技术时代淹没的普世情感的"根"。在今昔对照下产生的对故土的依赖感和不复从前的撕裂感中试图形成新的融合,它唤醒人们去创造一种沟通,沟通历史与人生,沟通过去、当下和未来。

2. 模式口文学艺术主题意义中的"乡愁"

文人作家们青睐于模式口优美的环境,孕育出许多精湛的文学作品。明代茶陵诗派核心人物李东阳数次游模式口,留下《承恩寺记略》一文。清代颜光猷、查慎行、爱新觉罗·奕譞等也著有与模式口有关的诗作。在众多创作出与模式口有关的作品的文人大家中,最为人知晓的便数老舍先生了。老舍先生的《老舍和石景山》流露出他对模式口真挚的爱。《骆驼祥子》第二章详细描写了祥子被抓走后想到的出逃路线："磨石口是个好地方……热望使他浑身发颤！"这段文字和路线图在改造后的模式口历史文化街区被铸于砖墙上作为重要节点向游客普及。路边的指示牌刻有老舍先生的另一作品《我的梦》（节选），墙面上绘出了老舍笔下的京西之秋，让人由此感受北京秋天的韵味。

模式口古迹众多，滋养了古代的艺术精粹。明代所建的法海寺，其大雄宝殿佛像后的壁画可与敦煌壁画媲美，宫廷画匠运用青金石、朱砂等不同材质和颜料，极富创造力地塑造了菩萨像、天王像、动物像等，凝结着超然画技与艺术智慧。承恩寺也保存了珍贵的明代壁画。天王殿留存的龙形壁画、放生图、放飞图恢宏富丽，和谐巧妙。田义墓是有名的明朝宦官墓，园内石刻布局庄严，细处精致，艺术价值极高。在模式口复兴过程中，文物保护是重中之重。将艺术精华真实地呈现出来，让今天与历史直接产生对话，是"乡愁"在今天的表现之一。

3. 模式口现代化进程主题意义中的"乡愁"

模式口有着"北京通电第一村"的美称。现在的龙王庙广场设有模式口的电力历史展厅，展厅内介绍了模式口通电的历史以及贡献。古街内还建有"华商初创三杰商议模式口村通电事宜"和"孩童庆祝模式口第一盏灯点亮"的塑像。自1922年京师华商电灯股份有限公司石景山电厂向京城内输电起，模式口便开启了与电业相伴的现代化发展道路。京师华商电灯股份有限公司的不断壮大，以及石景山电厂的成立奠定了京西在北京电业发展中的重要地位。抗日战争与解放战争时期，石景山电厂保证了北平的供电，守住了京西关键的枢纽通路，也培养了北京电业首批中国共产党地下党员。新中国成立后，模式口兴建了我国第一座自主建造的渠道式水电站，成为20世纪50年代我国最先进的水电站。

一方面，电力发展作为现代化的优秀成果，使祖国更加强大，人民生活质量不断提高。另一方面，这段历史记录了科学技术如何帮助人们获得便利和提高效率。同时，科学技术的进步在一定程度上创造了自由，为突破人的潜能做出努力。从"乡愁"的意义上来看，回顾科技发展的历程对故乡的深切关照，提示我们弘扬先辈们勇于开拓、求真求善的精神，实现人生价值和生命意义，与古街一起奔赴未来。

（二）模式口历史文化街区建筑表现中的"乡愁"

模式口历史文化街区的整体布局以模式口大街为主线，法海寺、龙泉寺、承恩寺、田义墓、中国第四纪冰川遗迹陈列馆等文化类建筑呈散点分布状。

进入模式口历史文化街区，丰富的骆驼元素扑面而来。道路两侧伫立着造型各异的骆驼塑像，仿佛重现昔日驼铃商队的繁荣盛况，从历史中重新走向我们。街区内京西书局门口和龙王庙古井旁饮水的骆驼塑像生动逼真、亲和力强，与时下形成互动。过街楼遗址在商铺云集的街道中格外引人注目。北京民居院落常见的猫咪摇身一变，成为活泼童趣的装饰元素。置身于各文化古迹的游客感知其原真性，增强了对地方文化的理解。

近年来，随着模式口的开发改造，其商业功能突出，构成了老字号、传统民俗与现代商业店铺的多元业态。模式口现有 37 处保存较好的传统院落，生产与生活区域划分较为清晰。民居保存较完整，商铺与一些住宅相对而建，中国传统建筑的群体性特点显著。大屋顶、木牌匾、中式木格栅等传统建筑标志性元素一一展现。以棕色和灰色为主的低饱和度色调，为模式口整体建筑风格增添了朴实、深远的色彩。这些"保留"与"修旧"不仅保护了模式口历史上作为商贸通道而发展起来的商业传统风貌，最重要的是守护了人们真正的生活，留住了鲜活的生活气息。"乘之堂"与"贺兰山小苑"则是改造危旧民房、打造新传统文化空间的典范。结合建筑的在地性，"乘之堂"的双层青瓦坡屋顶似翠微山连绵不绝地延伸，将山与土地紧紧联系起来，宛如历史悠久且充满朝气的大自然与热忱的现代化模式口紧密相依，成为品茶、赏器、休憩等的舒适空间。"贺兰山小苑"结合模式口的高台坡地条件，建成中式风格庭院，并引入宁夏回族自治区具有特色的文化特产体验店，让游客体验当年商贸往来的氛围。模式口大街成为北京街巷治理共建的优秀代表，入选 2021 年十大"北京最美街巷"。

情感与象征价值是指建筑遗产能够满足当今社会人们的情感需求,并具有某种特定的或普遍性的精神象征意义。[1] 建筑所带来的精神价值包容性强,尤其是故乡的建筑。建筑赋予心灵安放的场所,无论是否保留着当年的样貌,随着时间的流逝,曾经经历的生活给人以感悟,沉淀立足过的痕迹。回到故乡时,人们心中会不由自主地产生五味杂陈、难以言喻的情感。不只是温暖和愉悦,还有物是人非的惆怅与忧伤、内心的安宁与自由等不同的体验。而这种"无法言说",正是"乡愁"点燃的人与环境所建立起的情感联系。

(三)模式口历史文化街区商铺陈置中的"乡愁"

目前,模式口历史文化街区已有70余家商铺对外开放,超过200户商户整体入驻街区。在体验经济得到普遍认同的今天,人们更加注重消费时获得参与感的乐趣和消费后可回味的独特记忆,体验价值远比实用价值奢侈得多。模式口历史文化街区以法海寺炸糕王、李记面茶、白洋淀鸭蛋、山东煎饼等当地或地方民间小吃为主要特色,引入西四包子铺、马聚源、步瀛斋等北京老字号,脆皮烤五花肉、爆浆大麻花等新晋网红小吃为传统商铺赋能。年长的游客在这里可以寻找到小时候的味道,年轻的游客在体味传统文化和当下流行趋势中能够发现新鲜事物,拍照打卡,上传到社交媒体,进行广泛传播。模式口历史文化街区拉近了父辈的"乡愁"与年轻人的距离,各个年龄层的游客都能够在一系列具有代表性的京西人文符号的消费空间中产生个性化的体验和亲近感。

"古道斯存"是集咖啡休闲与文化民俗展览于一体的综合体验空间。这座院落的所在地曾经是模式口大街的老爷庙,始建于明朝。一进大门便会看到脚下的铜铸模式口村平面示意图,复现了古道的往日模样。民俗陈列馆的设计还原了旧时的风采,同时对庭院内已有的砖、瓦、石头、木头、油漆、彩画等老构件进行保护,留存古时的风尚,正如其名"古道斯存"一般。民俗陈列展根据模式口的历史文化特色形成模式口全貌的微型全览。游客们

---

[1] 林源:《中国建筑遗产保护基础理论》,中国建筑工业出版社,2012,第83页。

既可以在开放的露天院落中品味咖啡和甜点，也可以在室内展览区域划分的座位上边了解模式口历史文化边休息。"古道斯存"的改造将游客简单的消费动机转化为审美体验，在遵循庭院自然肌理的条件下对整体空间结构进行再创作。"古道斯存"成为模式口演绎文化流变故事的一个窗口，人们在娱乐和审美的交叉地带潜移默化地感受模式口"乡愁"的魅力，从精神意识上感知生活文化情境。在丰富创新的图景中，模式口历史文化街区的价值从遥远的历史记忆和过盛的消费主义回归生活本身。北京维拓时代建筑设计有限公司副总建筑师崔伟在接受北京卫视《我是规划师》节目访问时表示：这里并不是装腔作势地让你受教育和展示什么，而是说就像"古道斯存"一样。我们想的是一种生活方式，像《清明上河图》一样，它在这里是一种场景，在不知不觉中端着咖啡也能把这个东西看完。

（四）模式口历史文化街区文创设计中的"乡愁"

模式口历史文化街区的文创设计包含沿街景观、IP形象产品和文化活动三个方面。

其一，模式口历史文化街区是颇具节庆气氛的沿街景观。自2021年模式口历史文化街区重新开街至今，沿街景观是其一大特色。为迎接北京冬奥会与农历新年，模式口历史文化街区打造了"庆冬奥，过大年"主题装饰景观。结合冬奥会、模式口历史文化与春节元素，以冬奥之喜、传统佳节故事为主线串起整个主题装饰景观。耀眼的红灯笼、为虎年春节设计的"福虎"雕塑和用花钵改造的父辈小时候玩耍的玩具风车等更是增添了喜庆吉祥的年味。对这些场景细节的有机处理，本质上是对人们过去生活留下的场景记忆的概括。一个个再造的街景画面被定格下来，承载的是无数个记忆片段浓缩的"乡愁"情感历史。主题景观设置的手握冰球棍、脚踏滑雪板、头戴虎头帽等不同造型的冬奥吉祥物"冰墩墩"和亲切挥手的"雪容融"塑像，憨态可掬、活力满满。

其二，与其他历史文化街区相比，模式口历史文化街区最大的特色便是设计了IP代言人的形象。以模式口石文化和古道文化为根基，选定石狮子和骆驼为原型，设计了狮子MOSI和骆驼COCO，两个形象软萌、亲民、可爱，消除了年轻人认识"乡愁"的鸿沟。当历史与当代文化IP相遇，人们在感受"乡愁"的同时，也感受到了北京的包容与创新精神。此外，模式口还通过提取古街所蕴含的文化元素创造了一系列周边文创产品，如源自法海寺壁画云纹元素的丝巾、钥匙扣，选取各个古建筑主要特征制作的景点标志、印章，等等。

其三，在历史长河中，无数往来通行的人从模式口这条驼铃古道一步一步"走来"。平凡勤劳的人们在朴素的生活中"走出"了文化的智慧宝库，组成文化共同体，构筑起模式口鲜活而又富有诗意的文化历史。这为当今模式口历史文化街区主题路线活动的设计奠定了深厚的人文基础。2022年，北京市文化和旅游局发布"二十四节气（春之惊蛰）主题游"线路，围绕中国传统二十四节气，将传统文化与文旅、消费资源结合设计路线。石景山区也与门头沟区联合推出"西山永定河文化带"之"两区联动·春游京西"系列主题线路，以增强优秀文旅资源的联动与推介。模式口历史文化街区为路线设计类活动中的亮点，并且融入自然、传统文化、季节等多种元素。将主题进行创新，活化"乡愁"在人们情感记忆中的相关片段，演绎"乡愁"在四季流转变迁中的美感。

三 "乡愁"的挖掘与表现对历史文化街区创意的启示

（一）深入挖掘"乡愁"内涵，实现历史文化街区差异化定位

全国历史文化街区众多，如北京的南锣鼓巷、成都的宽窄巷子、武汉的户部巷等，吸引了大量游客，成为网红打卡地。然而，商业对历史文化街区这一特殊公共空间的过度浸入，造成公共空间与日常生活发生割裂，遮蔽了公共空间的历史性与文化性。因此，本地居民对改造后的历史文化街区失去熟悉感，找不到昔日生活经验的痕迹，难以共情，"故乡"不再。而外地游

客在缺乏日常实践的情况下，对当地生活与习俗的参与度低，只是走马观花式地浏览，无法建构观念的认同与意义。久而久之，商业侵蚀形成的同质化历史文化街区便会失去吸引力。因此，根据历史文化街区的"个性"，实现差异化定位非常关键。

历史文化街区的"个性"源于自身的历史文化。由历史文化产生的"乡愁"是人们在历史文化街区这一空间经历时间与情绪的体验后升华而成的深层情感。深挖"乡愁"内涵，运用空间与情感的相互作用，增进人的精神维系互融，对长远树立历史文化街区个性化品牌形象起着重要作用。这是跳脱出陷入"红海"战略的局限，将愈加垂直的商业功能定位与拥挤狭窄的需求空间转向观念表述层面。从模式口历史文化街区"乡愁"的表达与创意来看，它以历史文化与日常生活为核心，营造主题文化氛围。同时，关联建筑、商铺、习俗等各个维度，在街道空间的宏观层面把握景观的脉络，微观层面优化景观细节塑造，聚合成历史文化街区的象征符号，形成感性经验，最终渗透思想观念并融入当下生活叙事之中。

（二）增强"乡愁"场景建设，提升历史文化街区的体验感、文艺性

"场景理论"由新芝加哥学派代表人物特里·克拉克提出，"场景"一词自此由艺术领域引入城市发展领域进行研究。后现代社会中，文化消费占城市经济的比重逐渐上升。城市人群、设施、活动等多种要素的有机组合在不同要素的互动中实现，且在消费实践中重视消费者的参与体验。"场景"成为城市空间新的单位名词。克拉克提出，场景是一个蕴含特定文化与价值观念取向的都市娱乐设施。[①] 在场景中，特定的文化和价值观揭示着人的生活方式。人们畅游于各种空间符号的分布与组织中，获得沉浸式体验感，并认识真、善、美，即构成"真实性""合法性""戏剧性"三个主维度。同时，场景经验通过故事的形式讲述出来，聚合社会化、民族化甚至奇观化的

---

① 李康化：《文化市场营销学》，中国人民大学出版社，2018，第137页。

碎片形成生命意义与记忆印记。

历史文化街区通过建筑、商铺、活动等组合的场景传达"乡愁"观念，更新历史文化街区建设视角，激发城市活力。"乡愁"观念背后隐藏的是曾经熟悉的日常，为今天的生活滋养新的价值观念。模式口历史文化街区采取以下方法进行场景组合重现。一是将历史场景塑造雕像，如模式口更名、孩子们庆祝模式口第一盏灯点亮等，生动形象地再现模式口重要历史节点事件，充分保留历史体验性。老店"同升源粮行"门外有小型石磨碾子供游客参观。二是设置非遗技艺体验"京西老学堂"，游客可亲身体验彩绘兔爷、掐丝珐琅画等项目，感受传统民俗文化和非遗之美。三是融入科学技术。"月色驼铃"景观运用声光投影技术和月光变化，在光影之间，将曾经的骆驼商队经过过街楼的情景呈现于夜晚的模式口，表现出虚实结合的艺术效果。"古道斯存"民俗展览利用动画视频展示旧时模式口热闹的商贸往来之景。另外，还设计了"印章里的模式口"集章打卡活动，跟随集章册上的地图，在指定地点盖章打卡。精美的印章设计带来独特的艺术气息，也印上了心灵的安稳与沉静。

（三）打造特色文化仪式，通过"新民俗"引导二次消费

传统意义上的"文化仪式"是具有宗教性、神圣性的文化行为与活动。它汇集群体的能量，享受精神上的自足与幸福，沉浸在人与人和谐自由的氛围中，产生文化认同。时代的变迁让传统文化仪式随着经济、技术、媒介等的发展而变化成为"新民俗"。"新民俗"的突出特点在于，其文化仪式的神圣性式微、尘俗性突出，参与人群广泛且普遍，传播群体效应显著。"新民俗"的打造为传播提供实践形态，"传播在本质上是一个现实得以生产、维系、修正和转变的符号过程。它的起源及最高境界，并不是信息的传递，而是构建并维系一个有秩序、有意义、能够用来支配和容纳人类行为的文化世界。"[①] 实

---

① 〔美〕詹姆斯·凯瑞：《作为文化的传播："媒介与社会"论文集》，丁未译，华夏出版社，2005，第12页。

际上,"新民俗"的传播通过文化符号凝聚共同价值和信仰,每个文化符号共建社会秩序,从而扩大社会影响力,形成共通的情感。由情感认同引导自发消费,进而促进"二次消费"。

历史文化街区以"历史文化"为符号推动消费生产,打造特色文化仪式,将仪式转向"新民俗",开发不同的文化产业发展模式,助力"二次消费"。模式口历史文化街区与大事件、节日结合互动,主打沿街景观品牌特色,让逛模式口历史文化街区成为具有烟火气息和历史文化氛围、仪式感与归属感相融的节庆欢聚的"新民俗"。吸引游客在游览途中光顾法海寺炸糕王、"古道斯存"等特色店铺并进行消费,让空间变成集吃、玩、游于一体的文化消费场所。在四合院里喝咖啡,将与模式口IP代言人和骆驼塑像的合照上传社交媒体,也构成新的民俗活动和特色文化仪式,在为"乡愁"赋予新的时代气氛的同时,游客主动选用微信公众号、抖音、小红书等进行线上传播,推广良好的消费体验。意见领袖整合信息资源,经过"二次加工"后进行再传播,从而影响受众选择与偏好,以虚拟空间推动线下实体空间消费,用自媒体为消费引流。传统斗鸡和京西非遗太平鼓亮相2021年模式口开街仪式,强化文化符号背后隐含的在地固定化资产,拉动饮食、购物等消费增长。"古道斯存"的民俗陈列馆也展示了京西民间娱乐文化内容,如耍中幡、划旱船、童子大鼓等。另外,模式口大街曾在农历小年这一天举办走街、传统祭灶、文化展演等特色文化仪式,其中涵盖太平鼓、小车会、扭秧歌、拜老爷庙等多种民俗活动。模式口大街重装迎客以来,特色文化仪式有极大的创新发展空间,京西传统的民俗风尚有望在新生的模式口与"新民俗"融合,辐射带动模式口地区经济、教育等领域的发展。让"新民俗"成为"乡愁"的纽带,关照人的心灵归宿与情怀表达。

结　语

历史文化街区是城市颇具价值的稀缺文化资源,在改造升级的过程中不可盲目照搬、照套其他地区的做法,更不可让太多的现代元素填充、取代古街的意义，而是应当充分挖掘当地的文化内涵，保留街区原本的文化底蕴，围绕"让城市留住记忆，让人们记住乡愁"提炼孵化文化品牌，并通过场景、文创及活动等策略提升街区的吸引力和活跃度，从而实现历史文化街区为城市发展赋能，促进社会效益与经济效益的平衡发展。

B.16
北京桥下空间创意设计改造路径研究
——基于日本经验的借鉴与启示

陆小成*

摘 要： 日本对铁路、公路等高架桥下"灰色空间"进行文化改造与再利用，融入创意设计元素，将压抑单调的桥下节点打造为具有艺术美感和动感活力的公共空间，积累了许多成功的经验。北京桥下空间资源丰富，但许多处于闲置状态，存在改造滞后、空间利用率低、环境脏乱差、缺乏文化吸引力等问题，亟待研究解决。借鉴日本经验，加强北京桥下空间的创意设计改造，应加强政策支持，融入创意元素，加快打造"城市门厅"新名片。

关键词： 北京桥下空间 创意设计改造 日本经验

高架桥下作为城市建设与发展不可或缺的重要空间，承载着城市功能运行与公共活动的重要职能。目前，随着我国城市化进程的不断提速，高速公路、铁路发展迅速，城市的高架桥不断增多，留下许多桥下空间。城市化无序扩张、人口基数增大，导致道路交通从平面化走向立体化，从单一的道路形成复式的高架桥，高架桥垂直到地面就形成了城市桥下的"灰色空间"。[①]桥下空间大部分闲置或者被乱停乱放所占领，管理失序，存在许多安全隐

---

* 陆小成，博士，北京市社会科学院城市问题研究所所长、研究员，日本山梨学院大学访问学者，研究方向为城市发展、公共政策、文化产业治理。

① 邹松、古容娣：《城市桥下空间的多维度功能设计策略研究——以广州海印大桥设计改造为例》，《城市建筑》2019年第30期。

患,严重影响城市美观。加强城市桥下空间改造与再利用成为城市治理的重要问题。日本等国家非常重视桥下空间改造与再利用,并融入创意设计元素,将单调的桥下空间改造为可供周边市民及外地游客消费、休闲娱乐的重要文化空间,依托桥下空间发展文化创意、休闲娱乐、餐饮、宾馆等服务业,提高了城市空间利用效率,增加了城市艺术美感与文化气息,提升了城市的文化内涵与创意形象,许多经验值得我们学习和借鉴。

一 日本桥下空间创意设计改造的现状与经验

日本桥下空间改造经历了从早期相对混乱到后来美化利用的较长过程。日本为节约土地资源,1872年通车的东京至横滨铁路以及后来的日本铁道、甲武铁道、总武铁道和高速路的修建,基本采取高架桥方式,留下大量的桥下空间。最初,日本对桥下空间利用并不重视,仅用作停车场或仓库,也有的"灰色空间"成为流浪者的栖息地,还有的成为商贩摆摊的黑市。如东京上野、新宿、涩谷等站点的高架桥下空间都曾是大型黑市。后来,桥下空间得到日本各界的重视,东京、横滨、大阪、神户等城市启动桥下空间改造与美化项目,将其打造成文化气息浓厚的商业街,发展文化创意产业,创造出人性化的公共空间,主要经验如下。

(一)以"同一个屋檐下"为理念,变单调压抑为动感活力

东京的中目黑站东出口,沿着铁道高架向东边的佑天寺站延伸,形成长达700米的桥下空间,长期以来处于闲置状态,光线昏暗,让人感觉压抑。2008年,伴随中目黑站附近的高架桥抗震加固、东急东横线与东京地铁副都心线站台延长等工程建设,由东京地下铁公司和东急铁道公司联合打造的"中目黑高架下"空间改造项目启动,到2016年11月竣工。该项目将高架桥定义为一个大屋顶,特色店铺共享"Roof Sharing"(同一个屋檐下)空间,市民共享"时间、空间、想法",创造出新型商店模式。"同一个屋檐下"突出桥下各店铺一体化发展,支撑高架铁路的结构柱和结构墙均采取

"不掩盖而是灵活运用"设计,实现桥下内外互动,消除压抑感。又如位于横滨市黄金町的铁路高架桥下空间,长达100米,邀请建筑师、艺术家、店主等参与改造,将美术馆、咖啡厅、图书馆、露天广场等融为一体,形成富有动感的共享空间。①

(二)以市民服务需求为导向,打造城市消费高地

"中目黑高架下"店铺主要由特色店铺构成,汇集日本最美书店、咖啡厅、餐厅、服饰店等,店铺外装独具匠心,服务齐全,优质优价,既保留了传统文化特色,又满足了市民和观光者的消费需求。东京新宿站建设"桥下商街",设置咖啡馆、拉面馆、商场等,既满足了市民生活服务需求,又具有自身特色,成为消费高地。

东京日比谷OKUROJI是一座位于JR新桥站和有乐町站之间、建造于高架铁路下的购物中心。这座高架桥已有百年历史,拥有300米红砖拱门,建立于1910年的山手线仍然在拱形高架轨道上运行。日比谷OKUROJI是以100年前诞生、延伸到下一个100年为理念打造的。2020年9月10日,红砖高架桥下重新开发的日比谷OKUROJI开业。该桥下空间被改造成商场,分为饮食区、大人夜玩区、时尚购物区等,整体风格低调优雅,成为具有浓厚文化创意气息的餐饮文化一条街,引入了近50家店铺,包括多个品牌的东京首店和新形式店。商户多为高品位餐厅、高级服饰定制店、工艺品店等,能够满足当地市民餐饮、休闲娱乐等服务需求,成为周边企业员工和游客的餐饮圣地以及东京夜间的一道风景线。

距离东京站2公里540公尺的秋叶原高架桥下空间"2k540"项目,吸引了30多家传统手工艺者入驻,将阴暗的桥下空间改造成新职人街(手工艺品街),巧妙利用桥柱搭配照明设计,将原本阴暗的桥下闲置土地拓建为明亮、优美且具有设计感的挑高空间,桥下原本杂乱的管线经过改造后成为艺术装置。工房"卓屋"是以餐桌为主题概念,拥有1500年历史的越前漆

---

① 《东京潮流新地标中目黑高架桥下也与众不同》,《人民日报》2018年7月19日。

器作法。皮革店以甜品、饼干为概念，制作出不同类型的皮革小物。位于东京千代田区的 mAAch-ecute 神田万世桥改造项目，既保存了车站的原始风貌，又展现出独特的桥下风貌，设有咖啡厅、餐厅、甜点店等特色店铺，满足了消费者的多样化消费需求。

（三）以创新创意为动力，构筑城市艺术之墙

日本桥下空间改造融入创新创意元素，吸引艺术家参与，将高架下的铁道设施墙改造为艺术之墙。如中目黑站桥下空间项目通过创新成为东京最新时尚潮流的焦点，获得 2017 年日本设计界最高荣誉 Good Design 大奖。东京高架桥下的"茑屋书店"曾入选"世界最美 20 间书店"，是以阅读为核心的生活美学书店。mAAch-ecute 神田万世桥改造项目彰显出较高的艺术观赏价值。日本著名的鸡骨高汤关东煮"鸡汤黑轮左门"、博多乌龙面居酒屋"二〇加屋长介"等知名品牌在桥下集聚，形成新奇、有话题、博眼球的创意高地，成为人气旺盛的网红"打卡地"。秋叶原高架桥下空间"2k540"的出现，改变了市民对高架桥墩冰冷、阴暗的印象，成为都市里的新型文创基地，更是成功地连接了自秋叶原到御徒町的散步街道，让原本平凡的下町风景里增添了一道明亮的文艺色彩。[①] 位于横滨市黄金町的铁路高架桥下项目改造，邀请建筑师、店主等发挥想象力，建有美术馆、咖啡厅、图书馆、艺术设计室等，将原本闲置的桥下空间打造成具有艺术风格的新"黄金町中心"和文化消费高地。

（四）以提高市民回头率为原则，与周边功能融为一体

日本重视协调性的空间设计，实现桥下商业街、公共空间与市民生活区、城市绿化带融为一体，提高了市民回头率。例如，中目黑高架下项目拓展了目黑川至佑天寺方向的步行空间，目黑川两旁种有 800 多棵吉野樱，樱

[①] 《神田万世桥、秋叶原高架桥下的新世代文创街道》，马蜂窝网站，2019 年 9 月 2 日，http://www.mafengwo.cn/gonglve/ziyouxing/293208.html。

花季时形成一条连绵3公里的樱花隧道，与桥下空间相连接，吸引市民前来观赏。横滨市黄金町高架桥下空间项目改造中，建筑师使用木材、玻璃和素色混凝土等特色风格材料，将新的建筑实体与既有桥梁结构、周边建筑和绿化带等融为一体，形成动态的城市功能综合体。2018年5月，横滨市黄金町高架桥下空间改造后诞生了独具特色的住宿设施"Tiny House Hotel"，位于京急本线的高架下，是日本第一个建在高架桥下的旅馆。"Tiny House"即"小巧房子"，在10~40平方米的超紧凑空间里设有厨房、洗手间和卧室等生活设施，其紧凑性与高架桥下的独特空间完美契合，周边有水上活动设施，很多水上活动爱好者常常聚集于此。该设施与周边功能融为一体，面向赏樱名所大冈川，吸引了许多游客前来消费，满足了当地市民及游客的消费需求。① JR东日本的Nonowa"东小金井"站桥下空间项目改造，以提升地区魅力为目标，分为"Community Station 东小金井"和"Mobility Station 东小金井"两部分，分布在横跨东小金井车站的（东侧）武藏区域和（西侧）武藏小金井区域。"Community Station 东小金井"主要由餐饮店、杂货店等构成，"Mobility Station 东小金井"主要由咖啡厅、公用自行车租赁处等构成。② 该桥下空间的改造增加了食品零售、餐饮等功能设施，成为当地文化魅力的源头，也是居民和区域融为一体的"游乐园"，吸引了活跃在此区域内的创意人群入驻，成为培养创意人才和孵化新生力量的基地，独具匠心的店铺展示和舒适的休憩空间设计，成为吸引市民驻足、提升城市形象的美丽空间。

二　北京桥下空间改造与治理面临的主要难题

相对于日本而言，我国桥下空间不断增多，桥下空间闲置及其改造利用一直是城市更新与整治的主要难题。北京作为全球超大城市，各类高架桥、

---

① 《日本8个桥下空间更新改造案例：从灰色旮旯地到城市的"点睛之笔"》，网易，2021年11月19日，https://www.163.com/dy/article/GP5JOKQ90534I0NW.html。
② 《东小金井中央线高架桥下空间改造》，王也译，《城市建筑》2016年第4期。

立交桥等数量多，桥下空间规模大。以北京二环为例，二环全长32.7千米，其中有11处立交桥或高架桥形成桥下节点约3.5千米，约占二环总长度的1/10。"环形+放射"的路网结构所形成的路网交汇点产生了不少桥下空间。20世纪90年代初，北京市工商部门采取"退路进厅"计划，在多处桥下节点设置商业大厅、建材城、舞厅等。1998年，玉泉营桥下建材城发生火灾事件，暴露了管理与安全隐患，桥下商业活动被取缔。2017年2月，北京市制订计划，将二环、三环桥下空间改造为电动车租赁及充电服务点，这给桥下空间改造带来了新契机。据北京市交通部门统计，北京五环路内（含五环路）立交桥下空间可利用面积约为75万平方米，相当于105个标准足球场空间，但许多处于闲置状态。北京城市道路、公路、轨道交通兴建了大量桥梁，随之形成了千余处桥下空间，其中很多被用作公交场站及环卫、交管等城市运行保障点，有些桥下空间则成为"灰色空间"。① 京新、京藏、京承、京平、京哈等高速路高架桥下存在大量闲置空间，往往是监管薄弱、利用不足的"灯下黑"地带。

（一）点多线长监管难，桥下安全隐患多

许多桥下空间环境差、秩序乱、管理成本高，成为北京城市治理的顽疾。长期以来，桥下空间被视为桥梁本身的附属品，更多地强调监管控制，出于安全考虑，对其改造利用的积极性不高、动力不足。由于高速公路、铁路等高架桥下空间呈线性不规则分布，点多、线长、路偏，私搭乱建、经营洗车档、私家车乱停靠等现象屡禁不止。有的因权属不清、跨边界地带等因素存在，执法难度大，安全隐患难消除；有的作为内部停车场、综合执法站、垃圾处理站、洗车房等；有的将桥下空间视为影响城市形象的"灰色空间"，通过建水泥锥、修铁笼等封闭式管理，试图解决"脏乱差"问题，但收效甚微。昏暗的桥下环境还可能成为犯罪分子的活动场所，饱受社会诟病。

---

① 祝海燕、张凡：《北京全面清理千余处桥下空间》，《中国交通报》2022年3月22日，第002版。

（二）缺乏统一的管理主体，空间改造利用难

受限于桥下产权界定难、多头管理错综复杂，空间改造缺乏政策支持。如《北京市城市道路管理办法》对桥下空间利用并没有详细规定，功能定位尚不明确。桥下空间到底谁来管？谁来建？谁来用？没有明确的政策规定，缺乏有效的经营管理主体。因桥下空间具有公共属性，不能全部用来进行商业开发，改造资金需求大，经济效益不明显。桥下空间改造涉及地方政府、产权单位、高速路政、城建、交通等多个部门的利益，缺乏权威的领导机构和协调机制，导致桥下空间改造难、利用率低、效果差。

（三）与周边缺乏功能整合，市民需求难以满足

北京桥下空间资源丰富，但因功能整合不够，其潜在价值未得到挖掘。有的被用作违章暂扣车辆停放点，违章车辆未能清理。如东二环的光明桥、东三环的国贸桥、西三环的丽泽桥、北四环的惠新东桥等桥下空间封闭后，空置的停车位和"汽车坟墓"占用大片区域。又如位于平房桥东侧的石各庄桥下约3000平方米空间，曾被私家车、货车及建筑垃圾等占据。再如京新高速上地桥全长2300米，共58跨，其中12跨528米的桥下空间曾被居民私搭乱建、违停车辆等，造成水管堵塞及引发消防安全等问题。以上空间尽管有的已被清理整顿，但暂时进行圈围管理，卫生状态差，破坏城市美观。不少桥下节点偏重服务机动车，忽视行人需求，与周边联动不够，市民"出门遛弯尽量躲着走"。

（四）桥下空间单调乏味，缺乏文化美感，影响城市形象

高架桥下空间属于狭长空间，空间长度和宽度均由高架桥尺寸决定，且缺少分割，空间形式单一。[1] 诸多限制性条件导致空间利用率很低，大多数

---

[1] 刘春燕：《城市高架桥下空间改造分析》，《艺术科技》2017年第12期。

空间被闲置或简单处理，缺乏文化创意元素和艺术美感气息，严重影响了城市形象。以北京为例，不少桥下空间没有考虑到城市肌理和文脉的延续性，景观色彩单调，风格千篇一律，缺乏可识别性、舒适感和艺术美感，与全国文化中心的定位不匹配，严重影响城市形象。许多桥下空间是附近居民、务工人员、游客等群体出行及交汇的重要节点，但缺乏体现北京特色的公共艺术作品，创意设计元素少，与周边建筑、河滨公园、园林景点等缺乏协调性，与周边功能互动不够，桥下空间缺乏文化吸引力和文化底蕴，成为被人遗忘或嫌弃的角落。

三 北京桥下空间创意设计改造的路径选择

日本多年来对桥下空间加强精细化改造、精致化设计、精美化发展，高度重视文化创意元素的融入，积极发展文化创意产业，形成的许多经验值得我们借鉴，为北京桥下空间创意设计改造提供了重要的政策启示。对于北京而言，加强桥下空间的创意设计改造，既要结合实际情况，科学借鉴日本的成功经验，也要学习其他城市的桥下空间改造经验，更好地满足市民对桥下空间的各种生活服务需求，助力北京建设全国文化中心和实现文化高质量发展。

（一）加强政策支持，成立领导小组，实现改造有保障

广东省佛山市人民政府办公室制定了《佛山市公路桥梁桥下空间安全管理利用办法》，为桥下空间利用和安全管理提供了政策保障。借鉴佛山经验，建议北京以"疏整促"专项行动和城市更新为契机，树立"以用代管"理念，加快修改《北京市城市道路管理办法》，制定《北京市道路桥梁桥下空间安全管理利用办法》，明确功能导向、实施主体、监管责任等，加强桥下空间改造的政策引导。借鉴河长制经验，建立桥长制，在市级层面成立桥下空间综合改造领导小组，整合规划、城管、住建、交通等多部门力量，建

立统筹协调机制，破解桥下空间"谁来管""谁来建""谁来用"等难题，实现改造有政策依据、利用有组织保障。制定《北京市桥下空间综合治理实施方案》和《北京市政道路全要素设计手册》，构建桥下空间管理信息系统和服务平台，对空间权属及使用情况进行摸查和分类管理。将桥下空间改造纳入城市公共空间改造提升示范工程试点项目库。建立正面清单和负面清单制度，对于产权不清晰的桥下空间，通过负面清单列出禁止性功能，加装视频设备强化监管，并建立桥下空间的合作入股参与改造模式；对于产权清晰的桥下空间，通过正面清单进行引导，建立市政基础设施、公共服务设施、公共安全设施复合利用模式。

（二）引入社会资本，成立专业公司，实现改造有抓手

日本对桥下空间的改造主要由原产权单位如铁路、高速公路等公司牵头，成立专门的改造部门或服务机构。如东京在对中目黑高架桥下空间改造时成立了专业运营管理公司，吸引了私人企业、社会资本、艺术家等参与。从国内看，佛山市禅城区组织桥梁养护管理单位、桥下空间利用申请单位等共同参与，联合编制桥下空间利用、管理维护、安全应急等方案，与申请单位签订空间利用安全协议，在桥下周边及内部设置多个监控摄像头，强化巡查检查，建立长效机制，将桥下空间打造为美化城市、便民利民的新亮点。

借鉴以上经验，道路桥梁桥下空间应由专业部门统一管理、统一规划、有序利用，建议桥梁管理部门、桥下权属单位、市级企业、社会资本、公益基金等关联机构和公司参与或入股，成立市级桥下空间改造专业公司，赋予全市桥下空间规划设计、改造利用、建设运营等服务职能，统筹协调桥下权属单位、交通、城管、城建等各单位各部门，建立桥下空间改造长期合作与利益分享机制。以"一桥一议""一桥一档"等方式，制定桥下空间改造规划设计图，征集市民意见，邀请规划师、建筑师、设计师团队参与，实现桥下空间改造有专门机构管、有专业公司建。

（三）强化功能整合，推动联动发展，增强市民获得感

借鉴日本经验，加强桥下公共服务、商业服务、健康服务、科普教育等功能整合，增加书店、咖啡厅等服务设施，改变市民对桥下空间的刻板印象，同时也要避免过度商业化。如 mAAch-ecute 神田万世桥下空间并没有全部用于商业开发，而是改造为公益博物馆，将桥下碎片化空间整合为提升城市形象、方便市民生活的公共空间。围绕市民"七有""五性"需求，多建生态绿地、运动健身、文化休闲等公共空间，因地制宜配建充电桩，建设羽毛球馆、篮球馆等开放型场所，适度增加早餐店、茶室、公厕等便民设施，补齐服务短板，加强人文关怀，增强市民获得感。如据调研发现，市民反映燕莎桥下空间改造最好能与亮马河两岸美景相协调，将其改造为服务生活的公共空间成为附近居民关切的问题。又如开阳桥下长度为280米的空间用作违章车辆停放点，建议将该场地转移处理或进行边界限定，打造为周边公园及滨河步道的延展区，使桥下节点变城市功能的裂缝为城市生态的纽带。

（四）突出艺术设计，传承古都风貌，打造"城市门厅"

借鉴日本经验，将桥下空间改造为"城市门厅"，发挥北京文化资源集聚优势，突出千年古都的城市肌理、历史文脉的延续性，加强公共文化设施建设，适度发展文化创意产业。桥下空间以"城市门厅"的形式为公共建筑提供相对轻松、开放的前导性和展示性功能补足。[1] 例如，北京各桥下空间改造可以吸引艺术家参与，提炼具有象征性的"造型""色彩"等元素，加强公共艺术设计，使桥下空间与周边建筑形成咬合与流线捆绑，形成"一桥一风景""一桥一历史""一桥一文化"的新格局。在桥底顶部、墙体立面、桥柱柱身等，设置文化墙、传统壁画、特色铺装、艺术雕塑等，增加具有艺术美感的路牌，增强对市民的吸引力。将地方特色文化、著名建

---

[1] 葛肇奇、朱文一：《北京二环桥下空间考察及改造设计策略》，《城市设计》2017年第4期。

筑、传说故事等融入桥下消极空间中,展现城市文化,打破传统灰色调,增加文化趣味性。[①] 有的桥下空间可以利用新媒体技术设计为光影互动通道,用创意提升城市温度,构筑艺术长廊或网红"打卡地",打造"城市门厅"新名片,加快全国文化中心建设,推动城市有机更新、精细化治理与首都高质量发展。

[①] 殷丽清:《地域文化在桥下消极空间中的运用》,《工业设计》2020年第7期。

区域篇
Regional Reports

B.17 文创实验区：聚焦文化消费，凝聚新兴业态，创新驱动引领全国文化产业发展

李浛 刘成磊*

摘 要： 2021年，国家文化产业创新实验区（以下简称"文创实验区"）紧抓"两区"建设、全球数字经济标杆城市和国际消费中心城市建设等重大战略契机，牢牢把握产业发展新潮流，主动求变应变，坚持创新驱动发展，在新业态培育、重点园区建设、文化消费和品牌创建等方面取得了一系列亮眼成绩，持续擦亮文创实验区品牌。

关键词： 文化产业 全国文化中心 文创实验区

---

* 李浛，国家文化产业创新实验区管委会副主任；刘成磊，国家文化产业创新实验区管委会二级主任科员。

一　文创实验区发展概况

（一）文化产业发展成效显著

文创实验区高点起步、全面发力，以守正创新为引领，大力推进文化体制机制改革，各类市场主体加速集聚，文化要素市场日趋完善，总体规模持续壮大，产业呈现整体向好、生机勃勃的面貌。从发展规模来看，2021年，文创实验区规模以上文化产业单位共有1336家，全年实现营业收入1492.9亿元，较上年增长15.9%，产业规模创历史新高（见表1）。从发展地位来看，2021年，文创实验区规模以上文化产业单位数和营业收入占朝阳区的比重分别为56.1%和52.0%，占北京市的比重分别为24.1%和8.5%，已经成为全区乃至全市发展文化产业的重要引擎，为区域经济高质量发展注入了强劲动力。

表1　2021年文创实验区规模以上文化产业九大领域基本情况

领域	单位数（家）	营业收入（亿元）	增速（%）
新闻信息服务	72	190.4	51.4
内容创作生产	275	197.9	14.9
创意设计服务	512	683.0	12.5
文化传播渠道	79	117.3	11.6
文化投资运营	30	17.2	11.1
文化娱乐休闲服务	13	6.3	19.1
文化辅助生产和中介服务	325	155.6	15.4
文化装备生产	8	6.6	41.7
文化消费终端生产	22	118.7	1.0
合计	1336	1492.9	15.9

资料来源：北京市朝阳区统计局。

（二）新兴文化业态繁荣发展

文创实验区大力拥抱数字经济、元宇宙等产业新机遇，持续探索5G、大数据、超高清、虚拟现实等数字技术在文化领域的集成创新与融合应用，文化新业态、新模式层出不穷，逐渐培育出能够带动经济发展再上新台阶的新的增长点。2021年，文创实验区吸引了中央广播电视总台"一站式"营销传播服务平台"象舞广告营销平台"落户，助推广告服务走向数字化，奋力打造传媒产业发展高地。同时，文创实验区范围内超级蜂巢国际直播基地、红庄直播基地、星影直播产业基地等乘时代东风迅猛发展，推动文创实验区直播经济异军突起，进一步丰富了文化新业态、新模式。此外，文创实验区还引进北视英特维等一批数字文化领军企业，区域文化科技创新能力持续走高，创新动力竞相迸发，成为提升产业发展能级、推动文化科技新业态跨越式发展的重要力量。

（三）重点项目建设稳步推进

文创实验区稳步推进重点园区建设，创新疏解提升、文化引领的城市更新模式，持续推动存量空间"腾笼换鸟"与功能提升，加快形成"文化产业融入城市发展的朝阳实践"。2021年，文创实验区主动担当作为，指导电子城·数字新媒体创新产业园等一批新型科技智慧园区转型升级，并为北京铜牛电影文化产业园、DREAM2049国际文创产业园双桥园区等8家重点园区提供"一园一策"品质提升设计方案及指导建议，促进形成各具特色、优势互补、协调发展的文化产业集群。截至2021年底，文创实验区共有46家文化产业园区，获得市级称号的有16家，其中市级文化产业示范园区2家、市级文化产业示范园区（提名）3家、市级文化产业园区11家；获得朝阳区文化事业产业融合发展示范园区称号的有7家；获得市级及区级荣誉称号的有6家，分别为郎园Vintage文化创意产业园、北京东亿国际传媒产业园、北京电影学院影视文化产业创新园平房园区、西店记忆FunsTown、北京懋隆文化产业创意园、吉里（北京）国际艺术区。文创实验区文化产业园区逐步实现发展质量与品牌效益双提升，在促进高端文化资源集聚、激发城市文化资源活力、推动城市产业更新与空间优化等方面做出了突出贡献。

（四）文化消费活力持续迸发

文创实验区不断开拓文化消费新场景、新玩法，鼓励文化产业园区主动开展线上线下文化消费活动，持续扩容新消费市场、打造新消费品牌，努力跑出文旅消费升级"加速度"。2021年，文创实验区重点园区文化消费活动"遍地开花"，涌现出东枫德必新国潮生活方式体验周、郎园2021春季图书市集、东郎文创市集、懋隆国潮新风尚特卖会等一系列丰富多彩、亮点纷呈的品牌活动，不仅满足了居民多元化、品质化的文化消费需求，增强了人民群众的文化获得感和幸福感，而且为朝阳区创建国家文化和旅游消费示范城市以及北京市建设国际消费中心城市提供了强大助力。

（五）示范引领效应日益凸显

文创实验区主动服务全国文化中心建设，聚焦朝阳区"文化、国际化、大尺度绿化"主攻方向，先后成为北京市首批服务业扩大开放综合试点示范区、国家服务业扩大开放综合示范区重点区域、北京自贸试验区国际商务服务片区重要组成部分以及国家推动数字文化产业高质量发展的重要发展区域，一方面彰显出文创实验区在全国文化中心建设中的关键位置，另一方面也体现出文创实验区文化引领作用日益突出、文化品牌溢出效应不断增强，逐渐成为全国文化产业发展的标杆。此外，文创实验区"魅力京津冀"品牌项目顺利开展，进一步加强京津冀三地产业资源联动，持续深化文化交流合作与互鉴，为跨区域协同发展探索经验、做出示范。

二　文创实验区创新举措

2021年，文创实验区紧紧围绕首都"四个中心"城市战略定位及"五子"联动布局，聚焦朝阳区"文化、国际化、大尺度绿化"主攻方向和"四区"发展目标，有序推进顶层谋划、冬奥保障、疫情防控等重点工作，吹响努力建成社会主义文化强国的冲锋号。

（一）完善顶层设计，强化体制机制引领

文创实验区不断深化文化体制机制改革，与时俱进完善和发展文化政策保障体系，以创新精神推动文化大发展大繁荣，促使文化领域发展格局焕然一新。一是把握"两区"建设契机，充分发挥《关于促进中国（北京）自由贸易试验区国际商务服务片区朝阳组团产业发展的若干支持政策》（简称"28条"）中关于文化贸易的政策叠加优势，积极争取文化领域开放政策试点，持续深化国际文化贸易。二是联合区文创办修订出台《朝阳区促进文化产业高质量发展引导资金管理办法（2021版）》（简称"政策30条"），联合区委组织部、区委宣传部等部门开展朝阳区引进文化产业人才政策研究，围绕文化消费、文化人才等重点领域，进一步提速文创实验区高质量建设。三是编制完成《国家文化产业创新实验区"十四五"时期发展规划》，大力推进《国家文化产业创新实验区中长期发展规划（2020年—2035年）》研究，从体制机制、政策服务、营商环境等方面进行系统谋划，为文创实验区未来5年乃至更长一段时间的文化产业发展绘制清晰路线图。四是研究编制国家文化产业创新实验区指数（2021），开展文化产业重点领军企业发展状况，以及把握"两区"建设契机推动文创实验区高质量发展等课题研究，全面、科学地反映文创实验区发展态势，为文创实验区可持续发展提供扎实的理论支撑。

（二）深度参与冬奥，助力"双奥之城"建设

文创实验区以多种形式传播冬奥理念、推广冰雪运动，引导文化产业园区、文化企业各展所长，营造出浓厚热烈的冬奥文化氛围，进一步助力北京"双奥之城"建设。一是创新开展2021魅力京津冀"协同共享·聚焦冬奥"冰雪文化产业峰会，共同探讨"冬奥+"文化旅游体育的创新融合发展，为京津冀三地创新整合冰雪文化资源提供平台，加速打造京津冀协同发展的京张冬奥经济产业带。二是在日常走访园区过程中，为园区和企业相关人员宣传冬奥文化、普及冬奥知识，进一步扩大冬奥会和冬残奥会的影响力，推动

实现"三亿人上冰雪"的美好愿景。三是积极引导北京东亿国际传媒产业园等园区设立北京2022官方特许商品零售店,通过展销玩偶、纪念章、服装等冬奥特许商品,打造传播冬奥文化的窗口,擦亮北京"双奥之城"新名片。

(三)筑牢疫情防线,提供坚实后勤保障

面对当前复杂的疫情形势,文创实验区坚决贯彻市、区疫情防控工作会议精神和要求,从严从细落实防控措施,吸取防疫成功经验,迎难而上、勇挑重担,为经济社会平稳健康发展提供坚实保障。一是采取处级领导包片联系园区的方式,分6组对文创实验区内重点园区逐一进行实地疫情防控走访督导,精准指导园区、企业落实落细防控措施,不折不扣抓好各项常态化疫情防控工作。二是引导园区提升科学精准防控水平,实行出入登记、扫码、测温、"一米线"排队等多项举措,共同筑牢疫情"防护墙"。三是每日在园区、企业微信群发布最新政策要求、防疫内容和各地疫情情况,及时准确地传达疫情防控信息,努力传递防疫最强音,构筑防疫宣传阵地。

(四)加强金融创新,释放市场经营活力

文创实验区加强文化金融政策引导,推动金融助力文化产业发展,逐步构建起多层次、多渠道、宽领域的文化金融服务创新体系。一是吸引杭州银行北京朝阳文创支行正式落户,支持北京银行大望路支行更名设立国家文创实验区支行,为区域文化企业提供专属化、便捷化的金融服务。二是充分发挥文创实验区文化金融服务中心平台作用,举办"2021年文化金融创新论坛暨文化产业项目路演对接会"等多场论坛、融资路演、项目对接活动,吸引社会资本助力文化产业发展。三是大力实施"双百计划",致力于为优质文化项目实现投融资服务对接,目前已累计服务企业67家,达成投资合作8家。2021年,文创实验区企业信用促进会合作金融机构为朝阳区813家文化企业提供贷款融资52.46亿元,切实提升文化企业资金流动性,以专业化金融服务助力文化企业发展壮大。

（五）实施精准服务，优化营商营文环境

文创实验区面对面听意见、实打实解难题，以精准高效的服务持续优化营商营文环境，全力为产业高质量发展保驾护航。一是提供精准服务，走访"服务包"企业、引导资金支持企业、"蜂鸟企业"等百余次，及时了解企业发展动态和实际需求，用心用情用力为企业排忧解难。二是针对前沿行业风口，围绕"区块链+文化"、北交所成立、游戏电竞等热点，邀请专家开展"区块链+文化"线上直播沙龙、"北交所为文化企业带来的新机遇"线上主题活动、2021年中国Steam精品独立游戏漫谈等系列讲解活动，探讨文化企业发展新机遇。三是联合相关部门开展税收大讲堂、法律服务进园区、专家问诊知识产权保护服务等品牌活动，共举办"优化营商环境、精准服务促发展"系列活动20余场，精准、高效地将各项服务送到企业身边。

三 文创实验区下一步发展建议

2021年是"十四五"规划的开局之年，是承前启后、意义特殊的一年，中国将由此开启全面建设社会主义现代化国家新征程。在新的时代形势下，文创实验区要继续加快全国文化产业改革探索区、全国文化经济政策先行区、全国产业融合发展示范区"三区"以及国际数字文化引领中心、国际时尚文化消费中心、国际文化传播交互中心、国际文化资源汇聚中心"四中心"建设，持续深化改革创新，着力打造成为极具影响力的文化产业创新引领区。

（一）强化政策支持，筑牢产业发展根基

释放"两区"政策优势，深化制度改革创新。紧抓北京市建设国家服务业扩大开放综合示范区和中国（北京）自由贸易试验区的战略契机，持续推进外商投资音像制品、独资开办演出经纪机构等文化领域开放政策落地

实施，争取更多创新举措在文创实验区先行先试。充分发挥文化经济政策"试验田"作用，积极研究探索文化金融、文化财税、高端人才等方面的政策创新，强化政策集成效应，形成政策合力。推动落实《国家文化产业创新实验区"十四五"时期发展规划》，全面梳理未来5年文创实验区在文化业态、消费场景、对外开放、文化空间等领域的重点任务，坚定不移推进重点项目建设，擘画出文化产业高质量发展新蓝图。

优化科学管理体系，提升治理效能。发挥文创实验区和国家公共文化服务体系示范区"双区"叠加优势，完善政府购买公共文化服务的流程，创新公共项目绩效评估体系，提升文创实验区公共文化空间利用效率。加强文创实验区博士后科研工作站建设，优化博士后管理制度，加快打通"人才链""创新链""产业链"，持续强化文创实验区科学决策力量。定期发布文创实验区指数，形成长效机制，多角度、多维度动态把控文创实验区发展状态，充分发挥文创实验区指数的"风向标"作用，全面提升文创实验区科学管理水平。

（二）聚焦供需匹配，打造文化消费地标

丰富优质文化供给。瞄准北京市国际消费中心城市以及朝阳区国家文化和旅游消费示范城市建设，以供给侧结构性改革为主线，持续优化重点商圈文化消费体验，积极布局小剧场、音乐厅、创新性影院、实体书店、科技体验中心等文化空间，打造一批具有文化特色的网红打卡地。鼓励文化产业园区开展文创集市、艺术展览、文化消费季等丰富多彩的文化活动，优化提升园区文化旅游、文化消费和公共文化服务功能，建设一批"城市文化公园"。持续吸引高端品牌旗舰店、概念店、主力店等入驻文创实验区，以掌阅科技、思维造物、乐自天成等一批文化新消费行业领军企业为抓手，创新提供个性化、定制化服务内容，进一步强化文化供给，壮大文化新消费市场。

激发文化消费需求。主动回应人民群众对美好生活的新期待，顺应文化和旅游消费提质转型升级新趋势，不断提高文化消费便捷程度，鼓励开展电子票、云预约等网络消费新模式,让消费者享受到质量上乘、高效便捷的文化服务。鼓励有条件的文化场所加大夜间开放力度或适当延长营业时间,依托国际美食文化节等活动,打造若干夜间美食文化消费品牌,切实满足年轻人的夜间文化消费需求。鼓励文创实验区文化企业的产品和服务纳入文化惠民工程覆盖范围,培养群众的文化消费习惯,形成供给侧与需求端的良性互动、精准对接,打造文化消费标杆区域。

(三)完善服务体系,提升整体发展能级

支持文化金融融合创新。依托文创实验区企业信用促进会、文创实验区文化金融服务中心等平台,围绕"双百计划"实施,大力推动银行、保险、证券、基金、担保公司等金融机构联动衔接,鼓励版权资产证券化、文化资产集合信托、文化保险等创新型文化金融产品开发应用,引导金融业为文化产业提供资本支持。用好文创实验区"文创四板"孵化培育、股权管理、融资路演、宣传展示等服务,助力文化企业长久稳定发展。紧抓北交所设立机遇,开通文化企业上市"绿色通道",鼓励文化企业上市融资和上市公司再融资,加速优质文化企业利用多层次资本市场做大做强。

构筑文化人才高地。继续实施"百名文化菁英"计划,在落户创业、住房保障、医疗服务、子女教育等重点领域提供支持保障,努力打造规模宏大、结构合理、素质优良的文化人才队伍。结合文创实验区现代文化产业发展需要,加大数字文化、文化贸易、创意设计等领域的高素质复合型文化人才引进力度,培养一批文化产业领军人物,形成文化人才和产业同频共振、互促共进的新局面。下大气力全方位培养文化人才,针对文化企业融资、知识产权保护、文化内容传播等关键环节开展系列培训活动,全面提升文化人才培养质量,以人才先行引领支撑经济社会高质量发展。

完善知识产权服务生态。加强文创实验区12330知识产权保护服务中心、版权服务中心、法官工作站建设,深化与朝阳区人民法院知识产权保护合作,开展一对一、一对多等多种形式的知识产权服务,为企业提供精准有效的知识产权保障。依托中国国际服务贸易交易会、北京国际版权交易中心

等平台，促进版权集中展示、推介和交易，推动区域知识产权服务资源整合与有效流动。引导知识产权代理服务机构、资产评估机构等社会力量充分挖掘知识产权价值，加速版权产品化、产业化进程，加快形成运行规范、服务高效的新型知识产权公共服务体系。

（四）扩大开放融通，共绘文化发展蓝图

加强区域协同发展。依托京津冀文化产业协同发展中心等平台，推动文化产品、文化服务等要素在京津冀三地有序流动，加强跨区域资源共享和统筹，实现京津冀文化产业联动式合作与协同性发展。借助全国老旧厂房协同发展联盟、国际文化产业园区发展联盟等组织，创新搭建全国文化交流合作平台，通过品牌输出、模式输出、团队输出等方式，促进各地经验共享、合作共赢，进一步引领全国文化产业创新发展。

深化双向交流合作。发挥好朝阳区国家文化出口基地建设优势，依托北京红庄国际文化保税创新园以及正大宝库保税库等，积极探索开展面向全球的文化艺术品（非文物）展示交易业务，全面推动文化领域服务贸易发展。高品质举办国际文化交流活动，动员文创实验区内文化企业参加中国国际服务贸易交易会、中国北京国际文化创意产业博览会、北京国际设计周等国际性活动，深入推动全球文化企业、社会组织的交流与合作，持续擦亮文创实验区品牌。

B.18
东城区：文化产业发展再上新台阶

李 嘉*

摘　要： 东城区坚持守正创新、"崇文争先"，围绕"一轴、两区、五带、五城"文化发展格局，实施文化创新工程，国家文化与金融合作示范区建设取得积极进展，成功获批国家文化出口基地。未来将会壮大文化产业规模，通过实施"文菁计划"，打造"一主三副"文化产业格局，通过科技赋能、金融加速、消费促进、贸易提质，推动"文化+数字""文化+旅游""文化+体育""文化+中医药"等行业间功能互补和链条延伸，实现文化产业对外跨界，打通文化链与价值链的连接。

关键词： 文化创新工程　国家文化与金融合作示范区　国家文化出口基地　东城区

一　东城区文化产业发展情况

一是含金量较高的政策在东城区率先实施。编制《东城区"十四五"时期文化产业发展规划》《北京市东城区国家文化与金融合作示范区建设发展白皮书》等。紧抓北京市"两区"建设政策突破的重要契机，围绕故宫—王府井—隆福寺打造"文化金三角"，推动高质量艺术品服务平台建设，进一步满足文化艺术品保税仓储、域内展示、快速通关需要。加快光线

---

* 李嘉，北京市东城区文化发展促进中心主任。

传媒信息网络传播视听节目许可证新增项目审批速度，指导猫眼文化许可证从异地迁入北京市的工作。协调中文在线、新片场等多家文化企业申报网络视听许可证备案，发放北京区域通行证。在北京市备案46家驻区头部和腰部影视公司，提供审查"绿色通道"，进一步优化服务流程，提升审查服务质量和效率，助力推动文化产业高质量发展。

二是专业机构拓宽文化产业发展路径。中国工商银行、中国银行、北京银行三家属地支行率先挂牌成立国家文化与金融合作示范区支行。中国人民银行营业管理部、北京市委宣传部、中国银保监会北京监管局、北京市地方金融监管局等七部门联合认定东城区驻区8家金融机构为国家文化与金融合作示范区文创专营组织机构。推出"文化英才贷""非遗贷"等文化金融特色产品，截至2021年底，驻区文化金融特色机构服务北京地区文化企业864家，贷款余额超过110亿元；2021年新增文化金融服务企业640余家，新发放文化金融服务贷款超过48亿元。设立总规模为10亿元、首期规模为4亿元的"'文菁'文化+产业基金"，完成3亿元社会资金募集并开展基金备案工作，吸引更多文化基金公司落户东城区，助力文化产业高效发展，构建了活力充沛、竞争充分、内生动力强劲的文化金融经营生态。《东城区坚持"崇文争先"理念，打造文化与金融合作样本》信息专报得到市委主要领导的批示肯定。

三是功能性、服务型平台高效运转。成功引入北京"文创板"平台，通过引进文创板公司，吸引和培育更多头部企业在东城区上市，引导更多国家级项目在东城区落地，更好地发挥全国文化中心核心承载区服务北京、辐射全国的重要作用。启动建设国家文化与金融合作示范区服务总中心，通过政策信息服务、股权融资服务、债权融资服务、企业孵化服务、文化金融产品研发和文化金融人才培育，实现文化企业股权融资、债权融资和政策支持资金的有效对接，打造可复制、可推广的文化金融"东城模式"。

四是文化领军企业快速成长。发挥"文菁计划"的支持作用，助力驻区文化企业发展壮大。2021年，东城区规模以上文化产业法人单位为520家，全年实现收入1436.3亿元，同比增长11.9%，收入总量保持全市前列。

驻区企业中国出版集团有限公司、保利文化集团股份有限公司、北京光线传媒股份有限公司、中国对外文化集团有限公司、北京演艺集团有限责任公司等荣获2021年"全国文化企业30强"及提名，驻区企业总数居全国首位。16家文化产业园区入选"北京市级文化产业园区"，总数位居全市第二。全年累计服务重点企业560余次，实现问题响应率100%、问题解决率92%，在营商环境公平竞争审查考核评比中，以满分居全区首位（并列），进一步擦亮"紫金服务"名片。

五是高品质文化产业园区不断涌现。积极利用老旧厂房等疏解腾退空间建设文化产业园区，形成了"胡同里的创意工厂"发展模式。推进禄米仓新视听创意中心、中体文化创意产业园建设，支持人民美术文化园、首创非遗·咏园等园区改造提升。雪莲亮点文创园、城市空间1921文化产业园开园，新增文化产业用地2.5万平方米。中关村雍和航星科技园、大磨坊文化创意产业园被授予"北京市版权保护示范园区"。

六是展示交流活动搭建高位宣传推广平台。以"崇文争先·古都新韵"为主题，亮相2021年中国国际服务贸易交易会文旅服务专题展，近40家文化企业和机构通过展演经典剧目、组织路演推介、开展领读互动等方式，构建戏剧之城、书香之城、博物馆之城、非遗之城、中医药文化之城等沉浸式文化新场景，让市民感受文化赋彩现代生活、引领城市发展的强大力量。与清华大学五道口金融学院连续五年举办中国文化金融峰会，与北京银保监局合作举办"文菁汇"文化金融系列沙龙活动，为文化资源与金融资本对接搭建平台。与国家及北京市相关部门合作举办中国国际服务贸易交易会文化金融分论坛——第十届中国文化金融创新大会，政府主管部门、行业组织、文化领军企业、金融机构代表聚焦产业热点，整合优势资源，探讨文化产业发展新机遇、新模式、新业态，文化企业与金融机构在论坛上签约额共计11.55亿元。

二 东城区文化产业下一步发展建议

一是打造"一主三副"文化产业格局。壮大文化产业规模，实施"文菁计划",完善文化企业全生命周期梯次扶持政策体系。做强内容创作生产主业,发挥龙头企业带动作用,增强广播影视IP开发能力,提升影视产业链竞争力。做优创意设计服务业,引进、孵化高端设计组织及机构,将文化创意和设计服务深度融入文化产业中,延伸产业服务链。做精文化传播渠道业,加强出版领域内容资源、服务系统、营销体系融合创新。做专文化辅助生产和中介服务业,探索以文化资产评估、交易、投融资等为重点的文化产权交易产业链。

二是推动国家文化与金融合作示范区完成验收。推动市级部门对首批示范区文化金融专营组织机构的支持,不断深化差异化监管。启动东城区"'文菁'文化+产业基金"投资,撬动社会资本扩大对东城区文化产业投资规模。发挥北京"文创板"平台作用,打造国家文化与金融合作示范区服务总中心。高水平举办2022年中国文化金融峰会,与北京银保监局合作举办"文菁汇"沙龙等品牌活动,建立政府、行业专家、企业与金融机构常态化交流活动社群。

三是高标准建设国家文化出口基地。编制《东城区国家文化出口基地建设实施方案》,加快国际艺术品交易、国际演艺产业、国际文化旅游消费、国际网络游戏孵化、对外文化交流、影视数字产业、全媒体出版等重点领域建设。组建工作专班,加强工作统筹,协调各部门联动,确保国家文化出口基地建设各项工作有序推进。发挥驻区国家部委、国家级文化机构、央企总部等资源优势,加强资源统筹与服务对接,推动更多具有中华文化内涵、首都文化元素、东城文化特色的优秀文化产品和服务"走出去",做大文化出口贸易规模,增强中华传统文化的国际传播效应,形成规模更大、辐射更广、作用更强的文化贸易综合服务平台。

四是培育"文化+"创新业态。编制《东城区文化产业园区高质量发展导则》,系统性指导园区提质增效,促进文化产业园区健康发展。推动园区提升运营服务水平,结合产业功能布局和空间资源存量,持续提升文化产业园区的人均、地均产出,全力打造具有东城特色的"文巷"。把

"文化+"作为重要引擎，通过科技赋能、金融加速、消费促进、贸易提质，推动"文化+数字""文化+旅游""文化+体育""文化+中医药"等行业间功能互补和链条延伸，实现文化产业对外跨界，打通文化链与价值链的连接。

B.19 丰台区：打造文化名片，强化精准服务，提升区域文化产业发展水平

郭尚珍*

摘　要： 作为首都中心城区之一，2021年丰台区紧紧围绕中国共产党成立100周年和"十四五"规划开局，积极落实中央、市、区各项决策部署，立足新发展阶段、践行新发展理念、融入新发展格局，努力打造戏曲文化名片，强化精准服务举措，持续做好人才工作，搭建多方联动平台，激发行业党建活力，不断提升区域文化产业发展水平，推动市委"妙笔生花看丰台"指示要求加快形成生动实践。

关键词： 戏曲品牌　文化产业　文化消费　丰台区

2021年，丰台区紧紧围绕中国共产党成立100周年和"十四五"规划开局，积极落实中央、市、区各项决策部署，坚持守正创新，强化责任担当，坚定立足新发展阶段、坚持践行新发展理念、主动融入新发展格局，持之以恒推动区域文化产业再上新台阶。

一　丰台区文化产业发展概况

根据丰台区统计局数据，随着新冠肺炎疫情得到有效控制，丰台区文化

---

* 郭尚珍，北京市丰台区文化创意产业促进中心研究室副主任。

产业逐步回暖,2021年丰台区规模以上文化产业单位实现收入271.6亿元,同比增长7.5%。丰台区文化及相关产业收入和利润总额实现双增长,主要经济指标发展良好,企业生产经营明显改善。

(一)收入稳定增长

从文化及相关行业的收入看,呈增长态势的行业有7个,分别是新闻信息服务、内容创作生产、文化传播渠道、文化娱乐休闲服务、文化辅助生产和中介服务、文化装备生产、文化消费终端生产。这7个行业共实现收入238.8亿元,占总收入的比重高达87.9%。

(二)利润总额稳定增长

2021年,丰台区文化及相关产业实现利润总额26.8亿元,同比增长20.8%,增速超过18%的行业有4个,分别是新闻信息服务、内容创作生产、文化传播渠道、文化装备生产。这4个行业的利润总额为22.5亿元,占比高达84.0%。

(三)从业人员数量总体稳中有降

2021年,丰台区文化及相关产业从业人员平均人数为2.4万人,同比下降0.9%。其中,内容创作生产、文化辅助生产和中介服务、文化消费终端生产3个行业吸纳就业能力增强,从业人员平均人数达到1.2万人,同比增长3.0%,就业稳定。

二 丰台区文化产业发展成效

(一)传统戏曲融合时代精神,文化名片彰显创新活力

第五届中国戏曲文化周活动深入贯彻落实习近平总书记给中国戏曲学院师生的重要回信精神,以"中国梦·中华魂·戏曲情"为主题,以"英雄·奋斗"为年度主线,突出"园林中的戏曲、戏曲中的园林"活动特色,

全面展现戏曲艺术传承发展优秀成果，助力打造"大戏看北京"的文化名片，营造庆祝建党百年浓厚氛围。2021年国庆期间，来自京津冀三地的23家专业文艺院团以及多家民间社团奉上了240余场演出，近300场讲座、导赏、对谈，近500场互动活动，吸引观众、游客约8万人次；14场演出直播和5场互动直播累计浏览量超2500万次；新华社、《人民日报》等30多家媒体平台形成联合报道矩阵，截至2021年10月8日，全网全媒总浏览量超8600万次。

一是彰显时代主题。在剧目选取和内容设计上，聚焦"建党百年"，推出一批为庆祝党的百年华诞而创作或复排的优秀剧目，突出讴歌时代、礼赞英雄。活动期间，围绕"风华百年颂""英雄出少年"等主题，奉上精彩演出。此外，专门设置"冬奥曲苑"戏台，以曲艺形式推广北京2022年冬奥会。二是坚守专业品质。邀请京津冀三地国家级、省市级专业院团，形成"名团名剧名家"竞相演出的热烈场面。除演出外，还组织专题论坛、青年学术论文征集评选、名家讲座等形式多样的学术活动。三是搭建百姓舞台。中国戏曲票友大赛共吸引全国不同年龄段的576名票友参加。设置票社联谊舞台，"票社雅集""百姓戏台"展现戏曲艺术的群众力量。四是助推文旅融合。闽园推出园林版京剧《书说·沙家浜》，将京剧与评书串讲剧情完美结合。北京园等地方园分别推出"华彩韵京城""昆曲丝竹吟""非遗老戏台"等系列，展现不同剧种唱腔韵味和艺术魅力。五是丰富年轻样态。探索"戏曲+装置""戏曲+教育""戏曲+游戏""戏曲+国潮"等多元化、时尚化的表现形式，"英雄召唤令"有奖打卡游戏及大型园林实景戏曲游戏"大破天门阵"等活动吸引大量青少年前来"打卡"体验。六是推动地校合作。以第五届中国戏曲文化周为契机，与中国戏曲学院合作推出"戏曲·薪火"专题展，共建中国戏曲学院艺术实践基地、戏曲文化创意设计基地，推动戏曲艺术体系化、活态化发展。七是开展常态化活动。第五届中国戏曲文化周主场活动结束后，举办"戏炫生活 共享小康"主题活动，"品戏""传戏""有戏"持续惠及市民群众；开展"小戏台"票友空中演唱会，组织群众票房开展"嗨戏"活动，不断夯实戏曲繁荣发展的群众基础；举办第一届"云端戏台等你来"活动,以线上征集展演形式弘扬和推广戏曲文化。

(二)精准对接助力高效发展,多措并举提升服务效能

一是以"行业管家"为抓手,服务产业提质增效。以市、区"十四五"发展规划为引领,积极对接市、区"十四五"文化产业专项规划,按照整体发展目标和功能定位,不断优化工作路径。调研走访各街镇、社区、老旧厂房、文化园区、企业等,对全区戏曲文化活动空间、戏曲演出资源、文化园区、老旧厂房等空间资源进行更新梳理,掌握一手数据,汇总资源库,不断拓展文化空间。完善企业台账,掌握企业存续及经营情况,为精准服务企业及招商引资工作奠定基础。主动对接企业需求,梳理国家、市、区文化产业扶持政策,形成文化企业服务手册,精准化服务指导区内文化产业发展。

二是落实"企业管家"职能,服务区域招商引资。用好"服务包"机制,对"服务包"企业明确专人服务对接,开展"管家式"服务,做到项目管理清单化、企业服务责任化。实地走访"服务包"企业,了解企业经营情况及需求,积极为企业解难题、办实事。按照"两区"建设工作要求,持续宣传推介《丰台区促进高精尖产业发展扶持措施(试行)》(简称"丰九条")、《关于支持独角兽企业在丰台区集聚发展的若干措施》(简称"独角兽八条")等政策,做好招商引资、跟进服务等相关工作,积极展示丰台区良好营商环境,努力做大增量。按照区政府统一部署落实"1511"产业发展提质工程,协调联动各部门,加大招商引资力度,2021年共完成2家外资企业注册,推动10家企业入驻丰台区。

三是当好"园区管家",服务园区融合发展。丰台区目前已拥有一批运营逐步规范、区域特色鲜明、发展前景良好的文化产业园区,其中3家市级文化产业园区,2家市级保护利用老旧厂房拓展文化空间试点项目,1家国家级数字出版基地,成为推动区域文化产业高质量发展的重要力量。北京市丰台区文化创意产业促进中心(以下简称丰台文创中心)扎实开展各项工作,积极做好"园区管家",跟进了解掌握园区运营管理情况,定期开展走

访调研,上门送政策、送信息、送服务;举办文化园区推介活动,组织优质企业"走进丰台",搭建政府、园区、企业三方对接平台,为文化园区积极引入产业资源;组织文化园区经营管理人员赴外区实地调研考察,学习借鉴优秀园区的成功经验,倡导园区做好公共文化服务;积极推进北京国家数字出版基地建设,持续开展中国手工坊、深山集市项目,推动首都全国文化中心建设。人教教材中心有限责任公司获评"北京市版权保护示范单位",依文文化产业园、北京石榴中心文化创意产业园获评"北京市版权保护示范园区(基地)"。截至 2021 年底,丰台区共有 6 家园区和企业获评北京市版权保护示范单位、示范园区(基地)。

(三)人才服务凝聚智慧力量,聚才引智助推产业发展

一是做好人才服务保障。以"丰泽计划"为抓手,开展高层次人才文化领域认定工作,持续为"丰泽计划"高层次人才做好服务保障,树立人才标杆。同时,充分发挥"丰泽计划"政策平台作用,聚集头部企业优质人才,吸引更多高精尖企业和高层次人才汇聚丰台,推动建设人才生态示范区,助推区域高质量发展。

二是做好常态化人才培训。组织开展丰台文创训练营活动,聚焦文化园区和企业在发展中面临的问题,与北京大学创业训练营合作,引入国内优质教育机构教学资源,通过组织集中授课、企业参访及园区产业对接等活动,为文化企业高层管理人员、创业者、创业项目代表、相关管理人员提供理论教学与实践指导,搭建人才交流平台,推动跨行业、跨产业人才融合发展,引导产业集聚。

(四)重点项目搭建联动平台,特色资源赋能文化消费

一是参加中国国际服务贸易交易会(以下简称服贸会)文旅服务专题展。参加"妙笔生花·丰采无限"服贸会文旅服务专题展,设置"一瞬间·爱上丰台""戏曲之城·丰台""文化产业新动能"三大板块。展会期间共有 60 余家企业参展,12 家企业进行路演,2 家企业线上展示文创产品,

举办戏曲表演14场，展陈特色文创产品百余件，现场参观游客超6.5万人次，展区线上直播观看量达3.2万人次，有力地提升了丰台区文化产业的影响力。展会期间举行"文化共建"项目签约仪式，丰台区与中国戏曲学院、中央芭蕾舞团等6家重点文化单位签署战略合作协议。丰台文创中心携手中央广播电视总台云听客户端、丰台区融媒体中心，分别与中国戏曲学院、北京京剧院等5家重点戏曲院团签署共建协议，共同打造丰台"戏曲之城"金名片。

二是举办第九届丰台惠民文化消费季。在往届消费季成效经验的基础上，根据疫情防控常态化总体要求，线上线下联动，不断挖掘戏曲、花卉、旅游等区域特色文化消费资源，开展"丰·花"绽放、"丰·创"市集、"丰·阅"书香、"丰·韵"梨园、"丰·惠"观影五个板块的主题活动，进一步释放区内大型商业综合体、文创园区、休闲场所的文化消费价值，满足大众文化消费需求。主推红色图书、电影、旅游线路等系列活动，在中国共产党成立100周年之际营造浓厚的红色文化氛围。同时，与区委宣传部、区创城办协同合作，通过发放体验券和开展插花活动等形式，助力文明城区创建，丰富群众文化消费体验，提升社区居民对文化消费的知晓度。

（五）党建引领推动园区建设，创新载体激发发展动力

丰台区始终坚持以党建引领文化园区建设和发展，扎实推进行业党建，引导带动重点文化园区开展丰富的党建活动，不断激发园区发展动力。为庆祝中国共产党成立100周年，在区委宣传部的指导下，丰台文创中心牵头筹办"百年追随"专题展。展览在二七厂1897科创城举办，通过文字、图片、实物等形式，结合红色文化与铁路文化，以长辛店工人在中国共产党的领导下投身民族复兴大业和中国铁路的发展为重点，展示中国铁路工人百年来所创造的辉煌成就。2021年，共接待200多家团体前来参观学习。充分发挥区"两新"工委成员单位作用，结合党史学习教育不断丰富党建工作载体，组织区内文化产业园区、企业参观红色主题展览并开展"两新"组

织专题党课活动；组织"永远跟党走"百姓宣讲团走进永乐文智园、首科大厦等文化园区，讲述优秀党员干部事迹，激励园区、企业坚定理想信念，从党的百年伟大奋斗历程中汲取前进的智慧和力量；为文化园区、企业开展党务工作提供培训，促进机关党建、行业党建和非公党建有效融合。

三 丰台区文化产业下一步发展建议

2022年是党的二十大召开之年，是北京冬奥会举办之年，也是实施"十四五"规划承上启下的重要一年。丰台区将以习近平新时代中国特色社会主义思想为指导，全面贯彻党的十九大和十九届历次全会精神，围绕"妙笔生花看丰台"美好愿景，持之以恒推动区域文化产业发展，以优异成绩迎接党的二十大胜利召开。

（一）坚持规划统领，围绕产业发展工作任务，推动文化产业发展

以"十四五"时期规划为引领，积极落实市、区"十四五"规划纲要主要目标与任务分工方案，按照市、区"十四五"文化产业专项规划及市、区两级推进全国文化中心建设领导小组工作部署，有序开展各项工作，推进产业发展。落实文化产业数字化战略，依托北京国家数字出版基地等项目建设，推动数字出版、网络视听、线上演播等新型文化业态发展。积极推动文化与科技、旅游、商务融合发展，主动融入发展大局，在保持新闻信息服务、内容创作生产、创意设计服务等产业门类优势的基础上，推动"文化+"融合发展，打造高精尖文化产业集群。借助南中轴国际文化科技园、园博数字经济产业园、看丹独角兽创新基地等重点功能区打造，吸引骨干文化企业落户丰台，培养发展新型文化企业。继续优化市级文化产业园区服务工作，推动文化园区产业集聚，推动提升空间使用质量和产出效益，打造有影响力、有特色的品牌园区。

（二）以推动区域文化产业高质量发展为中心，积极构建谋发展、共成长的全周期流程化服务体系

以优化营商环境5.0版改革政策实施为契机，增强"服务包"工作效能，构建文化企业服务体系。当好"行业管家""园区管家""企业管家"，办好丰台文创大赛、丰台文创训练营、园区推介等活动，吸引优质项目入驻。依托丰台区红色文化、花卉文化、戏曲文化等特色文化资源，继续参加2022年服贸会文旅服务专题展，多元展示区内重点文化产业园区，以及资源优质、特色鲜明的文化企业，展示丰台区在文化建设方面取得的丰硕成果和美好前景。继续落实"丰泽计划"，吸引培育高层次文化人才在丰台区创新创业，发挥好高层次人才在产业发展中的引领、示范作用，服务区域聚才引智。围绕"两区"建设及"1511"产业发展提质工程的工作要求，持续宣传推介"丰九条""独角兽八条"等政策，加大招商引资力度，对接服务优质外资文化企业，引导文化资本及产业资源集聚丰台区。

（三）优化消费供给，加大惠民力度，培育文化消费新模式

围绕北京国际消费中心城市建设和区域活力中心建设，结合创城工作开展情况，持续办好惠民文化消费季活动。通过市、区联动和平台聚合，以丰台文化商圈集中推介为重点，推介区域内有代表性、特色化的文化商圈和文商旅体综合体，推广区域内具有影响力、竞争力的文化企业品牌和文化产品品牌，推出区域内具有创新性、引导力的新型文化消费模式，吸引更多消费者参与消费季活动，着力探索文化消费新业态、新模式、新场景。以"一体化"消费推介及网红打卡地打造等"点面结合"宣传方式，展示时尚、现代的活力丰台城市形象。

（四）办好中国戏曲文化周，繁荣推广戏曲文化

继续办好第六届中国戏曲文化周，坚持"中国戏曲嘉年华"发展定位，提升专业性、互动性、示范性，策划优秀剧目园林版演出，引入戏曲实景游

戏、国风国潮市集、戏曲快闪等年轻化、时尚化的特色亮点活动,努力提升专业品质,实现经典传承与时代创新融合,不断推动群众广泛参与。加强与中国戏曲学院的地校战略合作,整合地校优势资源,进一步推动戏曲文化繁荣发展。结合中国戏曲文化周常态化工作要求,策划开展戏曲培训、票房培育、剧目排演等活动,通过"小戏台"、"嬉戏"亲子剧场、"戏炫生活 共享小康"等活动,推动戏曲常态活动融入生活,服务"戏曲之城"品牌建设。

B.20
石景山区：实施引擎驱动工程，打造"后冬奥"文化产业高地

石景山区文化创意产业促进中心

摘　要： 近年来，石景山区坚持规划引领、政策支撑、人才保障、品牌塑造等各项举措，文化产业量质齐升，产业结构日臻优化，产业发展特色鲜明，市场主体实力强劲，产业空间布局日益清晰，产业氛围日趋浓厚，文化产业战略性支柱地位不断巩固。"十四五"时期是石景山区打造新时代首都城市复兴新地标、奋力谱写首都城市西大门建设新篇章的攻坚期，全区将围绕"文化科技促转型、文化融合促发展、文化复兴显自信"的发展主线，创新谋划"六大工程"，不断推进文化产业品质化、数字化、融合化和国际化发展，谱写文化产业高质量发展的新篇章。

关键词： 文化产业　战略性支柱地位　"六大工程"　石景山区

文化产业已成为石景山区国民经济的战略性支柱产业以及区域全面深度转型和高端绿色发展的特色主导产业，在经历了以数字娱乐为特色的接续培基阶段和以数字创意为主导的增速跃升阶段后，当前正在进入以数字文化为核心的高质量发展阶段。随着"后冬奥"时代的到来和北京建设全国文化中心的深入推进，石景山区抢抓机遇、科学谋划、真抓实干，全力打造"后冬奥"文化产业高地。

石景山区：实施引擎驱动工程，打造"后冬奥"文化产业高地

一 变局中抢先机，实现新阶段开新局

2021年是"十四五"规划的开局之年，也是石景山区文化产业积极应对疫情影响，在变局中抢先机、在新阶段开新局的一年。文化产业整体呈现增长速度快、创新能力强、融合程度高、产业特色鲜明的发展态势，为新时期高质量发展奠定了坚实基础。

（一）产业逆势量质齐升，彰显韧性和战略支柱作用

2021年，石景山区文化产业顶住需求收缩、供给冲击、预期转弱的三重压力，实现逆势上扬、量质齐升。产业规模不断壮大。2021年，全区规模以上文化及相关产业收入达910.4亿元，同比增长15.6%；实现利润121.3亿元，同比增长271.9%。收入规模在全市排名第五。[①] 产业发展韧性强且质量高。2020~2021年产业收入平均增幅达到45%，位居全市第一。全区规模以上文化产业从业人数为24206人，同比增长5.6%；文化产业劳均产出达376万元，高出全市平均水平102万元，位居全市第二。产业经济贡献突出。2021年，文化产业收入占全区第三产业收入的比重达到20.4%，文化企业区级综合经济贡献同比增长36.6%，占区级税收总额的15%[②]，文化产业的战略支柱性地位不断巩固。

（二）产业结构加速优化，三大主导产业引领前行

产业结构在调整中优化，初步形成了"三大主导产业+两大优势产业+多个新兴潜导产业"齐头并进、多点开花的新格局。数字传媒、创意设计、动漫游戏领航产业发展。2021年，三大主导产业规模以上企业共109家，占全区规模以上文化企业数量的67%；收入合计863.7亿元，占全区文化产

---

① 产业收入相关数据来源于石景山区统计局，并由宣传部文促中心归类分析，下同。
② 税收相关数据来源于石景山区财源系统税收数据，并由宣传部文促中心归类分析，下同。

业收入的90%以上。影视、新闻出版两大优势产业发展态势良好。2021年，两大优势产业收入分别达11.4亿元、6.2亿元，同比分别增长38%和7.7%，开心麻花、瞭望周刊社等一大批兼具行业影响力与专业实力的企业加速集聚。虚拟现实、科幻电竞等多个新兴潜导产业蓄势待发。中关村虚拟现实产业园已吸引100余家相关企业入驻，其中虚拟动点等10家企业入选"2021中国VR 50强"；区内已集聚科幻相关企业50余家，引进科幻作家刘慈欣、郑军、乔飞等工作室，"中国科幻大会"活动的影响力日益提升。成立北京市电子竞技产业发展协会，当红齐天等一批电竞企业和赛事落户。

（三）产业发展特色鲜明，数字化成为核心特征

植根区域数字文化底蕴，深入推进文化产业数字化战略，近年来取得了良好成效。产业数字化特征显著。2021年，全区数字文化产业①收入达827.4亿元，占全区文化及相关产业收入的比重为91%，比全市平均水平高25个百分点，位居全市第三。② 数字类文化企业数量多且占比高。2021年，全区规模以上数字文化企业共92家，占全区规模以上文化企业数量的57%。其中，具有互联网性质的规模以上文化企业共57家，占全区规模以上文化企业数量的35%。文化创意与科技创新加速"双创融合"③。一批以文化创意为核心、以科技创新为战略支撑的文化项目出圈出新。首钢1号高炉

---

① 国内外对数字文化产业没有统一明确的界定。文化和旅游部发布的《关于推动数字文化产业创新发展的指导意见》对数字文化产业的界定为：数字文化产业是以文化创意内容为核心，依托数字技术进行创作、生产、传播和服务的产业。其特点是技术更迭快、生产数字化、传播网络化、消费个性化。数字文化产业已成为文化产业发展的重点领域和数字经济的重要组成部分，加快发展数字文化产业，有助于改造提升传统业态，提高质量效益和核心竞争力，健全现代文化产业体系。本报告中的数字文化产业是指同时符合国家统计局发布的《文化及相关产业分类（2018）》和《数字经济及其核心产业统计分类（2021）》的40个行业小类的法人单位（包括企业、事业法人和民间非营利组织）。
② 数字文化产业相关数据来源于北京市统计局。
③ "双创融合"是指以文化创意为核心、以科技创新为手段，实现文化表现形式和传播手段的创新，获得新的融合产品和服务，进而催生新的商业模式和产业业态的一种产业融合。文化创意与科技创新的深度融合发展，有利于不断拓展文化产业的发展空间，形成现代文化产业体系新的增长点。

SoReal 超体空间项目成为全球第一个虚拟现实技术与百年工业遗存相结合的文化科技乐园；中国动漫集团有限公司的"基于虚拟现实技术文物遗址互动展示"等项目荣获 2021 世界 VR 产业大会云峰会 VR/AR 创新奖。

（四）产业主体实力强劲，龙头企业贡献突出

充分发挥龙头企业的带动作用，不断增强产业主体活力与实力。规模以上企业梯队逐步形成。2021 年，全区新增文化企业 548 家，文化企业总数突破 6000 家。规模以上文化企业 162 家，其中年收入在 1 亿元及以上的文化企业 50 家，年收入在 10 亿元及以上的文化企业 10 家，年收入在 100 亿元及以上的文化企业 1 家。① 企业实力不断增强。2 家企业被评为 2021 年中国新经济独角兽 200 强企业，32 家企业入选市级"专精特新"企业。2021 年新增上市文化企业 3 家，区内上市文化企业数量达到 7 家。

（五）产业空间持续优化，老旧厂房焕发新活力

高度重视产业载体建设，产业空间布局进一步合理。园区成为集聚发展新高地。区内现有各类文化产业园区、集聚区 8 个，其中首创郎园 Park 入选市级文化产业园区。中关村虚拟现实产业园由点石商务公园拓展至大正创想广场，吸引 100 余家虚拟现实产业优质企业入驻；首创郎园 Park 成为引领京西时尚文化消费的网红打卡地。老旧厂房改造利用焕发新活力。北重科技文化产业园、1919 京西影视文创园被纳入市级保护利用老旧厂房拓展文化空间试点项目，一批新的改造项目正在有序推进。新首钢地区加速转型带动城市更新。"新首钢三年行动计划"圆满收官，建成冬奥广场、工业遗址公园等一批标志性项目，科幻、电竞等新兴文化产业加速集聚首钢园，具有全球影响力的科幻产业聚集区正逐步形成。

（六）品牌活动精彩纷呈，文化创新氛围日趋浓厚

通过发挥品牌活动的影响与示范作用，区域文化氛围不断改善。主题文

---

① 企业数量与收入数据来源于石景山区统计局，并由宣传部归类分析。

化活动扩大城区品牌影响力。成功举办2021年、2022年北京西山永定河文化节，推出"邂逅京西·遇见美好"石景山文创市集品牌活动；举办京西消费节，进一步擦亮了石景山区六张"文化名片"。产业品牌活动营造良好发展氛围。连续两年举办中国科幻大会、北京国际电竞创新发展大会、北京"电竞之光"展览交易会等活动，"北京科幻电影周"首次落地石景山区。城市文化品质日趋提升。模式口历史文化街区完成改造并成功入选2021年十大"北京最美街巷"，中国国际服务贸易交易会（以下简称服贸会）向国内外展示了石景山区首都城市复兴新地标的崭新形象。

二 立足发展新形势，创新发展新思路

（一）紧抓新时期的重大发展机遇

进入新时期，随着"后冬奥"时代的到来和北京全国文化中心建设的深入推进，石景山区文化产业迎来了新的重大发展机遇。一是冬奥遗产保护利用带来的历史机遇。2022年冬奥会的成功举办，给石景山区留下了场馆设施等有形物质遗产和国际影响力、城市知名度等宝贵的无形文化遗产，为区域打造国际性文化产业集聚高地和世界级旅游景区提供了战略契机。二是建设首都城市复兴新地标的时代机遇。《深入打造新时代首都城市复兴新地标　加快推动京西地区转型发展行动计划（2022—2025年）》的发布实施，为石景山区挖掘首钢厂区等工业存量空间，用好冬奥会、服贸会、新地标三张"金名片"，以及激活老旧厂房的时代价值提供了重要指引。三是加快推动"三区建设"的战略机遇。作为极具发展前景的朝阳产业，文化产业是石景山区推动"三区建设"的重要动能和强大引擎，未来将在全区经济社会发展中发挥更大的战略性支柱作用，获得更多的支持与重视。四是文化科技融合的产业变革机遇。以5G、大数据、虚拟现实、人工智能等为代表的新技术蓬勃发展，深刻改变了当代社会的生产生活方式，数字领域已成为文化产业发展的主阵地。石景山区在数字领域具有良

好的基础与先发优势，可借助文化产业数字化战略，从根本上提升产业抗风险能力和国际竞争力。

（二）明晰未来发展的战略思路

"十四五"时期是石景山区文化产业加速迈向更有品质、更高效能、更具可持续性发展的新阶段，发展的核心思路是"锚定一个目标，力推三大战略"。

"锚定一个目标"，即致力于打造创新驱动、科技赋能、多元融合的具有鲜明时代特征和区域特色的文化产业集聚区。习近平总书记在党的二十大报告中指出，要繁荣发展文化事业和文化产业，坚持以人民为中心的创作导向，推出更多增强人民精神力量的优秀作品，健全现代公共文化服务体系，实施重大文化产业项目带动战略。深入贯彻习近平总书记对北京一系列重要讲话精神，坚持全球视野、首善标准和首都优势，以推进高质量发展为主题，以满足人民日益增长的美好生活需要为根本目的，紧抓城市更新与产业转型两大关键点，推动文化科技促转型、文化融合促发展、文化复兴显自信，不断提升区域的文化生产力、文化竞争力和文化影响力，建设创新驱动、科技赋能、多元融合的具有鲜明时代特征和区域特色的文化产业集聚区，为石景山区打造新时代首都城市复兴地标、北京建设全国文化中心与世界文化名城提供坚实支撑。争取到2025年，全区文化及相关产业收入规模突破1200亿元。

"力推三大战略"，即全面推进数字化、融合化、国际化发展战略。发挥石景山区数字文化底蕴深厚和基础雄厚的优势，借助北京建设全球数字经济标杆城市的契机，深度落实文化产业数字化战略，不断提升在数字文化产业领域的集聚和引领能力。发挥文化赋能作用，推动"文化+"金融、旅游、体育、休闲、非遗、商业、城市更新、老旧厂房等领域的融合互促，推动文化产业在更广范围、更深程度、更高水平上融入城区经济社会发展中，不断提升辐射和带动作用。保护好、开发好和利用好冬奥遗产，用全球视野来审视和挖掘冬奥遗产的普遍价值，发挥冬奥会、服贸会、新地标三张"金名片"的带动作用,大力推进营商环境国际化,力争将区域建设成为链接全球数字文化资源的重要枢纽和平台。

三 实施引擎驱动工程,争创高质量发展新成就

为实现发展目标和推动战略落实,创新谋划"六大工程",力争将文化产业打造成为北京建设世界文化名城和全国文化中心的重要支撑,践行"打造'一起向未来'的城市复兴新地标"。

一是实施"优链强企工程"。以石景山区文化领域三大主导产业、两大优势产业和多个新兴潜导产业为招商方向,围绕"强链、延链、补链"强化招商,推动特色产业集聚,做长做特做优区域产业链。聚焦产业链高附加值环节,实现"强链"招商;拓展延伸产业链上下游环节,实现"延链"招商;梳理分析产业链缺失环节,按照"缺什么补什么"的思路,实现"补链"招商。建立健全招商机制,创新招商引资方式与手段。以强化区域产业发展韧性和可持续发展能力为目标,策划开展重点文化企业"归巢计划"、新兴赛道小巨人"领航计划"、小微企业"雏鹰计划",建立相关企业库、项目库和数据库,加速构建结构合理、协同高效、富有竞争力的企业梯队体系。

二是实施"园区建设工程"。落实"抓产业就要抓园区"理念,改造利用老旧厂房和楼宇,优巢引凤。推动首钢文化产业园创建国家级文化产业示范园区;推动首创郎园 Park 争创市级文化产业示范园区,分类、协同、创新建设多个市级文化产业园区;依托科幻、影视等特色产业资源,打造一批特色文化产业空间和特色文化商圈。促进形成以国家级文化产业示范园区为引领、市级文化产业示范园区和市级文化产业园区为支撑,以特色文化产业空间和特色文化商圈为补充的文化产业园区体系,夯实产业发展空间基础。

三是实施"品牌塑造工程"。高水平举办中国科幻大会和北京国际电竞创新发展大会,高品质办好北京西山永定河文化节,高水平服务保障北京文化论坛,持续孵化更多城市文化活动品牌,提升城市文化活力与氛围。做大文化旅游品牌,积极开发特色文旅产品,打造特色文旅活动,加强文旅品牌

宣传推介，树立石景山城市文旅品牌形象。重点打造京西福地、新首钢、西山永定河等"大IP"，培育模式口历史文化街区、石景山游乐园、八大处、石景山区文化中心等"小IP"，逐步构建石景山区文化IP品牌矩阵。盘点梳理石景山区文化IP，集中开发"新首钢"系列IP资源，创新石景山区IP开发设计。借力区域内的科幻、虚拟现实、创意设计等产业优势，以创意与技术为支撑，推出IP新体验和新产品，推动石景山区文化IP出圈出新。

四是实施"文化复兴工程"。促进冬奥遗产盘活利用，推动建设冬奥遗产文化新地标，注重高新技术成果在冬奥遗产中的应用。大力培育文化引领的多元业态，着力发展文化科技融合业态，推动"文化+体育"融合发展。挖掘首钢这座世界级宏大工业遗存的当代价值，展现现代工业风的独特魅力，设计"科幻游首钢""工业游首钢"等特色文旅线路，构建国际潮流文化体验新场景，打造中国工业文化的核心展示窗口。

五是实施"文化赋能工程"。推动老旧街区改造，打造城市文化创意新空间，挖掘老街区历史人文底蕴，推动"创意石景山"空间规划与设计，形成系列文化新空间、网红打卡地和文化微地标。推动传统文化资源活化与利用，促进首都文化传承发展，挖掘传统工业区遗存的当代人文价值，推动打造"首钢印象"系列网红打卡地。促进"文化+"夜间消费活动，开展非遗夜游、展览夜赏、博物馆夜宿、研学夜校、夜间小剧场等特色休闲娱乐项目，打造首钢园、首钢郎园Park、石景山游乐园等特色夜间文化新地标，激发夜间文化消费活力。

六是实施"产业护航工程"。做好机制保障，进一步创新文化产业发展的专题推进会议机制，建立考核评价机制，形成协同合作机制。做好政策保障，研究各产业特点，提高政策支持的针对性和有效性，彰显企业的市场主体地位，推动企业规模化、品牌化、快速化发展，重点支持文化科技融合发展的基础平台建设和共性技术攻关。进一步做好"服务包"工作保障，推动市场环境、营商法治环境、投资贸易环境、政务服务环境、人才发展环境优化，构建产业发展生态圈，推进共建共赢共享，共创新时代石景山区文化产业高质量发展的新篇章。

B.21 海淀区：数字文化产业助力区域经济高质量发展

王蔚 李臻*

摘　要： 2021年，海淀区规模以上文化及相关产业保持较快增长态势，产业发展步稳效增，重点企业持续发力，文化新业态强势赋能，非公经济活力凸显，重点领域运行良好。但是，海淀区仍需深入研究构建基于产业链分析的数字文化产业生态，深度挖掘文化与科技相互渗透融合形成核心驱动力的新优势，在未来的发展中着力补齐文化产业发展短板，增强文化企业发展黏性，健全数字文化产业生态，提升文化产业园区品质，大力促进文化新型消费，加大各类文化人才培育力度，建设全域化"数字艺术城市"。

关键词： 文化新业态　核心驱动力　新兴消费　海淀区

近年来，海淀区以践行社会主义核心价值观为主线，以全国数字文化产业新高地建设为目标，着力提高文化产业数字化、网络化、智能化发展水平，努力将文化"软实力"打造成区域高质量发展的"硬支撑"。

一　海淀区文化产业发展概况

2021年，海淀区945家规模以上文化及相关产业企业总收入为9402.4

---

* 王蔚，北京市海淀区文化创意产业协会秘书长；李臻，北京市海淀区文化创意产业协会。

亿元，同比增长23.2%，两年平均增长17.5%，占全市规模以上文化及相关产业企业总收入的53.5%，拉动全市文化产业收入增长11.8个百分点。以16个文化新业态为代表的数字文化产业收入合计7535.0亿元，同比增长27.8%，占全市企业营收的比重为73.5%。1~12月，海淀区规模以上文化及相关产业保持较快增长态势，产业发展步稳效增，重点企业持续发力，文化新业态强势赋能，非公经济活力凸显，重点领域运行良好。

（一）开展产业研究

完成《2021年海淀区文化企业发展报告》《海淀区规模以下文化企业调查分析》《海淀区规模以上文化企业发展情况分析》《海淀区规模以下文化企业变动调查分析》四份报告，为支持产业发展提供了参考和依据。持续支持曹红文化、纳兰文化、"三山五园"文化、中法文化交流工作，助力特色文创产品开发、图书出版、论文发布、文艺作品创作，引导海淀区特色文化以市场为导向高质量发展。

（二）活跃产业氛围

推出"数字文化中关村2021"文化品牌，支持举办第五届中国"网络文学+"大会、第二届北京国际游戏创新大会、第九届英雄联盟全国高校联赛总决赛、使命召唤大师赛S2赛季总决赛、2021年亚洲数字艺术展、数字文化装备体验展、中关村数字音乐夜、全球硬科技嘉年华等系列活动，得到了社会各界的广泛认可和参与，依托海淀宣传新媒体平台，"数字文化中关村2021"活动传播量超过1.5亿次。推动举办中国文化产业新年论坛"海淀文化产业对话会"、海淀文化产业沙龙、"三山五园"学术研讨会等品牌活动，促进政产学研持续有机互动。支持举办海淀文创市集活动，为小微企业发展搭建平台，有效链接小微文创企业超过130家，并荣获2021年第九届北京惠民文化消费季十大文化品牌。

（三）促进产业发展

重点支持中关村科学城数字文化产业园建设，2021年，园区内企业纳税金额超过1.7亿元，总产值超过130亿元；新引入企业56家，园区企业总数达到93家。园区内中清龙图、云畅等5家企业累计获奖15项，高质量发展态势显现。园区在推动文化"走出去"方面成果丰硕，推动10款游戏出海，其中完美世界开发的《非常英雄救世奇缘》获得2021年首届中国游戏创新大赛最佳创新出海奖。园区荣获2021年北京市版权保护示范园区称号。继续加大实体书店及游戏电竞产业的支持力度，支持实体书店46家、项目53个，支持游戏电竞产业项目14个。

二 海淀区文化产业发展面临的机遇和存在的主要问题

党的十九届五中全会明确提出要建设文化强国。海淀区作为文化大区、科技大区、教育大区，正处于从"发展高原"到攀越"发展高峰"的新时期，海淀区文化产业发展面临机遇，但也存在不少问题。

（一）发展机遇

1. 国家创新驱动战略和京津冀协同发展为文化产业升级、破解瓶颈创造了良好条件

党的十九届五中全会擘画了"十四五"时期发展蓝图和2035年远景目标，标注了全面建设社会主义现代化国家、向第二个百年奋斗目标进军的新发展阶段。新一轮科技革命和产业变革深入发展，全球科技创新组织体系加快调整，创新范式不断演进，正在重构全球创新版图及创新链、产业链、供应链、价值链。我国经济由高速增长阶段转向高质量发展阶段，把创新驱动发展作为优先战略，全面推进"新基建"，"科技+""文化+"充满活力，新理念、新技术、新模式不断涌现，将加速中关村东城园科技成果向现实生产力转化，推进产业体系和产业链关键领域、关键环节的技术突破，提升园区产业链水平。同时，国家加快建设京津冀世界级城市经济圈和统一开放、竞争有序的要素市场，重塑区域发展版图，给海淀区文化产业的特色资源整合、要素高效集聚、新动能培育带来了广阔的空间。

2.高精尖产业体系构建和"两区"建设为区域动力转换提供了难得的机遇

北京已经从聚集资源求增长阶段进入疏解功能谋发展的新阶段,国家支持北京形成国际科技创新中心,2022年北京冬奥会和冬残奥会成功举办,国家服务业扩大开放综合示范区和中国(北京)自由贸易试验区建设全面开局,"三城一区"主平台支撑首都高质量发展的优势和地位进一步凸显。文化建设作为重要引擎和增长极,支撑经济社会高质量发展的需求更加迫切;社会主义现代化建设开启新征程,人民群众对美好精神文化生活的需求更加高涨;首都在建设社会主义文化强国中的地位日益凸显,发挥全国文化中心示范作用的任务更加繁重。这些都为海淀区进一步加快"十四五"时期文化产业发展带来了新机遇,也提出了新要求。

3."四区"定位和创新生态体系给文化科技特色产业发展带来了广阔空间

随着《北京城市总体规划(2016年—2035年)》《首都功能核心区控制性详细规划(街区层面)(2018年—2035年)》的实施,海淀区"四个中心"功能更加凸显,将建设成为具有全球影响力的全国科技创新中心核心区、服务保障中央政务功能的重要地区、历史文化传承发展典范区、生态宜居和谐文明示范区,必将使文化科技产业成为海淀区聚力发展的强大引擎,为文化科技融合提供更大的发展空间。海淀区区域创新生态体系逐步完善,人工智能、区块链等前沿技术具有发展先机,高精尖产业结构持续巩固,经济高质量发展基础雄厚,发展韧性和动力强劲,构建新型城市形态探索迈出重大步伐,中关村科学城北区建设全面突破,"三区"政策叠加优势释放澎湃动能,为全区宣传思想文化发展提供了强大支撑。

(二)主要问题

1.产业优势领域略窄,产业生态构建仍需加强

海淀区在互联网文化信息服务、互联网娱乐平台、教育出版、互联网广告等领域具有较大的竞争优势，但在网络音频、游戏直播、智慧广电、国际会展等文化新业态中，龙头企业和独角兽企业不在海淀区，发展实力相对较弱。随着智能化的万物互联、人机共生时代的到来，文化装备制造、文化终端生产等行业将形成巨大的消费流量入口，形成文化科技应用场景，催生文化大数据等新兴行业，海淀区仍需深入研究构建基于产业链分析的数字文化产业生态，深度挖掘文化与科技相互渗透融合形成核心驱动力的新优势。

2. 产业园区服务水平、功能匹配仍需升级推进

海淀区文化产业园区的未来发展面临三个方面的问题：一是上海以及北京通州等地区的新兴产业园已经着手打造智慧型产业园区，海淀区文化产业园区在智能化建设、智慧化服务方面要跟上时代步伐；二是全区还有不少文化产业园区尚未达到市级文化产业园区评选的"双70%"标准，文化企业比例有待进一步提高，文化企业占用空间比重也需要提高；三是园区服务功能要进一步与居民生活、城市建设相结合，通过园区产业发展来提升社区空间品质和城市文化品牌。

3. 文化人才、文化大数据等产业要素仍需集聚

随着文化产业发展进入深水区，在发挥好体制改革和资源优化配置推动功能的同时，需要从人才培养、数字驱动方面创新突破。目前，海淀区缺乏具有国际高水平的创新团队，同时缺乏兼具科学家精神和掌握底层技术的创造性人才。海淀区在网络视频素材、互联网信息、消费用户等方面拥有丰富的数据资源，但在文化遗产、文化素材等方面的文化数据库依然缺乏。

4. 区域办公成本较高，企业外迁存在较大可能

相较于通州、亦庄新城、丰台等区域，海淀区的办公房租、人力成本等相对较高，而随着通州运河商务区以及朝阳区近百家文化产业园区等办公楼宇项目的推进，大型文化企业很可能由于成本控制、购买办公房产等原因而外迁。同时，高创新成本也导致海淀区文化企业存量下降幅度较大，小微文化企业生存发展压力较大，有必要突出支持小微文化企业发展。

三 海淀区文化产业下一步发展建议

海淀区文化产业发展正处于大有作为的重要战略机遇期,要以文化科技融合发展为主轴,以文化科技应用为切入点,加快新模式、新业态导入,培育创新平台企业、独角兽企业,构建更有活力、更加开放、更具竞争力的文化产业体系,打造数字文化产业发展引领示范区,助力建设全国一流的文化强区。

(一)补齐文化产业发展短板

引入一批国际化会展企业与机构,完善新冠肺炎疫情防控常态化下的展会保障机制,健全展会防控指导和支持政策,鼓励文化科技企业自办"小而精"展会,支持招展和招商工作,培育国际会展品牌。关注区内互联网大型企业在网络音频领域的投资行为,争取将网络音频新业务、新企业留在海淀区,壮大海淀区"听觉"经济。引育网络文学创作平台,强化数字内容的原创技术支撑和网络作品聚合,拓展数字文化内容IP。抓住国家广播电视总局和北京市广播电视局政策突破试点,发展核心技术攻关、关键设备研发、国产标准孵化、知识产权服务、设备及内容测试认证等智慧广电新业态。以技术研发、软件开发、定制生产为主抓环节,发展智能家居、智能穿戴、智能媒体设施等业态,抢占万物互联的消费流量窗口。

(二)增强文化企业发展黏性

完善文化投融资服务体系,推动北京市"房租通"等政策落地,通过对文化企业贷款贴息、融资租赁贴租、发债融资奖励、股权融资奖励以及办公房租补贴等方式,降低文化企业融资成本和房租运营成本。建设文化企业上市培育基地,重点支持高成长性、具有行业领先地位的头部文化企业上市融资。建设上下游衔接的开放信息平台,深化与大企业大平台的战略合作,协助解决独角兽企业配套技术、设备、资金等实际困难。支持跨国公司、国际组织、国际知名高校、科研机构设立分支机构,引进具有重大原始创新能力的科学家、国际顶尖科研团队和优秀人才来海淀区创业。引导文化企业加大研发投入，对单个重大技术攻关项目按不超过该项目研发投入的15%予以资助，加快培育文化高新技术企业。

（三）健全数字文化产业生态

依托中关村科学城北区建设机遇，构建从技术支撑到数据驱动，再到内容产业链耦合的数字文化产业新生态，树立全国性数字文化产业品牌。

成立文化科技服务联盟。联合多家中关村科技创新企业，共同建设数字文化产业共性技术服务联盟，向文化企业供给大数据、人工智能、云计算、数字孪生、5G、物联网和区块链等新一代数字技术的场景应用和集成创新。鼓励文化企业与互联网平台企业、行业性平台企业开展联合创新，共享技术、数据、人才、市场、渠道、设施、中台等产业资源。

布局文化大数据产业。文化大数据不仅包括消费端的数据，而且包括文化产品服务供应链上的基本数据。着重汇聚文化遗产、文化基因、文化素材等领域的数据生产企业，支持企业搭建文化生产和文化消费的数据连接云端，发展涵盖"数据提供—数据处理—数据经纪—数据服务—数据需求"各种市场主体的文化大数据产业。

打造数字文化产业集群。依托海淀区互联网信息服务平台企业和数字内容创作企业，以用户体验促进 UGC（用户生成内容）生产链，打造以网络视频、网络音频、在线直播等为主的内容聚合网络平台，为产业积累更多的创意创新资本。

拓展数字文化产业发展空间。鼓励利用工业厂房、国有（集体）产权房、仓储用房等存量空间建设数字文化产业园区，并围绕科技含量高、创意程度高、附加值高的"高精尖"领域，推动部分产业园区申报国家级、市级文化产业园区。

（四）提升文化产业园区品质

推动产业园区智能化试点建设。以中关村数字文化产业园为试点，支持园区搭建数字孪生技术平台和易联易控的管理数字系统集成平台，让园区的设备设施、人员的空间服务和园区的管理运营互联互通，并通过数据运营分析形成园区智能化决策，实现人、建筑、环境相互协调。推出产业园区"城市方案"。赋予老旧厂房新的内容和创意性内涵，传承保留老工业记忆，导入创新型产业业态，推动老旧厂房园区融入新的城市生活。以营造新的消费场景为方向，搭建地方资源综合开发平台，开发富有现代时尚感的步行街区和消费场所，布局各种博物馆、科普公园和体育公园，吸引市民游客"打卡"，打造文化产业园区"网红地标"。

（五）大力促进文化新型消费

抓住5G应用新机遇，提供新服务、培育新消费、促进新发展，推动文旅产业向价值链高端攀升，实现文化消费总量、人均文化消费支出和消费满意度的大幅提升。一是丰富入境旅游产品供给，开发高端商务会展旅游、文创旅游、体育旅游、国际研学旅游新产品；加强与国际旅行商、酒店集团、航空公司合作，组织海内外旅行商及媒体体验旅游线路；用好《区域全面经济伙伴关系协定》（RCEP）、"一带一路"倡议、中东欧论坛等资源，开拓新兴客源国市场。二是树立"三山五园"文化消费样板，打造特色文化旅游消费街区，构建面向市民和游客的智能型、体验型休闲场景；开发科技型、体验型、沉浸式娱乐项目和实景演艺等夜间消费项目，发展以VR、AI应用为特色的文化休闲主题消费，助力北京争创国家级文化和旅游消费示范城市。三是创新短视频专栏、网络直播、电竞赛事等文化消费手段，支持传统文化、创意设计要素融入文化消费综合体，推出文化旅游必游榜单，打造文化IP、网红打卡地和旅游新地标，不断提升文旅消费创造力和供给力。

（六）加大各类文化人才培育力度

从企业紧缺人才和补齐产业短板两个角度出发，引育数字内容、文化科技、产业经营、媒体传播、创意设计、国际会展、动漫游戏、文化装备等领域的人才队伍。一是鼓励校企合作，共建产业综合技能实训基地、节目生产基地，实施创新创业大赛训练营项目，开展人才培养订单式试点，依托创业孵化基地、数字内容研发中心等为文化人才"筑巢引凤"，畅通文化人才流通渠道。二是设立"师带徒"式人才工作室，构建"项目+人才"的人才培养模式，鼓励企业实施知识产权、技术参股、股权激励等管理制度，激发文化人才创新创业活力。三是通过建立区级租金补贴机制、运营文化人才创业园、实施公共文化科技项目悬赏制、设立人才专项基金和"引才伯乐奖"等举措，健全全区在用房保障、空间供给、技术支撑、人才奖励、组织奖励等方面的文化人才扶持政策。四是鼓励建立艺术馆、美术馆、艺术家社群，建设各类文化休闲设施，支持开展音乐节等艺术活动，定期举办"创意生活节"，为创意阶层的创业和成长提供参与式、体验式的生活空间。

（七）建设全域化"数字艺术城市"

顺应数字产业化和产业数字化发展趋势，布局数字艺术展馆，举办数字文化产业活动，发布文化科技应用场景，展现海淀区数字文化产业成就。建设中关村数字艺术馆，吸引国际性数字艺术展览、数字艺术节庆落地海淀区；鼓励商业综合体建设数字艺术体验馆，支持老旧厂房转型升级为数字艺术展示空间，建设好中关村数字音乐谷、音乐产业融合创新中心等项目。举办"数字文化大会"，汇聚游戏创新大会、"网络文学+大会"、中关村舞剧节、中关村电音节、国际电竞大赛等活动，确立海淀区数字文化产业在全国的示范标杆地位。鼓励有实力的企业在中关村科学城北区布局一批先进技术应用场景，抢占文化产业前沿领域的先进技术制高点；推广数字文化产业典型新应用，壮大一批具有爆发潜力的应用场景支撑企业。

B.22
门头沟区：稳步推进文化产业高质量发展

孙 华*

摘　要： 2021年，门头沟区文化产业呈现先扬后抑的态势，总体面临下行的压力。相关管理部门通过党建引领工作思路，优化营商环境，鼓励文创产品创新，促进文化消费多样化，为产业搭建高端平台，通过"五个一"项目重点推进园区建设，全面推动京西产业转型升级示范区和西山永定河文化带建设，做大做强各类文旅产业平台。

关键词： 文化产业　文创产品　文化消费　门头沟区

2021年，门头沟区围绕贯彻落实市委、区委部署，坚持区域发展总原则，坚持稳中求进总基调，以传承"六大文化"为依托，围绕培育文旅体验、科创智能、医药健康"三大产业"，从党建引领产业服务、持续优化营商环境、鼓励研发文创产品、搭建高端产业平台、推进建设重点园区五个方面抓落实，稳步推进文化产业高质量发展。

一　门头沟区文化产业发展基本情况

2021年，门头沟区共有规模以上文化产业单位31家，累计实现收入17.9亿元，同比下降15.7%，与2022年以来持续上行的趋势相比，2021年

---

* 孙华，门头沟区文化创意产业促进中心主任，门头沟区文化创意产业协会秘书长。

底文化产业增速短期呈现由升转降的态势,但两年平均增速为-20.5%,文化产业发展面临较大的下行压力;利润总额为-0.1亿元,与上年2.7亿元的亏损额相比,单位赢利能力有所改善;吸纳从业人员882人,同比减少77人,降幅为8.0%。

从分领域数据来看,门头沟区规模以上文化产业所涉及的新闻信息服务、内容创作生产、创意设计服务、文化传播渠道、文化辅助生产和中介服务、文化装备生产、文化消费终端生产7个领域中,收入占比最高的领域是以出版物、影视发行和工艺美术品销售为主的"文化传播渠道",该领域2021年1~12月累计实现收入6.2亿元,占规模以上文化产业收入的比重为34.7%,但收入与上年同期相比下降31.5%,也是2021年降幅最快的领域;该领域对全区规模以上文化产业收入增长的贡献率为-85.5%,导致文化产业整体下行。

二 门头沟区文化产业重点工作

(一)强化党建引领,服务产业发展

一是通过党日活动牢记初心,提升集体凝聚力。组织开展"百年风华、永葆初心"主题党日活动,参观"伟大征程——庆祝中国共产党成立100周年特展"。二是通过党课学习提升文化产业服务理论水平。研读《习近平谈治国理政》(第三卷)"合力打造高质量世界经济"部分内容,学习观看"回顾'十三五',展望'十四五'"系列新闻发布会——北京市文化产业专场,不断提升全体党员和积极分子服务文化产业的大局意识与理论水平。三是通过举办各类党支部活动促进产业服务。举办中国人民大学"红船领航"党员先锋营走进门头沟区专题座谈,就门头沟区红色历史文化、红色文创大赛、红色文创资源的现状经验、宣传推广及未来发展等内容进行座谈交流,为与高校合作共建门头沟红色文旅产业打下了良好基础。举办"非公企业红色文化大讲堂·党史学习专题宣讲报告会"活动,邀请中国红色管理研究专家、博

士生导师、中国人民解放军原后勤管理学院刘振起教授结合党史、红色管理与企业管理做了题为"中国共产党为什么能"的专题报告，区文创协会成员单位、智能文创园等相关非公企业的50余名党员参加了学习。在学习和交流讨论过程中，提升了政企党员的凝聚力和战斗力，增强了政企双方齐心协力、奋发有为地推动区域高质量发展的决心，确保了"十四五"开好局、起好步。

（二）持续优化营商环境，强化政企联动

一是为企业提供"管家式"服务。联合中关村智能文创园共同招商，协助新发展艺术工厂招引入驻文化企业，2021年累计孵化文化企业113家。为进一步优化全区营商环境，强化企业服务成效，推动服务企业事项做深做实，切实增强在区重点税源企业的获得感，吸引更多优质企业落地，加强区域财源建设，助推全区经济新动能体系构建，按照市、区关于持续优化营商环境、建立重点企业"服务包"制度的相关要求，为企业提供"管家式"服务。通过电话访问、实地走访调研等方式，定期与人民网科技（北京）有限公司、北京开元盛世商业服务有限公司、北京格锐驰广告传媒有限公司、北京英田影视文化股份有限公司等30余家企业沟通，传达区内最新涉企相关政策，促进企业发展与门头沟区域发展相结合，了解企业诉求，及时反馈、解决企业发展中存在的问题与困难，与企业实现了良好的政企联动。二是举办特色活动活跃营商氛围。元宵节期间，以"智能文创牛年好，永定河波逐月来"为主题，在中关村智能文创园开展"云游2021中关村智能文创园灯会"活动。通过元宵节开灯仪式、非遗展演、汉服展示等主题活动，与驻区文旅企业职工一起体验猜灯谜、颂歌谣、看民俗、吃汤圆，共度元宵佳节。丰富多彩的民俗活动让文旅企业春节期间留京职工感受到浓浓年味和家一般的温暖。同时，带领线上观众体验京西特色文化魅力，通过屏幕传递新春的美好祝愿；国际妇女节期间，门头沟区文化创意产业促进中心联合区文化创意产业协会开展"泥塑手工制作"活动，邀请门头沟非遗传承人高以宁老师讲授花器制作流程，让文创女企业家们体验手作魅力，放松愉悦身心。这些活动各有特色，从各个方面展示了门头沟区的特色文化内涵以及

文创产业发展面貌，这对加强政企合作、营造良好的营商环境起到了极大的促进作用。三是宣传推广文化政策。通过"创意门头沟"微信公众号、《创意门头沟》电子杂志、企业微信群等平台，以及开展多场政策解读宣讲会、培训会等方式，及时发布并解读国家及市、区产业发展政策，帮助企业了解和享受产业政策。

（三）鼓励文创产品研发，拓展文化消费

一是鼓励企业结合自身特色业务与国家、区域发展机遇研发文化创意产品。门头沟区文创企业结绳记与2021年央视春晚合作推出了"春碗""春绳""春盘"，将非遗与文创相结合，制作满足人民群众日益提升的审美和生活需求的文创产品；白墨影业等公司联合出品的电视剧《号手就位》，入选"理想照耀中国——国家广播电视总局庆祝中国共产党成立100周年展播剧目""全军建党100周年文艺创作重点选题"；母亲节期间妙峰山玫瑰谷推出妙峰山玫瑰香露系列产品。二是推出线上文创市集"橙品惠选"微信小程序。小程序是为特色品牌和消费者搭建的常态化、市场化服务平台。通过选取高品质、有特色的文创产品、非遗产品、特色农产品，刺激文化消费增长。上线"绿色农产""非遗文创"两大类共计6种品牌10余种产品，销售额约为4万元。小程序上线后，开展"云招商"直播、对口地区农产品宣传等多项活动，为文创资源提供市场对接和交流合作的平台。

（四）搭建产业高端平台，蓄积发展动能

一是成功举办2021年门头沟区人工智能文创大赛。大赛以"绿水青山门头沟，智能文创创未来"为主题，共征集文创项目72个，涵盖人工智能+文创、文化旅游、文化科技融合、医药健康、"门头沟小院"+设计、红色文创、非遗及IP开发、文化体育等10余个领域。经过激烈的角逐，"VeeR环球5G+8K—VR影视内容制作与发行平台""元宇宙智能美术馆""AI包装设计平台"分别获得一、二、三等奖。除现金奖励以外，对于进入决赛的项目，通过"门十条"政策专场培训、低息贷款、融资辅导等强化

赛后服务，争取项目落地。下一步，将抓住中心城区功能疏解外溢的机遇，加强与中心城区协作联动，整合创新创造要素，引领区域产业高质量发展。二是参与2021年中国国际服务贸易交易会搭建门头沟展区。展区设计紧紧贴合门头沟区"一园四区一小院"绿色发展新格局，以"小院喊你来串门"为主题亮相，划分为民宿小院、文旅小院、非遗小院、智能小院四个部分，通过视频展播、图片展示以及互动体验等形式向观众全面展示门头沟文旅的独特魅力。展览内容包括琉璃烧制技艺、京西太平鼓、潭柘紫石砚雕刻技艺、毛猴制作技艺等门头沟非物质文化遗产，灵溪诺雅、创艺乡居、诗雨丽舍、朗诗乡居等"门头沟小院"精品民宿，以及18条红色精品旅游线路、"一线四矿"文旅康养休闲区和金隅琉璃文化创意产业园区等。另外，还邀请了7家文化科技企业、11家民宿企业、6家文旅企业参加线上展览。门头沟展区独特的创意、亮眼的设计、丰富的内容吸引了众多参观者打卡，CCTV《朝闻天下》、北京电视台、新华社、《人民日报》、学习强国、北京日报客户端等多家媒体进行了特别报道。

（五）推进重点园区建设，打造特色引擎

在区委、区政府的大力支持下，全区各部门紧密配合，按照市委、市政府的要求，以市文物局提出的"五个一"① 项目定位为中心，推进金隅琉璃文化创意产业园建设。项目总投资为1.9亿元，目前新建厂房外立面工程及设备安装以及一期加固工程及外立面工程已完成。

三 门头沟区文化产业下一步发展建议

（一）工作思路

下一步，门头沟区文化产业发展将全面深入贯彻落实市委、区委的工作

---

① "五个一"即"一园"，打造集琉璃保护性生产、琉璃文化推广、琉璃体验式旅游、文化创意办公于一体的中国琉璃文化创意产业园区；"一村"，深入挖掘琉璃渠村历史文化名村价值；"一馆"，建设琉璃博物馆；"一中心"，设立琉璃研究中心；"一论坛"，举办琉璃文化论坛。

部署，坚持生态立区，守好绿水青山，以传承"六大文化"为依托，以不断满足人民群众对美好生活的向往为宗旨，围绕培育文旅体验、科创智能、医药健康"三大产业"，促进文、旅、体、商、农、林等产业深度融合，积极培育绿色发展新动能，力求开创文化产业发展新局面，高质量推动区域特色化、差异化发展。

（二）任务目标

全面推动京西产业转型升级示范区和西山永定河文化带建设，做大做强各类文旅产业平台，挖掘和吸引优质文化产业项目及企业落户；建设文化产业园区，集聚激发区域文化产业活力，培育发展新动能。

（三）重点工作安排

一是做深做实对企服务。进一步优化文创产业营商环境，强化企业服务成效，切实增强门头沟区内重点税源企业的获得感，吸引更多优质企业落地，助推全区经济新动能体系加快构建。

二是做大做强文旅产业平台。发挥门头沟区文化创意产业协会作用，凝聚企业发展合力；组织门头沟区人工智能文创大赛，挖掘集聚一批优秀的企业和项目，争取落地；丰富完善"文创市集"，助力文创产品研发生产，带动文化消费；促进各类企业对接，加速培育文、旅、体、商、农、林融合的体验产业，探索门头沟区特色山地经济发展之路；参与中国国际服务贸易交易会等重大文化展览展会，推介门头沟区内文旅产业，打造城市品牌。

三是加快推进重点文创园区建设。以深挖梳理京西特色历史文脉和引进培育现代文化元素为着力点，与金隅集团共同推进琉璃文化创意产业园建设，深化非遗产业化发展与创新。打造地区特色IP，推动文化产业高质量、特色化发展。

B.23
房山区：坚持创新引领，实施文旅融合，推动文化产业高质量发展

魏 然 王艳华*

摘 要： 2021年，房山区发挥政策措施的帮扶效力，解决文化企业面临的实际困难，取得了持续性进步。通过提供金融服务，减轻企业负担；通过搭建平台，强化服务意识，引导、规范文化产业园区健康发展；通过组织赛事和品牌宣传活动，进一步挖掘和培育文化创意领域具有成长性的人才和项目。面对存在的问题，房山区将认真落实"一区一城"新房山建设要求，坚持"六为"工作思路，努力推动文化产业高质量发展。

关键词： 文化产业 文旅融合 高质量发展 房山区

2021年，房山区对标对表首都全国文化中心、国际交往中心建设，充分发挥历史文化"富矿"优势，紧紧围绕"三区一节点"功能定位，统筹推进新冠肺炎疫情防控与中国共产党成立100周年庆祝活动服务保障工作，积极推动文化产业高质量发展，为房山区经济结构战略性调整和文化强区建设提供了动力引擎。

---

* 魏然，北京（房山）历史文化旅游集聚区规划建设管理办公室、房山区文化创意产业促进中心主任；王艳华，房山区文化创意产业促进中心宣传调研科科长。

一 房山区文化产业发展概况

截至2021年12月,房山区共有文化产业法人单位15209家,其中规模以上企业72家,文化产业创新主体逐步壮大,实现收入30.2亿元。新认定1家区级文化产业园区,为做大做强文化产业奠定了基础。房山区文化产业领域全年获评首都劳动奖章1人、首都最美劳动者1人、北京青年榜样1人,当选区政协委员4人;获德国红点奖2项,入围德国柏林电影节动漫影片1部,非遗火绘葫芦文创产品入驻冬奥村。

(一)强化服务,促进文化产业发展

一是优化产业发展环境。出台《房山区小微文化创意企业发展专项资金申报与评审方案》,积极采取措施解决文化企业面临的实际困难,切实发挥政策措施的帮扶效力。落实惠企政策,以更好地服务企业,解决了文化企业融资难等8个"我为群众办实事"重点民生项目。重新梳理国家、北京市和区级文化产业政策,对政策内容进行补充完善,印制了1000册《文化产业政策汇编(2021版)》。开展"送政策上门"活动,并举办了政策解读会。通过微信公众号、房山电视台等渠道开展文化政策集中宣讲,提前做好政策解读,减少了热线咨询量。促成北京周泰律师事务所和北京市房山区文化创意产业协会(以下简称区文创协会)战略合作,举办"企业合规——创造安全和价值"系列讲座,为文化产业园区和文创企业防控法律风险提供服务。

二是积极拓展融资渠道。组织召开小微文创企业金融政策宣介与融资座谈会,对接北京银行、北京农商银行等机构为企业提供金融服务,共为18家文创企业提供贷款3283万元;为25家文化产业园区和文创企业申报投贷奖、房租通提供支持,申报资金达270万余元,为企业减轻了运营负担。

三是健全文化产业意识形态工作体系。加强园区和企业意识形态管理,筑牢意识形态主阵地。举办房山区文化产业园区意识形态培训会,明确规定

对于申报国家、市、区支持的文化产业园区和文创企业，要在意识形态工作成效方面严格审核，对出现问题的实行一票否决，要求各文化产业园区和文创企业充分认识意识形态工作的重要性。同时，明确各文化产业园区意识形态工作主管领导及具体工作人员，切实增强意识形态工作的责任感和紧迫感，确保文化产业领域安全稳定。

四是做好文化产业统战工作。率先成立房山区文化产业新的社会阶层人士联谊会（以下简称新联会）。新联会由21位民营企业和外商投资企业管理技术人员、中介组织和社会组织从业人员、新媒体从业人员等文化产业新的社会阶层人士代表组成，成为区委、区政府联系文化产业新的社会阶层人士的桥梁和纽带，为广泛联系和团结文化产业新的社会阶层人士开辟了一条新的渠道，为服务并促进房山区文化产业发展凝聚了新力量。同时，成立房山区文化创意产业协会工会联合会，为全区文创人建设职工之家。

（二）搭建平台，助力文化产业发展

一是加强市、区两级文化产业园区建设。为进一步引导、规范文化产业园区健康发展，提高文化产业规模化、集约化、专业化水平，按照《北京市级文化产业园区认定管理办法（试行）》（京文领办发〔2020〕4号）要求，编制完成《房山区文化产业园区认定管理办法（试行）》，并于2021年7月23日通过了房山区推进全国文化中心建设领导小组办公室专题会。

二是加快老旧厂房改造试点工作，打造转型发展样板。整合社会资源，推进东方1956文化创意园规划建设。邀请国家文化市场调查评估中心、中国民族文化艺术基金会等文博界专家学者召开研讨会，对园区整体规划、老旧厂房保护利用和文化传承创新发展进行深入研讨；初步完成园区一期发展规划的编制；改造完成阅览阁博物馆，该馆面积约为1500平方米，内设5个展区（包括红木展区、瓷器展区、书画展区、民间艺术展区和工艺美术展区），于2021年国庆期间免费对外开放。

（三）创新引领，激发文化产业发展活力

一是参与2021年中国服贸会文旅服务专题展房山展区相关工作。以

"探源·揽秀·创新"为主题参加2021年中国服贸会文旅服务专题展,展区分为"回眸历史看房山""休闲旅游品房山""厚积薄发在房山"三个板块,推出了30条精品旅游线路,通过无人驾驶体验、无人机展示等手法充分展示了房山区高精尖产业的融合发展成果。展览期间共接待游客2.4万余人,发放宣传资料、伴手礼1.6万余份,现场互动体验近7万人次,80余家媒体采访报道。在"云上展厅"组织了49家区内企业完成注册并搭建线上展台,143个展品亮相线上服贸会。市、区领导先后参观了展区,并对展览给予好评。

二是成功举办2021年北京文创大赛房山赛区和房山旅游商品创意设计大赛。为了迎接党的百岁华诞,发掘房山红色文创潜力,举办了"2021房山首届红色文化创意大赛",共有7个红色文创项目参加,涵盖红色旅游、互动党课、红色主题非遗产品等多个种类的房山特色文创设计产品,赛后进行了5天的线上投票,共有8508人次参与。为了进一步打造"房山礼物"品牌,丰富品牌内容,举办了"2021房山旅游商品创意设计大赛"及"奋斗新时代 创意赢未来——2021房山文化创意大赛",主要围绕数字创意、创意设计、非遗及IP开发、文化教育、红色文创等10个类别展开。为应对新冠肺炎疫情冲击,首次采取全程线上比赛方式,21个参赛项目激烈角逐,网上点击投票52770次。

三是推出"献礼建党100周年"系列文创产品。深度挖掘霞云岭红色资源,设计制作了红歌研学包、红歌潮玩盲盒、红歌百年八音盒、"红歌绿海"多功能创意文房宝、红歌互动立体日历等霞云岭红歌文创系列产品。从房山吉祥物的视角,制作"《没有共产党就没有新中国》词曲创作""红色邮路""百年征程""房山吉祥物唱革命歌曲"等"房山吉祥物献礼建党100周年"系列动漫片以及动漫表情包。积极争取市级专项资金230余万元用于建设房山区南窖乡花港村红色洞渠展览馆,集中展示"苦熬不如苦干"的花港精神内涵,助力山乡文旅发展。

通过组织赛事和开展品牌宣传活动,进一步挖掘和培育文化创意领域具有成长性的人才和项目,为宣传推介优秀文化企业、提升"房山礼物"知名度搭建了舞台。

围绕"周口店北京人遗址""云居寺""十渡"三大旅游组团制作的3集房山地名故事，受到了北京日报客户端的采访报道。原创房山地名故事歌曲MV源于房山IP，体现了房山区的地域文化特色，讲好房山故事，传播传统文化，让房山文化展现出永久魅力和时代风采。

二 房山区文化产业发展存在的问题

（一）文化产业整体规模较小

近年来，房山区文化产业虽取得了一定的发展，但仍处于起步阶段，整体规模偏小，缺乏行业领军的龙头企业。

（二）文化产业园区主导产业不突出

目前房山区文创园区发展速度较快，产业规模不断扩大，但一些园区定位不明确、产业发展方向不清晰、主导产业不突出等问题依然存在。同时，园区内的龙头企业不多，以小微企业为主，在整体数量、规模经济效益等方面都与发达地区存在很大的差距。

（三）文化创新性发展有待加强

在支持和促进优秀传统文化创造性转化、创新性发展上还有差距，在推动非物质文化遗产与旅游融合发展上下的功夫还不够，具有鲜明房山特色的非遗主题线路、研学产品和文创设计还不能满足文旅消费市场需求。

三 房山区文化产业下一步发展建议

2022年，房山区将认真落实"一区一城"新房山建设要求，坚持"六为"工作思路，努力推动文化产业高质量发展。

一是不断优化营商环境，为园区和企业做好服务。统筹用好市、区两级配套政策，调动园区引进头部文化企业的积极性。加大老旧厂房资源宣传，做好对区级文化园区的规范化管理，积极争创市级园区。加强与相关区直部门的联动，进一步优化产业发展环境，以政策扶持资金撬动社会资本培育一批有发展活力、成长性强的文创企业。抓住北京证券交易所开市契机，聚集相关部门形成合力，加强上市服务工作。

二是加强文化产业园区建设和管理。按照《房山区文化产业园区认定管理办法（试行）》要求，加强对区级文化产业园区的规范化管理，争创市级文化产业园区，逐渐打造成为行业竞争有优势、未来发展有前景的文化产业园区。同时，加强文化产业园区数字化、智能化建设，打造园区服务新场景。智慧长阳文化产业园区预计投资500万元改造园区公共服务空间。

三是加强文化产业品牌打造。充分利用中国服贸会、北京文创大赛、北京国际长走大会、北京西山民俗文化节等大型活动，加强对房山区文化产业的宣传推介，营造良好的产业发展氛围，助推项目转化落地房山。继续发挥好区文创协会、新联会的作用，合力搭建宣传推广、综合服务平台，激发产业活力。持续推动"房山礼物"创意设计与研发，助力文旅产业融合发展。

四是培育优秀文创企业，进一步优化产业发展环境。积极争取市级专项资金，统筹好区级支持小微文创企业政策，以政府资金撬动社会资本更好地发展文创企业，培育一批有发展活力、成长性强的文创企业。充分发挥区文创协会的服务平台作用，搭建交流服务平台，与金融机构、律师事务所建立战略合作关系，定期举办政策服务、金融路演、法律咨询，让企业享受最优服务，吸引更多文创企业来房山创业发展。

附录
Appendix

B.24 中国创意产业研究中心"创意书系"出版书目

2006年

《中国创意产业发展报告（2006）》，中国经济出版社。

2007年

《中国创意产业发展报告（2007）》，中国经济出版社。
《创意为王——中国创意产业案例典藏》，科学出版社。
"奥运·创意"丛书之《科技奥运》，科学出版社。

2008年

"奥运·创意"丛书之《绿色奥运》，科学出版社。
"奥运·创意"丛书之《人文奥运》，科学出版社。
"奥运·创意"丛书之《和谐奥运》，科学出版社。

"奥运·创意"丛书之《安全奥运》，科学出版社。
"奥运·创意"丛书之《财富奥运》，科学出版社。
"奥运·创意"丛书之《创意奥运》，科学出版社。
《北京——创新之都》，科学出版社。
《中国创意产业发展报告（2008）》，中国经济出版社。

2009年

《中国创意产业发展报告（2009）》，中国经济出版社。
《思想力》，中国人民大学出版社。

2010年

《中国创意产业发展报告（2010）》，中国经济出版社。
《首都文化创意产业标准化》，科学出版社。
《创意起步——中小型创意企业创业指导》，中国经济出版社。
《注意力——创意产业案例之影视戏剧篇》，中国城市出版社。

2011年

《中国创意产业发展报告（2011）》（上、下），中国经济出版社。
《文化创意产业集群发展理论与实践》，科学出版社。
"创意城市蓝皮书"之《北京文化创意产业发展报告（2011）》，社会科学文献出版社。
"创意城市蓝皮书"之《青岛文化创意产业发展报告（2011）》，社会科学文献出版社。

2012年

《中国创意产业发展报告（2012）》，中国经济出版社。
"创意城市蓝皮书"之《北京文化创意产业发展报告（2012）》，社会科学文献出版社。

"创意城市蓝皮书"之《青岛文化创意产业发展报告（2012）》，社会科学文献出版社。

2013年

《中国创意产业发展报告（2013）》，中国经济出版社。
《工业遗产的保护与利用——创意经济时代的视角》，北京大学出版社。
《中外文化创意产业政策研究》，科学出版社。
《中国创意产业发展战略》，中国计划出版社。
"创意城市蓝皮书"之《北京文化创意产业发展报告（2013）》，社会科学文献出版社。
"创意城市蓝皮书"之《无锡文化创意产业发展报告（2013）》，社会科学文献出版社。
"创意城市蓝皮书"之《武汉文化创意产业发展报告（2013）》，社会科学文献出版社。

2014年

《中国创意产业发展报告（2014）》，中国经济出版社。
《北京文化创意产业功能区发展研究》，中国经济出版社。
"创意城市蓝皮书"之《北京文化创意产业发展报告（2014）》，社会科学文献出版社。
"创意城市蓝皮书"之《武汉文化创意产业发展报告（2014）》，社会科学文献出版社。
"创意城市蓝皮书"之《无锡文化创意产业发展报告（2014）》，社会科学文献出版社。
"创意城市蓝皮书"之《台北文化创意产业发展报告（2014）》，社会科学文献出版社。
"创意城市蓝皮书"之《青岛文化创意产业发展报告（2013~2014）》，社会科学文献出版社。

"创意城市蓝皮书"之《重庆创意产业发展报告（2014）》，社会科学文献出版社。

2015年

《中国创意产业发展报告（2015）》，中国经济出版社。

"创意城市蓝皮书"之《北京文化创意产业发展报告（2015）》，社会科学文献出版社。

"创意城市蓝皮书"之《武汉文化创意产业发展报告（2015）》，社会科学文献出版社。

《北京文化创意产业功能区发展报告（2014）》，中国经济出版社。

《中国创意城市指数评价体系研究》，中国城市出版社。

《文化产业（文化企业）案例分析》，经济日报出版社。

2016年

《中国创意产业发展报告（2016）》，中国经济出版社。

"创意城市蓝皮书"之《北京文化创意产业发展报告（2016）》，社会科学文献出版社。

"创意城市蓝皮书"之《武汉文化创意产业发展报告（2016）》，社会科学文献出版社。

"创意城市蓝皮书"之《天津文化创意产业发展报告（2015~2016）》，社会科学文献出版社。

2017年

《中国创意产业发展报告（2017）》，中国经济出版社。

"创意城市蓝皮书"之《北京文化创意产业发展报告（2017）》，社会科学文献出版社。

"创意城市蓝皮书"之《武汉文化创意产业发展报告（2017）》，社会科学文献出版社。

2018年

《中国创意产业发展报告（2018）》，中国经济出版社。

"创意城市蓝皮书"之《北京文化创意产业发展报告（2018）》，社会科学文献出版社。

"创意城市蓝皮书"之《武汉文化创意产业发展报告（2018）》，社会科学文献出版社。

"创意城市蓝皮书"之《成都市文化创意产业发展报告（2018）》，社会科学文献出版社。

"创意城市蓝皮书"之《天津文化创意产业发展报告（2017~2018）》，社会科学文献出版社。

2019年

《中国创意产业发展报告（2019）》，中国经济出版社。

"创意城市蓝皮书"之《北京文化创意产业发展报告（2019）》，社会科学文献出版社。

2020年

《中国创意产业发展报告（2020）》，中国经济出版社。

"创意城市蓝皮书"之《北京文化创意产业发展报告（2020）》，社会科学文献出版社。

"创意城市蓝皮书"之《成都市文化创意产业发展报告（2020）》，社会科学文献出版社。

"创意城市蓝皮书"之《武汉文化创意产业发展报告（2019~2020）》，社会科学文献出版社。

2021年

"创意城市蓝皮书"之《中国创意产业发展报告（2021）》，中国经济出版社。

"创意城市蓝皮书"之《北京文化创意产业发展报告（2021）》，社会科学文献出版社。

2022年

"创意城市蓝皮书"之《中国创意产业发展报告（2022）》，中国经济出版社。

"创意城市蓝皮书"之《北京文化创意产业发展报告（2022）》，社会科学文献出版社。

"创意城市蓝皮书"之《成都市文化创意产业发展报告（2022）》，社会科学文献出版社。

权威报告·连续出版·独家资源

皮书数据库
ANNUAL REPORT(YEARBOOK) DATABASE

分析解读当下中国发展变迁的高端智库平台

所获荣誉

- 2020年，入选全国新闻出版深度融合发展创新案例
- 2019年，入选国家新闻出版署数字出版精品遴选推荐计划
- 2016年，入选"十三五"国家重点电子出版物出版规划骨干工程
- 2013年，荣获"中国出版政府奖·网络出版物奖"提名奖
- 连续多年荣获中国数字出版博览会"数字出版·优秀品牌"奖

皮书数据库

"社科数托邦"微信公众号

成为用户

登录网址www.pishu.com.cn访问皮书数据库网站或下载皮书数据库APP，通过手机号码验证或邮箱验证即可成为皮书数据库用户。

用户福利

- 已注册用户购书后可免费获赠100元皮书数据库充值卡。刮开充值卡涂层获取充值密码，登录并进入"会员中心"—"在线充值"—"充值卡充值"，充值成功即可购买和查看数据库内容。
- 用户福利最终解释权归社会科学文献出版社所有。

数据库服务热线：400-008-6695
数据库服务QQ：2475522410
数据库服务邮箱：database@ssap.cn
图书销售热线：010-59367070/7028
图书服务QQ：1265056568
图书服务邮箱：duzhe@ssap.cn

社会科学文献出版社 皮书系列
SOCIAL SCIENCES ACADEMIC PRESS (CHINA)

卡号：677923267243
密码：

S 基本子库
SUB DATABASE

中国社会发展数据库（下设12个专题子库）

紧扣人口、政治、外交、法律、教育、医疗卫生、资源环境等12个社会发展领域的前沿和热点，全面整合专业著作、智库报告、学术资讯、调研数据等类型资源，帮助用户追踪中国社会发展动态、研究社会发展战略与政策、了解社会热点问题、分析社会发展趋势。

中国经济发展数据库（下设12专题子库）

内容涵盖宏观经济、产业经济、工业经济、农业经济、财政金融、房地产经济、城市经济、商业贸易等12个重点经济领域，为把握经济运行态势、洞察经济发展规律、研判经济发展趋势、进行经济调控决策提供参考和依据。

中国行业发展数据库（下设17个专题子库）

以中国国民经济行业分类为依据，覆盖金融业、旅游业、交通运输业、能源矿产业、制造业等100多个行业，跟踪分析国民经济相关行业市场运行状况和政策导向，汇集行业发展前沿资讯，为投资、从业及各种经济决策提供理论支撑和实践指导。

中国区域发展数据库（下设4个专题子库）

对中国特定区域内的经济、社会、文化等领域现状与发展情况进行深度分析和预测，涉及省级行政区、城市群、城市、农村等不同维度，研究层级至县及县以下行政区，为学者研究地方经济社会宏观态势、经验模式、发展案例提供支撑，为地方政府决策提供参考。

中国文化传媒数据库（下设18个专题子库）

内容覆盖文化产业、新闻传播、电影娱乐、文学艺术、群众文化、图书情报等18个重点研究领域，聚焦文化传媒领域发展前沿、热点话题、行业实践，服务用户的教学科研、文化投资、企业规划等需要。

世界经济与国际关系数据库（下设6个专题子库）

整合世界经济、国际政治、世界文化与科技、全球性问题、国际组织与国际法、区域研究6大领域研究成果，对世界经济形势、国际形势进行连续性深度分析，对年度热点问题进行专题解读，为研判全球发展趋势提供事实和数据支持。

法律声明

"皮书系列"(含蓝皮书、绿皮书、黄皮书)之品牌由社会科学文献出版社最早使用并持续至今,现已被中国图书行业所熟知。"皮书系列"的相关商标已在国家商标管理部门商标局注册,包括但不限于LOGO( )、皮书、Pishu、经济蓝皮书、社会蓝皮书等。"皮书系列"图书的注册商标专用权及封面设计、版式设计的著作权均为社会科学文献出版社所有。未经社会科学文献出版社书面授权许可,任何使用与"皮书系列"图书注册商标、封面设计、版式设计相同或者近似的文字、图形或其组合的行为均系侵权行为。

经作者授权,本书的专有出版权及信息网络传播权等为社会科学文献出版社享有。未经社会科学文献出版社书面授权许可,任何就本书内容的复制、发行或以数字形式进行网络传播的行为均系侵权行为。

社会科学文献出版社将通过法律途径追究上述侵权行为的法律责任,维护自身合法权益。

欢迎社会各界人士对侵犯社会科学文献出版社上述权利的侵权行为进行举报。电话:010-59367121,电子邮箱:fawubu@ssap.cn。

社会科学文献出版社